JK E A DITADURA

Carlos Heitor Cony

JK E A DITADURA

Copyright © 1982, 2003 e 2012 by Carlos Heitor Cony

Todos os direitos desta edição reservados à
EDITORA OBJETIVA LTDA.
Rua Cosme Velho, 103
Rio de Janeiro – RJ – Cep: 22241-090
Tel.: (21) 2199-7824 – Fax: (21) 2199-7825
www.objetiva.com.br

TÍTULO ORIGINAL
JK Memorial do Exílio

CAPA
Victor Burton

IMAGEM DE CAPA
Arquivo Público Mineiro

REVISÃO
Fatima Fadel
Rita Godoy
Ana Grillo

EDITORAÇÃO ELETRÔNICA
Abreu's System Ltda.

CIP-BRASIL. CATALOGAÇÃO-NA-FONTE
SINDICATO NACIONAL DOS EDITORES DE LIVROS, RJ

C784j

    Cony, Carlos Heitor
        JK e a ditadura / Carlos Heitor Cony. – Rio de Janeiro: Objetiva, 2012.

        238p.   ISBN 978-85-390-0396-9

        1. Kubitschek, Juscelino, 1902-1976. 2. Presidentes – Brasil – Biografia. 3. Brasil – História – 1961-1964. 4. Brasil – História – 1964-1985. 5. Brasil – Política e governo – 1964-1985. 6. Ditadura – Brasil. I. Título.

12-4958.   CDD: 923.181
                                   CDU: 929:32(81)

Sumário

PRIMEIRO TEMPO: Memorial do Exílio

Nota à Presente Edição	9
Capítulo 1 | O sucessor sem sucesso	13
Capítulo 2 | A renúncia mais do que explicada	29
Capítulo 3 | Parlamentarismo: tempo de fechar trincheiras	45
Capítulo 4 | Tempo de abrir trincheiras	60
Capítulo 5 | A noite de um dia difícil	75
Capítulo 6 | O movimento militar	91
Capítulo 7 | A conspiração contra um homem	107
Capítulo 8 | Mil dias de exílio	123
Capítulo 9 | O massacre dos IPMs	139
Capítulo 10 | Exílio outra vez: a Frente Ampla	154
Capítulo 11 | AI-5: tempo de trevas	171
Capítulo 12 | O contemporâneo do futuro	187

Segundo tempo: O Beijo da Morte

Nota — 207
Diário do Repórter — 209
Índice onomástico — 233
Referências bibliográficas — 237

Primeiro tempo

Memorial do Exílio

L'esilio che m'è datto honnor me tengo
Dante
Canzone LXXX, V. 76

Nota à Presente Edição

Este livro integrava o projeto editorial das *Memórias de JK*, compreendendo o período entre 31 de janeiro de 1961, dia em que Juscelino Kubitschek passou o poder a seu sucessor, e 22 de agosto de 1976, data de sua morte.* Ele interrompeu as suas memórias num momento preciso e com motivação também precisa. Escrita numa época de censura, a autobiografia de JK não incluiu o longo período que se seguiu; a senatória por Goiás, a crise da renúncia de Jânio Quadros, a fase parlamentarista, o governo de João Goulart, o movimento de 1964, a cassação de seu mandato e a suspensão de seus direitos políticos, os dias de exílio, os Inquéritos Policiais Militares (IPMs) a que respondeu, a prisão em dezembro de 1968, a sua participação na atividade privada — enfim, um período de sucessivas perdas políticas, mas de extraordinária força humana.

    Apesar das restrições da época, Juscelino não desanimara de continuar a redação de suas memórias. Começamos a organizar documentos e preparar

---

* As Edições Bloch lançaram quatro livros de JK, sendo três dedicados a sua autobiografia: *A experiência da humildade, A escalada política* e *50 anos em 5*, englobados sob o título geral de *Meu caminho para Brasília*. Há um quarto livro, *Por que construí Brasília*, que é, em parte, a condensação dos anteriores. Em vida, ele assistiu ao lançamento do primeiro e do último volumes. Os demais seriam publicados depois de sua morte.

esboços para um novo volume que teria o título de *Mil dias de exílio*, referente aos três anos em que fora obrigado a viver no exterior. Durante o processo, o título seria mudado para *JK — Memorial do exílio*, já inteiramente assinado por mim e que fechava o ciclo de memórias do ex-presidente.

Ao lançarmos nova edição, e em outro contexto da vida nacional, o editor e o autor combinaram mudar o título para *JK e a ditadura*, uma vez que o tempo da narrativa excede aos três anos de seu exílio, abrangendo antecedentes e as consequências do regime ditatorial instaurado no país pelo movimento militar de 1964.

Juscelino cultivava o gênero epistolar com entusiasmo até exagerado. É enorme o número de cartas e bilhetes que enviou a seus amigos e parentes, expressando saudades e a vontade de regressar ao Brasil. Nos últimos anos, redigia um diário com anotações de seu dia a dia, para se apoiar nesses apontamentos quando começasse a escrever a fase final de suas memórias.

Parte desse material, com exceção do diário que foi entregue à sua família, ficou em poder de seu editor, Adolpho Bloch, que passou a me cobrar este trabalho, publicado primeiramente em capítulos semanais na revista *Manchete*, depois em livro.

Tal como aconteceu quando escrevi sobre Getúlio Vargas (*Quem matou Vargas,* Edições Bloch, 1974), devo deixar claro que nada devi a JK — a não ser, como se diz em Portugal, o favor da sua amizade. Só o conheci quando deixamos, separadamente, a prisão motivada pela edição do AI-5, de 13 de dezembro de 1968. Ele ficara preso num quartel de São Gonçalo, eu fui recolhido ao Batalhão de Guardas, em São Cristóvão.

Mais tarde, a intimidade das tarefas comuns, a convivência diária nos últimos anos de sua vida, alguns momentos de alegria e tristeza compartilhados — tudo isso nos tornaria amigos e íntimos.

Como resultado dessa convivência, ficara acertado entre JK, Adolpho e eu que deveria haver outro volume abrangendo o período que ainda vivíamos. Na impossibilidade de escrever ele próprio esse novo livro, deveria eu assumir essa responsabilidade.

Assim sendo, este livro não é uma biografia autorizada, mas tem a pretensão (talvez absurda, talvez explicável) de ser a continuação das memórias de JK, a crônica do seguimento natural de sua trajetória política e pessoal. Tanto quanto me permitiram o engenho e a escassa arte, tentei relatar atos e fatos de seus últimos anos sob um foco que, a meu ver, teria sido idêntico ou análogo ao de JK.

Essa, sim, foi uma dificuldade e, também, uma temeridade. Em muitos episódios precisei abdicar de critérios pessoais e adotar os de JK. Acredito que o leitor atento, familiarizado com os volumes anteriores deixados por Juscelino, saberá avaliar e desculpar.

Foram muitos os momentos de pressão e compressão comuns a milhares de brasileiros nesses anos. Em alguns lances, a minha posição pessoal coincidiria naturalmente com a de JK. No mais, a captação de sua personalidade foi facilitada pelo próprio temperamento de um homem transparente, cuja mineiridade funcionava em espasmos. No fundo, o neto de imigrantes tchecos possuía alma cigana, seu universo não era labiríntico, fechado e silente. Por isso mesmo, ele encontrara no trabalho a sua melhor expressão. Afonso Arinos o definiria, um dia, como "o poeta da ação".

O período da vida de Juscelino Kubitschek que me coube levantar e retratar foi uma dolorosa sucessão de perdas. Perdeu o mandato de senador, perdeu os direitos políticos, perdeu a oportunidade de ser reeleito presidente da República em 1965, perdeu a liberdade de viver em seu país, perdeu depois a própria liberdade física, em 1968, perdeu a irmã e a mãe, perdeu a presidência de uma empresa privada, perdeu até mesmo uma eleição para a Academia Brasileira de Letras — única eleição que não ganhou. Finalmente, perdeu a vida, num acidente de estrada.

A sucessão de perdas contrasta, dramaticamente, com a fulminante escalada política, contada por ele próprio em seus livros de memórias. A mim, restou o ocaso.

Quanto ao exílio a que me referi no título original desta obra (*Memorial do exílio*), não é exatamente o período em que JK foi obrigado a viver no exterior. O homem — lembrou Albert Camus — é um exilado eterno, nostálgico de um reino do qual foi expulso ou do qual se expulsa voluntariamente. Por acaso, Juscelino Kubitschek experimentou os dois: o reino e o exílio. Não é do meu temperamento me interessar pelo rei. Como objeto de pesquisa, estudo e até de amor, prefiro sempre o homem mergulhado na sombra — de onde, talvez, melhor se pode compreender a luz que o iluminou.

Adotei a ordem cronológica, a mais comum em livros de memórias e biografias. Contudo, balanceei os dois níveis em que o personagem se movi-

Nota à Presente Edição

mentou. Na primeira parte, de 1961 a 1964, coloquei maior ênfase no painel político da época, limitando-me a pequenas notas de caráter pessoal. Juscelino ainda era, em plenitude, um homem público. A partir de 1964, porém, sua vida particular foi crescendo, ocupando cada vez mais espaço na narrativa. Assim, o leitor encontrará, nos primeiros capítulos, a confluência de outros personagens que conduzem a narração em escala maior que o próprio JK.

À medida que os trancos da vida pública foram desbastando essa personalidade que, em certo sentido, não se pertencia, começou a surgir outro homem, outro personagem: a edição expurgada e ampliada do menino de Diamantina, o Nonô, o filho de dona Júlia. Desse momento em diante, deixei de consignar as miúdas referências aos aspectos políticos e econômicos.

Nas circunstâncias em que este livro foi escrito — como natural continuação de suas memórias — obriguei-me a dar-lhe a moldura que ele, pessoalmente, me merecia: a do carinho.

Capítulo 1

O sucessor sem sucesso

31 DE JANEIRO DE 1961 — "... infelizmente, ainda estamos na América Latina". A 10 mil metros de altura, cruzando o Atlântico rumo a Dacar, em escala para Paris, o DC-7 *Bandeirante Antônio Raposo Tavares* deixara Brasília três horas antes. Levava a bordo uma espécie de novo bandeirante, o brasileiro Juscelino Kubitschek de Oliveira, de 59 anos, que acabara de transmitir a presidência da República a Jânio da Silva Quadros. Aparentemente, fora uma sucessão tranquila do ponto de vista constitucional. Contrariando antiga praxe entusiasticamente adotada no país, ninguém pensou em anular as eleições ou em negar posse ao eleito. Além de tranquila — seria também a última eleição presidencial pelos próximos vinte e tantos anos —, fora uma sucessão gloriosa para quem deixava o poder. Juracy Magalhães, seu adversário político, mas amigo pessoal, sintetizara numa frase o espetáculo da multidão que provocou o primeiro congestionamento nas largas avenidas que JK abrira no áspero chão do cerrado: "O seu governo tem um ocaso que parece uma alvorada!" E de todos os cantos do país já surgira o refrão, JK-65, que nascera tão logo ele se recusara a articular uma emenda na Constituição para tornar-se elegível à própria sucessão — outra praxe, também, de nossos costumes políticos.

Ao descer a rampa do Palácio do Planalto, acompanhado pelo novo presidente, ambos ouviram os gritos da multidão que antecipavam, de forma exagerada, o problema sucessório: ao mesmo tempo que se tornava um ex-presidente, transformava-se em poderoso candidato presidencial, em torno do qual, por bem ou por mal, gravitariam todas as articulações políticas. E como o Brasil estranhamente tem pressa — ao menos nessa questão —, essas articulações costumam começar no mesmo dia em que um cidadão toma posse de qualquer poder.

Em sua poltrona, cercado pela família — dona Sarah, Márcia e Maria Estela —, seu médico Carlos Martins Teixeira, os amigos José Sette Câmara e Saulo Diniz, JK tenta forçar o sono que habitualmente lhe vinha fácil em viagens demoradas (15 anos mais tarde, dormindo, sofreria o acidente fatal na Rio-São Paulo). A frase ressoava em sua cabeça, prolongamento monótono do ruído dos motores: "... infelizmente, ainda estamos na América Latina". Frase que, ao encerrar seu último volume de memórias, fez questão de transcrever, tornando-a ponto final não apenas de um período de sua vida que acabara, mas, sobretudo, de um novo desafio que começava.

Momentos antes, o comandante do avião viera chamá-lo à cabina. O rádio de bordo transmitia, através da *Voz do Brasil*, a primeira manifestação pública do novo presidente do Brasil. JK ouvira apenas algumas frases — o bastante para compreender que, afinal, era o discurso que o preocupara nos últimos dias, que toldara sua habitual serenidade diante do drama político. Na semana anterior, recebendo em visita protocolar o futuro ministro da Justiça, Oscar Pedroso Horta, fora informado de que Jânio falaria durante a cerimônia de posse e, na certa, alguns aspectos da antiga administração seriam criticados.

A princípio, ele não dera importância. Sabia que empossaria um adversário político, um homem que se elegera com espetacular votação, usando os recursos normais de qualquer candidato da oposição. Mais tarde, alguns amigos também o advertiram no mesmo sentido. Dizia-se que Clemente Mariani, futuro ministro da Fazenda, ou o próprio Carlos Lacerda, o mais virulento adversário de todos os presidentes da República desde a redemocratização do país, em 1945, um ou outro ou ambos haviam redigido um discurso insultuoso, apocalíptico, letal. E Auro de Moura Andrade, da tribuna do Senado, deixara escapar uma frase que, subitamente, se destacou em seu subconsciente: "Vá tranquilo, presidente", dissera o senador, "estaremos no Legislativo defendendo suas obras, sua honra pessoal e cada ato praticado por Vossa Excelência em benefício do Brasil!"

A promessa de defender o governo que chegara ao fim seria natural, óbvia, vinda como viera de um correligionário. Mas a alusão à *honra pessoal* crescera, de repente, martelava-lhe fundo, tornara sua última noite de presidente da República, passada no Hotel Nacional ainda em fase de construção, um pesadelo e uma provocação. Somando informações de outros setores, JK ficou sabendo que o seu sucessor, realmente, aproveitaria a própria cerimônia de posse para, diante das autoridades, do povo, da televisão, insultá-lo pessoalmente, dedo em riste — gesto que se devia menos à agressividade de Jânio e mais à sua retórica provinciana.

Tomou então uma decisão, a única que lhe deu tranquilidade para reagir à provocação que as paixões políticas pretendiam colocar à sua frente, desafiando-o em seu último dia de poder.

Se, durante a cerimônia, Jânio lesse tal discurso, com acusações e infâmias que nem mesmo durante a campanha eleitoral tivera a coragem de formular, JK partiria para a solução que lhe restava: a reação física, de homem para homem, o escândalo. Sua decisão, acrescida e beneficiada pelas versões de cada um dos que dela tomaram conhecimento, chegou ao quartel-general de Jânio. Em seu livro de memórias, o próprio JK diz que pediu aos encarregados do cerimonial que colocassem os dois mandatários — o que saía e o que entrava — bem afastados das demais autoridades. Uma boa briga exige espaço.

Jânio não leu o discurso. Personagem estranhíssimo, durante a cerimônia ele se portou com exemplar correção. Além do mais, político sagaz, percebia que a moldura da festa estava muito mais para o presidente que deixava o poder do que para o novo mandatário. Sabia que JK viajaria logo em seguida para o exterior, aí sim, em ambiente próprio e favorável, poderia ler o discurso que quisesse. Somente Getúlio Vargas, mas em condições diferentes e com outro sentido, recebera aquela consagração que levara JK nos braços do povo, sob o temporal que desabara, até a bordo do avião.

Horas mais tarde, com Juscelino a 10 mil metros de altura, no meio do Atlântico, Jânio iniciaria o seu mandato de forma absurdamente errada: fazia não um discurso de presidente mas de candidato. Passadas a limpo, as promessas feitas nesse primeiro pronunciamento presidencial se limitavam a transformar o seu governo num gigantesco inquérito político-policial, reduzindo às dimensões de uma enorme casa de correção o país que, em apenas cinco anos, dera surpreendente salto em direção ao futuro.

O sucessor sem sucesso

* * *

Quando o DC-7 pousou em Paris, ele vestiu, ainda a bordo, o seu sobretudo. Conhecia — e temia — o frio europeu. Em Orly (ainda era o antigo aeroporto, o novo só ficaria pronto quatro anos depois) teve o seu primeiro contato com a realidade que o esperava: muitos amigos o aguardavam, gente carinhosa que, de passagem por Paris, ou morando nas proximidades, fora recebê-lo como se nada tivesse mudado. Mas o mundo oficial omitiu-se: tirante Paulo Carneiro, representante do Brasil junto à Unesco, não havia ninguém. Embaixadores, secretários, chefes de missões comerciais ou emergenciais, que sempre armam suas tendas em lugares salubres, ali mesmo pelos arredores de Londres, Roma ou Paris, funcionários que ele nomeara ou promovera, nenhum deles desejou se indispor com o novo governo: a diplomacia tem sensibilidade própria, a simples ida a um aeroporto pode truncar uma carreira. Como presidente da República, se ele descesse no polo Sul, além dos pinguins aborígines, ele esbarraria mais ou menos por acaso com funcionários brasileiros lotados em Estocolmo, na Finlândia, no Paquistão. Coisas da vida.

Ele teria de se habituar a essas e a outras decepções. Por intermédio de amigos, mandara alugar um apartamento na avenue Iena, mas o elevador do prédio não funcionava, a decoração era infame, pesada, indefinível. Alugou dois apartamentos no Plaza Athenée, e no dia seguinte começou a procurar outra moradia, até que se fixou na avenue Foch, endereço nobre, por sinal.

Dias depois, quando recebeu os primeiros jornais do Brasil, verificou que sua estada em Paris estava sendo noticiada como a de um marajá, com dois Rolls-Royce à disposição, instalações luxuosas, tudo a que tinha direito um milionário — que ele nunca chegara a ser, apesar de, em certa época, ter tido fama de ser a sétima fortuna do mundo. Um cronista social que andava por lá visitou-o em sua intimidade e testemunhou: JK vivia como ex-funcionário graduado de um governo, nada mais do que isso.

Contudo, não foram essas, exatamente, as notícias que ele procurou nos jornais. Os primeiros dias do governo de Jânio Quadros, passada a natural fase de acomodação, revelavam-se mesquinhos, inexplicáveis. Formara-se uma comissão de inquérito para apurar irregularidades na construção de Brasília, caçavam-se os amigos mais chegados ao ex-presidente, na tentativa de pinçar um pretexto que o atingisse.

JK lembrava-se do seu primeiro dia como presidente. Às sete horas da manhã reunira o ministério, dera a cada um funções específicas, traçara metas e prazos. E antes do meio-dia, aproveitando a presença do vice-presidente norte-americano Richard Nixon no Brasil, que viera assistir à sua posse, levou-o a Volta Redonda, de helicóptero, a fim de descolar um substancioso empréstimo que duplicaria a produção da usina que já entrava em fase de exaustão.

Apesar de ter tido uma posse tumultuada (foram necessários dois golpes militares para remover dois presidentes que insistiam em não lhe dar o poder que ganhara nas urnas), ele não governaria sob o signo da vingança, do ressentimento e do passado. Elaborara um plano ambicioso de metas, e em torno delas se consolidara uma estabilidade política. Como acentuaria uma cientista política (Benevides,1976), a estabilidade do seu governo foi produto de uma conjuntura especial na qual o Exército e o Congresso (através da aliança PSD-PTB) atuaram de maneira convergente no sentido de apoiar a política econômica cujo núcleo era o Programa de Metas.

Jânio não trouxera qualquer tipo de programa para o governo. Nunca saíra de seu ambiente provinciano, estadual. Um mestre-escola com rígidas noções de hierarquia, disciplina, honestidade e austeridade. Mas servido por um tipo físico estupendamente popular. Uma mistura de Solon e Cantinflas, de Gladstone e Groucho Marx: confiavam nele, mas não o amavam.

As notícias que chegavam a Paris, vindas pela imprensa ou pelas cartas dos amigos, alertaram-lhe para a necessidade de um rápido regresso. Afinal, antes mesmo de deixar a presidência, ficara acertado que o PSD necessitaria dele numa tribuna. Com a famosa *vocação do poder* contrariada pela primeira vez, o sólido, o anedótico PSD teria pela frente cinco anos de ostracismo, pois Jânio, aparentemente, representava a aliança de quase todos os partidos nacionais, com exclusão do PSD. Na verdade, não representava partido algum — mas isso só seria verificado mais tarde.

Em março/abril de 1961, os apelos eram dramáticos e JK regressou ao Brasil em maio, a fim de iniciar a sua campanha para a senatória por Goiás, uma operação que o deputado Adauto Lúcio Cardoso, catão udenista formado na sólida escola de Aldeia Campista, classificaria de "o maior escândalo da história do Brasil". O "escândalo", na realidade, se limitou a uma simples estratégia partidária — arte na qual o PSD era mestre. Bem verdade que o senador Victorino Freire, do Maranhão, em carta a JK, prometera renunciar a seu mandato a fim de lhe ceder uma vaga pelo nobre estado do Norte. Se aceita, a oferta colaria feio para o PSD, embora não chegasse a ser um escândalo. Lançadas as alternativas do problema, descobriu-se que havia um senador por Goiás, Taciano de Melo, que não se habituara devidamente à vida parlamentar e estaria disposto a negociar — e a política é a arte da negociação, como até a UDN sabia e praticava, mas desastradamente. Com a renúncia do senador goiano, estaria aberta a vaga para Juscelino se eleger pelo estado que, depois de São Paulo (em política, como em geografia, todas as águas correm para o mar), mais se beneficiara de seu governo. Para falar a verdade, JK nem precisaria fazer qualquer tipo de campanha eleitoral. Mas sua feição pessoal (e também sua afeição) era o contato com as massas. Como se fosse candidato a vereador, visitou oitenta cidades e ouviu 1.140 discursos. Para melhorar o clima da campanha e dar à eleição um caráter de luta, o próprio Jânio Quadros estimulou a candidatura de um concorrente, Wagner Estelita Campos — o que foi, concretamente, a primeira jogada infeliz do novo presidente. Juscelino venceu a eleição na proporção de dez para um. Se fosse mais hábil, Jânio teria evitado essa miniconfrontação: bom de urna, ele deveria resguardar para si a inédita consagração obtida na campanha presidencial.

Evidente que o episódio se diluiria, logo em seguida, pela gravidade de novos fatos. Mas serviu para demonstrar, primeiro: que depois de ter deixado a presidência, JK seria tão bom de urna quanto Jânio em qualquer tipo de confronto eleitoral; segundo: que os rigorosos inquéritos abertos para que o tostão janista varresse o milhão juscelinista com a vassoura que se entronizara no Planalto, inquéritos que se abriam desordenadamente (sem mecânica parlamentar e sem apoio popular), não tinham prejudicado a imagem de Kubitschek. Eleito, ele teria a tribuna que pretendia e que o PSD necessitava. De quebra, se investia de imunidades, a fim de prevenir qualquer golpe baixo desferido pelos novos donos do poder.

Jânio percebeu que errara em relação a Juscelino. De nada lhe adiantava hostilizá-lo pessoalmente. Mandou emissários para a pacificação, prontificou-se a recebê-lo em palácio, mas agora era JK que nada queria com ele. O refrão JK-65 aparecia nos muros de todas as cidades brasileiras. O PSD se unia em torno dele, e, como o Jacó resignado do soneto camoniano, estava disposto a servir os cinco anos de ostracismo para merecer o amor de Raquel, serrana e bela, embora sem saber que, tal como no soneto, havia um Labão, na sombra, que o obrigaria a servir por outros e muitos outros cinco anos.

De qualquer forma, senador por Goiás, aproveitando-se do incipiente desprestígio de Jânio junto às correntes que o elegeram, ele poderia se tornar o eixo em torno do qual gravitassem todas as forças que não estavam no poder, ou nele estavam insatisfeitas. O único erro, neste raciocínio de JK, é que não havia *forças* no governo, nem sequer uma *força* em si. Havia apenas um homem: Jânio da Silva Quadros.

Brasileiro, casado, 44 anos, professor e advogado, natural de Campo Grande, em Mato Grosso, residente uns tempos no Paraná e formado politicamente na vereança da capital paulista, Jânio tinha aquela lógica interior dos ilógicos que raiam a loucura: quando pensou em morar no Rio, preferiu o Méier. Parece que nunca houve tal intenção da parte dele, o fato é que, se a tivesse, ele jamais se integraria no espaço de uma cidade como o Rio, então capital federal, centro de ressonância e absorção do espírito nacional, e, naturalmente, o aglomerado mais cosmopolita do Brasil.

Afinal, quem era esse Jânio Quadros que em 15 anos saíra de uma Câmara de Vereadores, passara pelo governo do principal estado do país e chegara à presidência da República consagrado pela mais ostensiva vitória eleitoral jamais obtida por qualquer outro político brasileiro? Uma carreira sem paralelo em termos normais: ele não galgou o poder na crista de um movimento revolucionário, de um golpe de Estado. Não era rico nem influente, não era tutelado por grupos econômicos, não tinha jornais, não pertencia a famílias ilustres, enfim, era um brasileiro como outro qualquer, de aparência subnutrida, defeituoso em uma das vistas, e, para piorar seu visual (ou melhorá-lo), tinha o mau gosto (ou a ironia) de só se expressar em português castiço, soltando frases quinhentistas que boiavam, como ilhas, no mar de vulgaridades dos comícios eleitorais.

Carlos Castilho Cabral, que foi seu colaborador e amigo, criador do Movimento Popular Jânio Quadros, que poderia ser, como sustenta Thomas Skidmore (1976), o verdadeiro e único sustentáculo de sua política, tanto no *logos* como na práxis, pintou um esboço que vale a transcrição:

> Nos botecos humildes da gente simples de Vila Maria era um deus; nos salões elegantes do Jardim América, o esperado, tanto para os patrões como para os criados. Para os pobres era a esperança; para os ricos, a segurança. Nos comícios, demagogo, desgrenhado; no

governo, sincero, composto. Não fazia amigos, conquistava adeptos. Ídolo do povo, gênio do palanque, nadava na multidão, tinha horror a reuniões. Orador de fôlego, abominava ouvir discursos. Trato difícil, ríspido com os companheiros mais íntimos, retinha a todos com uma palavra carinhosa na hora da reação. Frio, calculista, parecia intempestivo, temperamental. Intérprete da vontade popular, tinha profundo desprezo pela opinião alheia. Improvisador, parecia só decidir após longo estudo. Apreensão fulminante, resposta demorada. Avesso à organização partidária, somava legendas. Destruía partidos nas eleições, agasalhava-os no governo. Amava a solidão e jamais estava só. Imprevisto, imprevisível, estranho, introvertido, ávido de êxito, faminto do poder, cujas pompas desprezava. (Cabral, 1962)

Se Jânio trazia em suas dobras tantas incógnitas, para Juscelino Kubitschek a esfinge desgrenhada de Vila Maria tinha menos mistério. Afinal, JK o conhecera quando presidente da República, atendendo-o inclusive numa emergência pessoal, quando o ex-governador de São Paulo comunicou-lhe que estava tuberculoso, em gravíssimo estado, e por isso precisava renunciar. Juscelino narra com certa simpatia o episódio em *50 anos em 5*. O fato é que Jânio, alegando doença tão séria, obteve a liberação de recursos especiais para seu governo, e JK chegou a pensar em designá-lo para uma missão especial, na Suíça, onde poderia melhor cuidar dos pulmões em ares mais saudáveis do que às margens do poluído Tietê.

Por tudo isso, as relações JK e JQ nunca poderiam ser íntimas, apenas cordiais, com períodos de recíproca atração ou hostilidade. Senador com a responsabilidade de manter o PSD à tona, custasse o que custasse, até 1965, em termos políticos Juscelino temia muito mais o vice-presidente João Goulart, o mesmo, por sinal, que as eleições de 1954 lhe deram. Atrás de Jango, havia o PTB, aliado histórico do PSD, filhos do mesmo pai (Getúlio Vargas) e cuja aliança nas urnas e no Congresso vinha mantendo o regime em relativa estabilidade. Jânio, ao contrário, era o *outsider* político; se a sua estrela continuasse a brilhar, poderia empolgar o poder por muito tempo. Caso contrário, o sistema o repeliria, mais cedo ou mais tarde, como um elemento estranho ao corpo político da nação.

Em seu discurso de posse, no Senado, Juscelino aceitou e revidou as provocações que vinha recebendo, desde a campanha sucessória, por parte de seus adversários que agora rodeavam o poder, mas nele não se acomodavam, pois o poder era apenas Jânio. Sobre os rumos que imprimira à industrialização, elevando-a a prioridade só inferior à de Brasília, JK foi incisivo:

> Mandava a regra do jogo econômico-financeiro, estabelecida pelo capitalismo desumano, que nos limitássemos a lidar exclusivamente com matérias-primas e outros produtos primários. E enquanto assim nos mantivéssemos, quietos, resignados, lograríamos o prêmio de exportar cada vez mais e ganhar cada vez menos. Isto sem falar na suprema felicidade de vermos nossos produtos naturais suplantados pelos frutos da tecnologia, pelos milagres da química e da física modernas.

Acusado pelos economistas formados na escola clássica de ser o pai da inflação, que em seu governo nunca atingiria o dramático terceiro dígito, ele assumiu a sua culpa de forma espetacular:

> Creio hoje, mais do que ontem, ter andado de acordo com a prudência e o supremo interesse da nacionalidade emitindo não dinheiros, mas 20 mil quilômetros de estradas, 320 mil veículos automotores, 1,3 milhão de toneladas, a mais, de aço em lingotes, mais de 2 milhões de toneladas de cimento, emitindo volume incomparavelmente maior de petróleo, fertilizantes, metais não ferrosos, emitindo Furnas, Três Marias, a indústria pesada, a naval, a de tratores, a química de base, emitindo enfim a infraestrutura que delimita a época do nosso progresso.

E como muitas — e as mais pesadas — acusações vinham geralmente do próprio Jânio Quadros, JK cobrou a dívida que a nação tinha com ele:

> Não tivesse assumido tantos riscos e, transcorridos os cinco anos do meu governo, não teria a compensadora oportunidade, que agradeço à Providência, de passar ao meu sucessor não um país fa-

lido ou decadente, mas nação em marcha integrada na sua finalidade de tornar-se uma nação desentrevada, com perspectivas magníficas pela frente, nação restabelecida na confiança internacional pelas demonstrações de vitalidade que ofereceu ao mundo.

Para falar a verdade, a atuação de Juscelino como senador por Goiás ficaria neste primeiro discurso, até que, em 1964, fizesse outro pronunciamento, às vésperas de sua cassação. Apesar de ter sido deputado em 1934 e constituinte em 1946, de usar a tribuna com desembaraço e de contar a seu favor com extraordinária capacidade de aglutinação e liderança, JK não amava pessoalmente a função legislativa. Respeitava-a, mas seu temperamento inquieto, sua vontade criadora transcendiam as limitações daquele poder que alguns chamam pelo feio nome de legiferante. Por isso mesmo, na véspera de deixar a presidência da República, respondendo à pergunta de um repórter sobre o que o esperava na vida comum, mesmo já tendo garantida sua indicação para senador por Goiás, ele respondera com uma única palavra: "O tédio."

Impaciente, nos meados de 1961 ele se sentia um peixe sempre vivo, mas fora da água. Acompanhava com atenção os rumos que Jânio imprimia ao país. Sua conduta, adotada de acordo com os interesses do PSD, era de resguardo. Não devia comparecer ao Congresso diariamente, a fim de evitar provocações inúteis, tal como acontecera a Getúlio Vargas. Limitava-se a algumas votações, nenhuma delas de importância, e aos trabalhos de comissão. Tinha uma preocupação, uma tristeza e um presságio.

A preocupação era com a falta de sentido no governo de Jânio. Não competia a ele, ex-presidente do quinquênio anterior, cobrar-lhe diariamente um programa mínimo de atuação pública. Acomodado em sua formação acadêmica, Jânio governava à sua maneira, ou seja, sem maneira nenhuma. Dava socos em várias direções, agredia indiscriminadamente amigos e adversários, cumpria zelosamente o seu dever de mestre-escola, rigoroso nos horários, no exemplar cumprimento da mesquinharia burocrática oficial. Enquanto Juscelino trouxera para o governo uma equipe de trabalho agressiva e otimista, Jânio governava fechado em si mesmo, solitário, comunicando-se através de bilhetinhos que, talvez em seu subconsciente, deveriam ter a força de decretos-leis. Uma relação de suas atividades como presidente da República, comparada sobretudo ao governo em que Kubitschek operou como ágil motivador das potencialidades do povo brasileiro, deixa atônitos os curiosos e historiadores que pesquisam esse período. Comissões de inquérito para apurar irregularidades nos Institutos de Previdência (dessa forma, ele pensava manter João Goulart dócil a seu comando de poder). Supressão de comissões militares no exterior (economia de palitos, que lhe seria cobrada mais tarde). Horário de dois turnos para o funcionalismo federal (que, na prática, daria mais tempo ao funcionário de nada fazer durante os dois expedientes). Criação de subgabinetes nos estados, através dos quais pensava controlar de perto cada unidade da federação — medida que irritou a todos os governadores, sobretudo a seus aliados da campanha eleitoral. Proibição de rinhas de galo (essa ficou mesmo sem qualquer explicação, pois desde Pedro Álvares Cabral que o Brasil vem atravessando crises e enfrentando problemas, mas nenhuma crise e nenhum problema até então foram criados aos interesses nacionais pelas rinhas de galo).

O mesmo homem preocupado com rinhas de galo assinou a Resolução 204, discutida até hoje, mas cujo efeito prático seria desastroso para o governo. Através daquele instrumento, Jânio instaurava o que se chamou de "verdade cambial", ou seja, deixou de existir o dólar de exceção para a importação de trigo, petróleo e papel de imprensa. O resultado foi previsível. Um brutal aumento no custo de vida, dobrando o preço do pão e da gasolina.

Ele procurou acabar com uma discriminação cambial, mas o fez a seu modo, ou seja, sem estudo programado e isento. E, praticamente, sem consultar ninguém, a não ser os interesses do Fundo Monetário Internacional. E depois de decretar a verdade cambial, decretou o manto da fantasia oficial sobre a nudez de outra verdade: Jânio proibiu o uso do biquíni nas praias — e essa também ninguém conseguiu explicar, a não ser o próprio Jânio, que se dispõe a exibir aos interessados um abaixo-assinado de não se sabe quantas senhoras mineiras ou paulistas (ou de ambos os estados) pedindo moralização para os 8 mil quilômetros do pátrio litoral.

Se a política interna era confusa, conservadora e até reacionária, na política externa Jânio embicou seu barco para a autodeterminação dos povos e suas velas se abriram, pandas, aos ventos da oscilante esquerda nacional. Mas continuava a ser um eterno candidato, mesmo quando parecia ter acertado uma linha de ação, embora, nesse setor, tivesse recolhido em suas redes, que começavam a pescar em qualquer tipo de água, inesperadas alianças e esperados elogios. No fundo, sua independência na política externa era mais formal do que real. Negociou com o FMI — que tentara manietar Juscelino em sua férrea disciplina de gastos e de desenvolvimento. JK rompera dramaticamente com o Fundo Monetário Internacional sem qualquer intenção ideológica. Simplesmente ele não se submeteria à magra dieta dos banqueiros internacionais que lhe exigiam menos inflação e menos progresso. O FMI estaria disposto a negociar qualquer tipo de empréstimo desde que JK abandonasse o seu Programa de Metas, emitisse menos, enfim: fizesse o Brasil marchar de acordo com as ordens emanadas de uma cúpula que representava aquilo que ele próprio chamou, no discurso proferido no Senado, de "capitalismo desumano".

Jânio, ao invés, reatou com o FMI, negociou a dívida deixada por JK — embora dela tenha reclamado até falecer, em 1992. Foi tão feliz que não apenas obteve a consolidação e o reescalonamento da dívida inteira como descolou novo empréstimo de igual importância, acrescido de um *extra* no valor de 300 milhões de dólares (Skidmore, 1976).

Pergunta-se: para quê? Somente a 5 de agosto, dias antes de sua renúncia, anunciou a criação da Comissão Nacional de Planejamento, que deveria substituir o Conselho de Desenvolvimento dos tempos de Juscelino. E ainda estava em laboratório o Primeiro Plano Quinquenal que, até no nome, não tinha o charme do Programa de Metas de JK.

Ele revelava total ausência de planejamento a longo prazo. Nem mesmo a política externa independente conseguia ser um projeto de governo. Antes, era uma atitude quase isolada do governante, que não contava com o apoio global de seu próprio governo, como o provaria a explícita ordem do dia baixada pelo ministro da Guerra, Odylio Denys, justo na data máxima do Exército, o 25 de agosto que já estava próximo. Juscelino, ao invés, mesmo sem ter criado um projeto próprio para a política externa, lançara as bases para a Operação Pan-americana, assessorado nem sempre brilhantemente pelo brilhante poeta Augusto Frederico Schmidt. Ele se insurgira contra o perpétuo marasmo da política de Washington em relação à comunidade pan-americana, marasmo que só era interrompido para intervenções desastrosas e dramáticas. Antes dele, Perón tentara criar uma espécie de aliança tríplice entre Argentina, Brasil e Chile, unindo os três países então mais prósperos do continente numa espécie de pacto contra os demais países, que se tornariam mais fracos e vulneráveis em sua soberania pelos acordos políticos, econômicos e — se necessário — militares dos Três Grandes.

JK viu claro e mais longe. Foi buscar inspiração em Bolívar e pressionou fortemente o governo americano, cobrando-lhe deveres acima das rotineiras notas de solidariedade, dos protocolos inexoravelmente arquivados. Por bem ou por mal, mesmo com a exaustão da Operação Pan-americana, o embrião lançado por Juscelino ressurgiria mais tarde, no governo de John Kennedy, através da Aliança para o Progresso. Infelizmente, este também foi mais um equívoco diplomático e operacional de Washington. Na Conferência dos Chanceleres de 1961, em Punta del Este, Che Guevara, então ministro de Cuba, estigmatizou esse tipo de aliança, classificando-a de uma simples ajuda para a construção de latrinas. Evidente que não foi por culpa ou alcance menor da antiga Operação Pan-americana que a Aliança para o Progresso se deteriorou a tal ponto. De modo nenhum se poderá analisar a história do continente sem a citação obrigatória de dois nomes: Bolívar e JK.

Com um pouco de sorte, Jânio poderia suplantar a performance dos dois: tinha audácia e imaginação, mas era desprovido de qualquer tipo de método. No fundo, apreciou a irritação que causava nos setores mais conservadores e retrógrados com a sua progressiva escalada internacional, anunciando o reatamento com a União Soviética, enviando a Missão João Dantas ao Leste europeu e Jango à China comunista, condecorando o próprio Che Guevara. Vindo dele, um anticomunista notório, tais atitudes traziam um conteúdo de inebriante euforia para as esquerdas, mas nem o destino nem mesmo o azar podem ser responsabilizados pela desconfiança generalizada que até mesmo suas ações mais lúcidas — como a de reatar com a União Soviética e de se aproximar da China comunista — provocariam nos setores conservadores na hora do lobo — aquela hora bergmaniana em que cada consciência se indaga no fundo e na treva. Quem era Jânio? O que queria Jânio?

Essa, também, era a preocupação de JK, nos inícios de agosto de 1961. Como qualquer brasileiro — e em seu caso, um brasileiro que assistia ao espetáculo em posição privilegiada —, ele sabia que um erro mais grave de Jânio poderia desaguar numa crise cuja gravidade seria impossível prever.

Mas, além da preocupação, JK tinha uma tristeza e um presságio. A tristeza era o desleixo, o desamor que o novo governo dedicava a Brasília, cidade que ele fundara, criara do nada, deixara-a pronta, mas ainda necessitada de retoques finais e, sobretudo, de plena consolidação como capital federal. Jânio, especialmente, parecia odiar a cidade, chamava-a de "terrível" — adjetivo que gostava de usar e que usaria em famoso documento, dias mais tarde. A amigos e auxiliares, Jânio dizia que era impossível governar de Brasília, tal como dizia ser difícil governar sob a Constituição de 1946. Uma coisa nada tem a ver, aparentemente, com outra, mas no fundo eram a expressão de um mesmo problema: o problema de Jânio em si.

JK às vezes se impacientava, pensava em pronunciar um discurso no Senado, ou dar uma declaração aos jornais, cobrando do governo um tratamento lógico e decente para a cidade que mal completara o primeiro ano de existência. Em qualquer outra parte do território nacional, uma cidade com tão pouca idade e com tantas perspectivas fatalmente teria recebido maior ajuda e compreensão por parte do governo federal. Mas uma certa timidez tolhia-o, nessas horas.

Para todos os efeitos, Brasília era tida (e o era de fato) como o pedestal de sua futura glória, e não lhe ficava bem pedir que outros, sobretudo quando os outros eram adversários, retocassem a imagem da cidade que, em muitos sentidos, seria confundida com a sua própria imagem. Essa tristeza, curiosamente, JK amargou durante alguns anos, até que, durante os governos militares que se sucederam a partir de 1964, no meio do temporal que o colheu e tanto o maltratou, viesse a sentir uma alegria paradoxal e quase anacrônica com o tratamento que Brasília passou a ter, finalmente fixada na carne do povo brasileiro como sua capital.

Além da preocupação e da tristeza, havia o presságio. Certa vez em Paris, quase por brincadeira, foi apresentado por terceiros a um vidente. Examinada a palma de sua mão, foi constatada uma boa fortuna: em 1965 ele teria um ano de absoluto sucesso, seria o ponto culminante de sua trajetória humana.

Por acaso, no mesmo dia, ou no seguinte, ele lera, num jornal que chegara do Rio, que outro vidente, em outra parte do mundo, também profetizara alguma coisa para Jânio Quadros: o ex-governador paulista seria eleito presidente da República, mas não acabaria o seu mandato, pois seria vítima de um assassinato.

Católico por convicção, estudioso por curiosidade de certos fenômenos, JK era como qualquer outro homem digno do nome e da função de brasileiro: não dava chute em despacho de macumba. Seu temperamento extrovertido, depois que deixara o governo, passara a sofrer alguns períodos de depressão. Ele então conjeturava sobre o destino com o mesmo fatalismo que, em 1952, ao contemplar uma estrela no céu de Belo Horizonte, exclamara para seu amigo José Aparecido: "Se estiver escrito naquela estrela que eu serei o próximo presidente do Brasil, ninguém me deterá!"

Ao fatalismo, juntava agora uma sólida experiência do fato político. Por isso mesmo, acompanhou em silêncio a crise que, em meados de agosto, se esboçava entre Jânio Quadros e Carlos Lacerda, então governador da Guanabara. Conhecia os dois suficientemente para saber que, em dadas circunstâncias, o governador carioca seria avassalador. E Jânio, se de um lado não apresentava flancos abertos ao adversário, cujo apetite principal era denunciar corrupções administrativas e pessoais, de outro não tinha maleabilidade e território político para revidar ou anular o amigo que pouco a pouco se tornava adversário, a menos que provocasse uma intervenção na Guanabara — o que seria um grave precedente. Quando pensava em crises, JK pensava sobretudo em seu partido, interessado em retornar ao poder em 1965. Sua obrigação era procurar evitar qualquer emergência constitucional que atropelasse as instituições.

Na noite de 24 de agosto, depois de assistir ao programa de televisão em que Lacerda denunciava a trama de Jânio para fechar o Congresso e se investir das funções de ditador, Juscelino telefonou para seu primo e amigo, o deputado Carlos Murilo Felício dos Santos, natural, como ele, de Diamantina. Carlos Murilo não assistira ao programa, naquele tempo não havia o sistema atual de retransmissões, o alcance médio de cada emissora não ultrapassava 80 quilômetros. Ninguém em Brasília assistira ao programa. Nem por isso os ânimos estavam quietos. A boataria da crise levara muitos deputados e senadores ao Congresso. Regimentalmente, podiam abrir uma sessão extraordinária: a sessão foi aberta e, na manhã seguinte, transformada em comissão geral.

A 25 de agosto, a renúncia de Jânio surpreendeu a todos. Menos a ele. Não que fosse mais sábio, sagaz ou melhor informado do que os demais. Mas ele tivera experiências dramáticas no poder e sabia que a instabilidade de Jânio não aguentaria um desafio mais grave. Surpreendia-se, sim, com os detalhes que começavam a ser espalhados, mas não com a essência do fato em si.

No dia 26, depois de ter contatado todos os membros da cúpula do PSD, e de ter dado instruções especiais a Carlos Murilo e a outros deputados mais chegados, embarcou para Brasília. Quantas vezes fizera aquela viagem? Mais de mil vezes. Saía sempre à noite, depois do expediente no Catete, passava pelo Laranjeiras, jantava, depois embarcava, os velhos DC-3 gastavam quase cinco horas para chegar ao Planalto, onde ele fiscalizaria as obras de sua cidade. Nos antigos aparelhos da FAB, ele gostava de ver, pela janelinha, a linha vermelha marcando no horizonte a alvorada que surgia. Mas agora, ao sentar-se no táxi-aéreo que o levaria a sua capital — que enfrentava a primeira crise como centro político do país —, ele sentiu, de repente, um arrepio. O arrepio que sente o trabalhador quando, depois da jornada ao sol, se prepara para o longo, o incerto anoitecer.

Capítulo 2

A renúncia mais do que explicada

26 DE AGOSTO DE 1961 — A consciência está tranquila, nem por isso se sente confortável no pequeno táxi-aéreo que o levava a Brasília. Rememorava os últimos meses, sobretudo os últimos dias daquela crise que se abria, abismo e chaga, no corpo da nação. Desde fevereiro, quando Jânio optara em travar a linha de desenvolvimento que ele imprimira em seu quinquênio, JK alertara que o Brasil poderia chegar a um impasse institucional permanente, semelhante ao da Argentina. Em junho, numa visita a São Paulo, falara sobre os riscos de se prejudicar o ritmo de crescimento do país sob o pretexto de conter a inflação. Além do mais, a política exterior que Jânio denominava "independente" não criara total credibilidade para seu governo nos centros de decisão do bloco ocidental. Nada mais era, como diriam mais tarde os historiadores, do que "um elaborado disfarce para desviar a atenção do impopular programa de estabilização econômica", ou, segundo outros, "a fachada progressista para encobrir uma política interna reacionária".

Noticiada a renúncia de Jânio Quadros, os meios de comunicação pouco destaque deram à ordem do dia do marechal Odylio Denys, ministro da Guerra. Ninguém prestara atenção àquela declaração oficial do Exército, ou melhor, das Forças Armadas, justo na data em que se comemorava o Dia do Soldado. JK conhecera Denys: fora substituto do marechal Lott, quando este deixara o ministério para se candidatar à presidência da República. Denys era homem do 11 de novembro de 1955: legalista, mas favorável a hiatos constitucionais que assegurassem a continuidade legal. Ele próprio o confessaria em seu livro: "Pode-se revoltar, para guardar a bandeira da legalidade democrática. É sair da legalidade para entrar no Direito" (Denys, 1980).

A ordem do dia fora bastante explícita e, como de praxe, Denys a mostrara a Jânio, na véspera, dia 24. O texto aludia à política externa do governo e lembrava a "adesão ao princípio da autodeterminação dos povos, com base em eleições livres e periódicas...". Constituía clara advertência ao presidente que, em nome da política externa independente, deixara de discriminar ditaduras e democracias — e embora Denys, anos mais tarde, tenha conspirado para eliminar do quadro brasileiro as eleições livres e periódicas, em 1961 ele não aprovava a aproximação de Jânio com os países que não obedeciam à liturgia democrática: União Soviética, Leste Europeu e Cuba. Impassível, Jânio teria lido a ordem do dia de Denys e, segundo muitos, inclusive seu chefe da Casa Civil, Quintanilha Ribeiro, esta teria sido a "gota d'água" que transbordara o copo — sem qualquer alusão ao fato de Jânio ser notoriamente bom de copo. Não adiantaria que o próprio Denys, no dia seguinte, tivesse feito apelos dramáticos para que Jânio reconsiderasse a renúncia. Talvez não tivesse chegado ao ponto a que se referiria, mais tarde, José Aparecido de Oliveira, secretário particular de Jânio, que teria ouvido de Denys a frase: "Diga, presidente, o que deseja ser feito, que nós o faremos." Em seu livro de memórias, Denys não faz qualquer menção nem à frase nem à intenção de fechar o Congresso para que Jânio continuasse no poder.

Aquela sutil advertência de seu ministro da Guerra, somada à confusão pouco sutil lançada por Carlos Lacerda, que denunciara à nação ter sido convidado pelo ministro da Justiça, Pedroso Horta, para dar um golpe nas instituições, bastaria para deflagrar intransponível drama pessoal e político na personalidade autoritária de Jânio. E havia mais: os deputados se reuniram durante a noite de 24 para 25 de agosto, e, pela manhã, a Câmara se constituíra em Comissão Geral — que foi outra, por sinal, das muitas gotas d'água que transbordaram o copo presidencial, *de per si* tido como transbordante. A tempestade foi deslocada, do copo para um oceano de equívocos até hoje não bem esclarecidos.

O primeiro deles surgiu exatamente dessa Comissão Geral, prevista no Artigo 62 do Regimento Interno da Câmara, mas que alguns deputados, maioria dos jornalistas e o próprio ministro da Justiça, que deveria melhor assessorar o presidente nessas questões, entenderam como uma Comissão Parlamentar de Inquérito. Madrugada do dia 25, o deputado Carlos Murilo mostrara ao jornalista Benedito Coutinho, de *O Jornal*, o requerimento que já tinha 106 assinaturas. Talvez o próprio requerimento estivesse errado em sua versão original, ou talvez o jornalista o lesse erradamente. O fato é que, em seguida, Benedito Coutinho correu ao Palácio a fim de avisar a José Aparecido, que por sua vez avisou Jânio: a Câmara se constituía em Comissão Parlamentar de Inquérito, convocava Pedroso Horta ao chamado *arrepio* das normas constitucionais, pois não dava ao ministro da Justiça o privilégio legal de marcar data e hora, nem sequer enviava-lhe o questionário previsto na Constituição. E havia mais: rosnava-se que sua esposa, dona Eloá Quadros, presidente da Legião Brasileira de Assistência, seria chamada a depor sobre determinadas aplicações de verbas — uma represália na base de Talião, pois durante sete meses o governo abrira devassas mesquinhas como essa.

Jânio sentiu-se injuriado, "querem-me de joelhos", e esta injúria transformou-se na mais terrível das forças que, em seu documento de renúncia, ele chamaria de "terríveis". Desgraçadamente, a leitura apressada dos documentos daqueles terríveis dias teve mais um lance terrível: em terrífica manipulação de adjetivos, elas passaram à história como *forças ocultas*.

Jânio não digerira, ainda, a ordem do dia que o marechal Denys leria, horas mais tarde. O recado que o Exército lhe passara não constituía grave confronto, a não ser para a sua exasperada sensibilidade de poder. Qualquer outro governante que recebesse recado igual iria em frente, e tal como um menino apanhado em falta, prometeria *não fazer mais*, até nova oportunidade. O incidente entre Lacerda e Horta derivava para um bate-boca pessoal entre os dois, com um simples telefonema a um ou a outro poderia ser encerrada a questão. Mas sem assessoria bem equipada para assuntos parlamentares, falhando no episódio sobretudo o seu ministro da Justiça, ele sentiu que o obrigavam a vergar a espinha, dobrar os joelhos diante do Congresso hostil que tomara posição de tiro contra o seu mandato.

Estava pronta, assim, a receita da crise que desembocaria num golpe de Estado (ele seria deposto ou teria de fechar o Congresso), numa renúncia ou — instância suprema que tivera precedente em 1954 — num suicídio. O próprio Jânio, exorcizando com veemência a última hipótese, admitiria sempre que as opções que se lhe apresentaram eram essas. E como historiador dos próprios fatos que viveu, em colaboração com Afonso Arinos deixou registrada essa impressão: ele buscava "fórmulas ou soluções tendentes a fortalecer a autoridade do governo" que estaria "desaparelhado" para os desafios apresentados pela situação do país, mas "sem sacrifício dos aspectos fundamentais da mecânica democrática" (Quadros; Franco, 1967).

Desde os primeiros dias de governo que Jânio reclamava da impossibilidade operacional da Constituição de 1946, feita sob encomenda para impedir um Executivo forte. Antes dele, Getúlio Vargas, em seu período constitucional (1950-1954), queixara-se a seu ministro da Justiça, Tancredo Neves, de que "seria o último a governar com aquela Constituição". É certo que Juscelino conseguira a façanha, mas para isso usara de imaginação e audácia, criando mecanismos que não chegavam a ferir a Constituição, embora a superassem. Foi o caso, por exemplo, da própria construção de Brasília, nascida de uma vaquinha feita entre cinco amigos, no Juca's Bar, do Rio. Através de uma letra bancária, descontada na praça de Belo Horizonte, foram obtidos os primeiros 500 mil cruzeiros que seriam o ponto de partida de sua obra mais espetacular. Furnas, outra de suas gigantescas empresas, foi criada por Escritura Pública que empurraria o carro constitucional até a prova dos nove das comissões do Congresso — que lhe davam elasticidade e total cobertura legal.

Jânio tinha outro feitio de encarar a administração pública. Jamais permitiria que amigos seus se cotizassem para injetar recursos no orçamento. Não tiraria um centavo dos cofres públicos em proveito próprio, mas neles não colocaria um centavo, além dos impostos que pagava como qualquer cidadão. Tomando a Constituição como um bloco de pedra, monolítico, inarredável, Jânio ficou paralisado não apenas diante de obras que não chegou a projetar, mas perante a própria moralização pública — meta prioritária de sua proposta administrativa.

Por isso mesmo, em face das dificuldades de governar (e em seu caso havia a agravante de não contar com a maioria do Congresso), ele teria pensado em afastar a Constituição como um bloco, reformando-a ou anulando-a. Esse objetivo se tornaria uma ideia constante em suas conversas mais desinibidas — e a denúncia de Lacerda, segundo a qual se preparava um golpe de Estado, podia ser exagerada, mas não era despropositada.

A tática de Jânio nessa hipótese — que pouco a pouco ganhava maior nitidez crítica — seria a de forçar, através de sua renúncia, ou um golpe militar ou um movimento de massas que lhe restituísse o poder sem os entraves da Carta de 1946. Elementar, meu caro — constatariam os seus adversários. O próprio Lacerda, em depoimento prestado a um jornal paulista, às vésperas de sua morte, lembrou que Jânio nutria três admirações: o presidente egípcio Nasser ("foi o homem que mais admirei", teria Jânio confessado a Lacerda); o ex-coronel Perón (Jânio achava notável a influência que ele exercia no povo argentino); e Fidel Castro, a quem Jânio visitara como candidato e de Cuba regressara impressionado com um conselho que Fidel lhe dera: "Em caso de dificuldades, renuncie que o povo o acompanhará." Os três mitos (Nasser, Perón e Fidel) tinham em comum a renúncia com a qual haviam obtido poderes ditatoriais.

Mas Jânio, em si, não ambicionava o cargo de ditador, ao menos no sentido vulgar da palavra. Ele desejava, apenas, ser um executivo forte, imperativo, imperial, como De Gaulle, ou como Geisel. Nesse sentido, não é de todo asnática a constatação de que o regime brasileiro pós-64 ficou muito mais para um janismo sem Jânio do que para um lacerdismo sem Lacerda.

O táxi-aéreo se aproximava de Brasília. JK via, lá embaixo, enorme cruz rasgando o chão do cerrado, a cidade que ele criara. Seriam sempre um momento de alegria, quase de orgulho, essas descidas. Desde a primeira pista de terra vermelha que abrira no Planalto Central, quando Brasília parecia ser a miragem de um louco, a obsessão de um faraó subdesenvolvido, a mistificação de um governante que deslocava o eixo de suas preocupações para o território da fantasia. Por pior que estivesse a sua situação pessoal (e nos anos seguintes essa situação pessoal seria dramática) ele se emocionava diante de sua obra, abria-se um hiato em sua dor ou em sua angústia para contemplar, com ternura, aquela cidade plantada por sua vontade, sonho e suor que deram certo.

Tão logo as rodas do aparelho tocaram o chão, a carga dos problemas que o trouxera pesou em seu estômago, como um engulho. Já tinha tomado as primeiras providências que lhe competiam como interessado nas regras do jogo político. Telefonara, na véspera, para Ranieri Mazzilli, aconselhando-o à posse imediata. Pessedista como ele, Mazzilli sabia que seus movimentos no tabuleiro da situação não podiam ser independentes. Além das circunstâncias, do imperativo da própria crise, havia os interesses do partido a preservar — e o partido, em última instância, se concentrara na possibilidade de retorno ao poder através de JK.

Telefonara, também, e diversas vezes, para José Maria Alkmin, um *expert* em manobras de horas críticas. Sem Alkmin, as duas crises de novembro de 1955 não teriam tido, como resultado, a posse de Juscelino na presidência da República. Alkmin articulara o impedimento dos presidentes Carlos Luz e Café Filho, tornara-se indispensável ao esquema militar cujo eixo era então constituído por Lott e Denys — enfim, tinha *know-how* da situação e conhecia os homens.

Feitos os contatos preliminares, JK adotou inicialmente a estratégia que lhe foi esboçada pelo próprio Alkmin: Mazzilli deveria tomar posse imediatamente e, logo em seguida, com o apoio do PSD e dos militares, promoveria o *impeachment* simultâneo de Jânio Quadros e João Goulart. Comunicado da ideia, Paschoal Ranieri Mazzilli "achou o plano difícil", mas admitiu "que seria maravilhoso". Sendo o segundo na linha de sucessão, ele teria um minimandato, quem sabe um mandato inteiro, inesperada maravilha para quem seria presidente da República seis vezes, mas nunca teria qualquer parcela de poder — ele encarnava, na prática, a máxima de que quantidade não representa qualidade.

Promover o impedimento de Jânio, naquelas primeiras horas da crise, poderia parecer, na melhor das hipóteses, um pleonasmo. O de Jango seria viável, na verdade já estava em marcha, através do veto formal dos ministros militares à posse do vice-presidente. Mas o quadro geral permanecia confuso, e, como sempre, as versões superavam os fatos em número, importância e colorido. Ganhava contornos definitivos a hipótese de que Jânio continuaria a manobrar, através de Pedroso Horta e da equipe palaciana que lhe era obviamente fiel. Liderada pelo próprio Jânio, não era uma equipe brilhante, muito menos hábil. Não transcendia à simpatia de alguns de seus membros. Não tivera tempo de conhecer o poder, nem mesmo de conhecer-se entre si. A solução que adotou (ou melhor, que esperou fosse adotada por outros) foi a da forte comoção nacional — mas tal equipe, por força mesmo do autoritarismo de Jânio, não dispunha de instrumentos para mobilizar-se e, muito menos, para mobilizar qualquer tipo de manifestação popular.

Apesar das versões sobre a lacrimejante reação dos ministros militares à comunicação da renúncia, as Forças Armadas haviam recebido com alívio o gesto de desprendimento do presidente da República. Não se matara, como Getúlio (uma nova tragédia desgastaria os militares em geral; seria criada a lenda de que os presidentes civis, no Brasil, precisariam apelar para o suicídio a fim de deixarem com honra o poder que as Forças Armadas não conseguiam assegurar aos eleitos pelo povo). Tampouco Jânio invocara explicitamente um dilema na base do "ou eu ou o Congresso" — que obrigaria as Forças Armadas à mediação, ou seja, à intervenção no processo. Sem necessidade de se pronunciar nas primeiras horas, a classe militar teria tempo de evitar o passionalismo da situação e se retiraria aos gabinetes para estudar, em nível de Estado-Maior, o que devia fazer ou se devia mesmo fazer qualquer coisa além ou acima da mecânica constitucional. Quanto ao povo, seguindo a tradição cuja primeira constatação fora atribuída a Aristides Lobo, ficara bestificado mais uma vez, como bestificado ficara durante o golpe militar que proclamara a República.

As duas vertentes do problema (a militar e a popular) eram desfavoráveis a Jânio, mesmo assim despacharam para São Paulo o ministro do Trabalho, Francisco de Castro Neves. Ali, seria tentado um levante da classe operária, os devotos de Vila Maria na certa liderariam uma greve que paralisaria o país. Chegando a São Paulo, o ministro do Trabalho descobriu que não havia mais trabalho a fazer e adquiriu a certeza de que, realmente, nem sequer era mais ministro. A carta em que o presidente da República comunicava a sua renúncia ao Congresso não fora interceptada — como o queriam alguns membros do governo a extinguir-se, dispostos a apelar até para o desforço físico a fim de impedir que o ministro da Justiça, com tardia vocação de Miguel Strogoff, fosse (como acentuaria J. P. Sartre em famoso ensaio) o homem "que cumprisse até o fim a sua missão" de correio de tzar.

Com um pouco de inteligência, a operação poderia ser sustada, pois os auxiliares mais próximos de Jânio sabiam que o destinatário da carta era o Congresso e, por mais adventícios que fossem ou se sentissem em Brasília, todos deviam saber onde se situava a Praça dos Três Poderes, onde ficava o prédio em que funcionava o Congresso Nacional, por sinal, a uns 300 metros do próprio Palácio do Planalto. Mas ninguém interceptou a ida de Pedroso Horta até o gabinete de Auro de Moura Andrade, que com a viagem de João Goulart à China ocupava a presidência do Congresso. À porta de seu gabinete, Horta encontrou-se com o jornalista Murilo Melo Filho, de *Manchete*, a quem deu uma cópia do documento. Murilo leu as cinco linhas datilografadas por Jânio, rumou para a Câmara, atravessando "a terra de ninguém" — aquele comprido corredor que separa as duas Casas do Congresso. Pelo caminho, esbarrou com Abelardo Jurema e perguntou-lhe: "O senhor quer entrar para a História? Leia esse documento da tribuna!" Jurema preferiu outra oportunidade para melhor entrar na História, mesmo assim levou a carta até a tribuna, onde Dirceu Cardoso falava sobre problemas de seu estado, o Espírito Santo. Numa das pausas do discurso, deu-lhe o documento. Dirceu olhou a assinatura e avisou que iria fazer uma grave revelação. Foi assim que a Câmara tomou conhecimento da carta de Jânio, que na verdade era mais um de seus bilhetinhos — o último, por sinal: "Ao Congresso Nacional. Nesta data, e por este instrumento, deixando com o ministro da Justiça as razões do meu ato, renuncio ao mandato de presidente da República. 25 de agosto de 1961. Jânio Quadros."

Desta vez, não foi o povo que ficou bestificado. Os deputados também o ficaram, alguns ouviram mal a leitura, pensaram inicialmente que era a renúncia de Carlos Lacerda ao governo da Guanabara. Mas José Maria Alkmin, que cultivava com extrema sabedoria uma surdez tática (só ouvia aquilo que desejava), não somente foi quem melhor ouviu a leitura da carta como prontamente a entendeu e a atendeu: adiantou-se, pegou um dos microfones do plenário e lançou a interpretação legal e oficial sobre o caso. A renúncia era ato unilateral, não competia ao Congresso deliberar (aceitando ou negando) sobre um desejo de foro íntimo do presidente da República. Foi a pá de cal sobre o assunto — constitucionalmente, Alkmin estava certo. Pouco depois, tendo recebido o original da carta-renúncia, Auro de Moura Andrade reuniu o Congresso e declarou vaga a presidência, convocando o presidente da Câmara, Paschoal Ranieri Mazzilli, segundo nome na linha sucessória, a assumir o poder.

Evidente que, no pequeno espaço de tempo entre a leitura da carta em plenário e a confusa reunião do Congresso, chegaram apelos para que os congressistas não aceitassem a renúncia. Em telex, o ministro do Exterior, Afonso Arinos, lembrara a possibilidade de uma guerra civil. Na desinformação generalizada que tomava conta do país, havia pelo menos um chassi, um esqueleto formal e visível: no Palácio do Planalto, os três ministros militares esperavam o presidente da Câmara para a posse. Somente isso era verdade, pois a própria presença dos ministros das três Armas podia ser compreendida de outra forma. Eles ali estavam não *para assistir à posse*, mas *para dar posse* a Mazzilli. Feita a ressalva, era o fato maior que se tornara o polo da crise e para lá rumaram os deputados.

Poucos se importavam com o destino de Jânio Quadros, que algumas versões davam como preso na base militar de Cumbica, em São Paulo, o que era uma desinformação suplementar: não havia razão alguma para a prisão do ex-presidente, ele precisava ficar em algum lugar, não tinha casa montada em São Paulo, ir para um hotel poderia provocar confusões e tumultos. Aceitando o oferecimento do comandante da base, ali ficaria até a hora de embarcar no *Uruguay Star* — Jânio adorava cargueiros —, que sairia de Santos no dia seguinte.

Quem não gostava muito de viajar era João Goulart. E quando o fazia, procurava os meios mais rápidos para chegar. Naquele instante, ele estava na China. Telefonaram-lhe, avisando que precisava voltar ao Brasil a fim de assumir o governo, mas como já haviam surgido as primeiras restrições à sua posse, sugeriram-lhe complicado itinerário geográfico e legal. No geográfico, Jango teria de passar em Paris depois de várias e estranhíssimas escalas, e de Paris viajaria para Montevidéu — basta uma olhada no mapa para se constatar como a linha reta de uma sucessão à brasileira dá tantas voltas. No itinerário legal, o roteiro seria ainda mais complicado.

Do aeroporto, JK seguiu diretamente para a casa de José Maria Alkmin, cuja importância, em momentos de crise, era histórica. Ali se reuniriam, para o almoço, alguns pessedistas que, sem qualquer espírito de competição com os militares, também podiam se considerar coesos: Israel Pinheiro, Guilhermino de Oliveira, Renato Azeredo e Carlos Murilo. Durante a refeição, o telefone toca. É o presidente Paschoal Ranieri Mazzilli. Com voz emocionada, pede que Alkmin vá imediatamente conversar com o marechal Denys, no Ministério da Guerra. Apesar da habitual cancha de Alkmin em horas de crise, ele fica nervoso com o telefonema recebido e transmite a sua preocupação aos amigos reunidos: "O Mazzilli está emocionado, quase chorando..." JK aproveita a ida de Alkmin ao ministério e pede-lhe que marque uma audiência com o marechal Denys, precisava falar com seu antigo ministro da Guerra.

O almoço esfriou, pois ninguém conseguiu se desligar da crise dentro da crise. Se Denys, o homem forte de novembro de 1955, chamava Alkmin ao ministério, era evidente que se formava outra vez a mesma dobradinha que articulara os impedimentos de Carlos Luz e Café Filho. Denys já deveria ter tomado sua decisão, juntamente com os outros ministros militares, e acionava agora o parceiro civil cuja habilidade era respeitada e temida dentro e fora das casernas.

Aproveitando a ausência do dono da casa, Carlos Murilo conta a Juscelino o que se passara na véspera, durante a posse de Mazzilli. Indo ao Palácio, juntamente com outros deputados para saborear o retorno (ainda que provisório) do PSD ao poder, Carlos Murilo notou que o marechal Denys estava afastado, próximo a uma das janelas, enrolando em silêncio o seu cigarrinho de palha. Eles se conheciam razoavelmente, pois Denys fora ministro de JK e o deputado se tornara o porta-voz mais chegado ao ex-presidente. Os dois se cumprimentam, quase com um aceno de cabeça, e o marechal logo pergunta, quase rispidamente:

— Onde está o Juscelino?

— No Rio, marechal. Mas amanhã estará em Brasília...

Calmamente, atenção presa ao cigarro que enrolava vagarosamente, Denys olhou em redor, depois levou o cigarro à boca, com a ponta da língua umedeceu a dobra, e em voz baixa, mas decidida, pediu:

— Diga a ele, de minha parte, que a esse aí (e fez com a cabeça um movimento em direção a Mazzilli) nós damos posse. Mas ao outro não!

Ao receber o recado, JK compreendeu que o seu pedido de audiência seria prontamente atendido. A crise se deslocara de Jânio para Jango. Entre os dois, como sempre acontece quando há vácuo no poder, instalara-se o fantasma de uma Junta Militar. Mais tarde, relembrando esses momentos, JK diria que em agosto de 1961 temia uma antecipação de 1964. De qualquer forma, era mais um desdobramento da crise brasileira que, através de seu braço militar, vinha ameaçando um regime de tutela desde 1922, passando por 24, 30, 32, 35, 45, 54 e 55 — não havia, então, a Mega-Sena de que hoje desfrutamos, mas até que fornecia alguns palpites.

Pouco depois das duas horas da tarde, JK é recebido por Denys. Os dois não se viam desde o início do ano, com JK ainda presidente e Denys como o seu elemento mais importante na área militar, pois com a derrota na campanha presidencial o marechal Lott entrara em natural declínio político e funcional.

Ao entrar no gabinete do ministro, JK percebeu que o almirante Sylvio Heck e o brigadeiro Grum Moss, que compunham o tripé militar da situação, saíam por outra porta. Era sinal de que os três ministros já funcionavam como Junta Militar em regime *full time*. E a audiência foi penosa, para ambos. Afinal, estavam em campos opostos. Denys comunicou lealmente, a seu antigo chefe, que as Forças Armadas não dariam posse a Jango. Justamente o contrário de 1955, quando o mesmo Denys se colocara a favor da legalidade e impedira que Carlos Luz e Café Filho manobrassem no sentido de negar posse ao presidente eleito.

Não precisaram de muitas palavras para compreenderem o abismo que se abria entre ambos. O marechal não consultava Juscelino, simplesmente o comunicava de uma decisão tomada pelos três ministros militares. Goulart seria impedido de tomar posse — nem adiantava explicar os motivos que vinham de longe, desde os tempos em que, ministro do Trabalho do segundo governo de Vargas, Jango cavara um fosso irremediável entre si e as Forças Armadas.

Lealmente, também, Juscelino revelou ao marechal que, como cidadão e senador, como ex-mandatário do país, tendo agido sempre dentro da lei, faria tudo o que estivesse a seu alcance para criar um ambiente favorável à posse do substituto legal do presidente, eleito normalmente pelo povo — única fonte de poder que reconhecia.

Deixando o gabinete de Denys, Juscelino seguiu diretamente para o Senado, onde fez apelo à legalidade, tentando colocar em brios a tradicional vocação legalista das Forças Armadas — vocação que até aquela época era uma espécie de lugar-comum cívico, ao qual se apelava em transes iguais. No final da tarde, começou a circular em Brasília um esboço do documento que os três ministros militares enviariam ao Congresso, explicitando o veto à posse de João Goulart. Ao ler o documento, JK lembrou-se de que também sofrera veto dos militares durante a sua campanha eleitoral para a presidência. Fora chamado por Café Filho ao Catete, e ali comunicado de que a sua candidatura não era do agrado dos militares. Café esperava dele um gesto de desprendimento, uma renúncia à candidatura. Mas a resposta de JK fora fulminante: "Deus poupou-me o sentimento do medo!" E não só recusou os apelos vindos de tão alto, como elegeu-se, tomou posse, governou até o último dia de seu mandato, e transmitiu o poder ao sucessor igualmente eleito, como ele, pelo povo.

* * *

Como senador, não teria mais nada a fazer além do discurso. Mas como líder de fato do maior partido do Brasil, ex-presidente e já candidato à próxima sucessão presidencial, ele se sentiu obrigado a telefonar para Jango, seu antigo companheiro de chapa. Governara os cinco anos tendo Jango como vice, e bem conhecia as restrições militares ao líder dos trabalhistas. Não tinha queixas dele, até então, além de uma ou outra escaramuça menor no âmbito do Ministério do Trabalho, da Previdência Social ou dos sindicatos — áreas que ficaram destinadas a Jango durante o seu quinquênio. Tirante incidentes pequenos, de fácil solução, Jango fora-lhe fiel em duas ou três oportunidades mais graves, dando-lhe o apoio dos sindicatos em momentos de crise. Governara com tranquilidade porque soubera manter os interesses do PTB — e não se arrependia de ter adotado essa estratégia para obter a estabilidade política que concretizasse o seu Programa de Metas.

Nas poucas vezes em que se ausentara do país, durante o seu governo, contara com a compreensão do próprio Goulart, que também viajava ao exterior, a fim de impedir um atrito que, por menor e mais breve que fosse, poderia romper definitivamente a paz obtida na outra ponta da mesma corda: a unidade dos militares que, afora os episódios isolados de Jacareacanga e Aragarças — que não tiveram maiores envolvimentos nos quartéis —, dava total cobertura às suas realizações administrativas.

JK não provocou nem deixou que se provocasse qualquer animosidade entre as Forças Armadas, com elas governou, dentro da lei, respeitando-as e fazendo-se por elas respeitar. O caso do porta-aviões podia ser anedótico — e em certo sentido o fora —, pois diziam que o governo comprara um brinquedo de segunda mão para calar os descontentes da Marinha — mas era essa a sua forma de governar. Contudo, não lhe faltara determinação para, em dois momentos precisos, fazer valer a sua autoridade com energia. Quando fechou, simultaneamente, dois movimentos políticos que se hostilizavam, um de caráter nacionalista (a Frente de Novembro), outro de caráter reacionário (o Clube da Lanterna), verificou-se sério incidente entre o seu ministro da Guerra, Amaury Kruel, e um deputado udenista, coronel Meneses Cortes. Perdendo a paciência, Kruel esbofeteara o deputado no rosto. Foi imediatamente demitido.

Na sequência do mesmo fato, Juscelino demitiu outro general, Augusto Magessi, seu chefe de polícia, que mandara apreender a edição de um jornal alternativo, o *Maquis*. Mais grave ainda fora o incidente com a Marinha, quando da prisão do marechal Juarez Távora. Adversário político do governo, seu concorrente às mesmas eleições presidenciais de 1954, Juarez fizera declarações que irritaram o ministro da Guerra, Henrique Lott. Preso por falta disciplinar, o episódio provocou descontentamentos em várias unidades militares, sobretudo na Marinha.

O titular da pasta, almirante Alves Câmara, levou ao Catete o rascunho de uma nota em que o governo era criticado. JK sugeriu outra redação para o manifesto dos almirantes, mas Alves Câmara, depois de nova reunião com os seus colegas, voltara ao Catete com nota ainda mais veemente. A reação de Juscelino fora enérgica: se tal nota fosse divulgada, ele mandaria prender o almirantado. O ministro da Marinha observou que seria um ato inédito no mundo o governo prender de uma só vez todo um almirantado. JK respondeu: "Almirante, faça o seu dever que eu estou fazendo o meu." O ministro teve a ingenuidade de perguntar: "E qual é o meu dever neste caso? Ficar com o presidente ou com os meus colegas de farda?" JK elevou a voz e falou como chefe que era das Forças Armadas: "Almirante, vá ao Ministério da Marinha onde estão reunidos seus colegas, transmita-lhes as minhas ordens e, em caso de uma revolta armada, volte aqui ao Palácio para vir morrer ao meu lado. Superada a crise, e se for de sua vontade, eu aceitarei então o seu pedido de demissão" (Kubitschek, 1978).

Amaral Peixoto assim relataria a série de telefonemas dados a Goulart:

> Depois eu falei aqui do gabinete do Mazzilli, às quatro horas da manhã... Falou o sr. San Tiago Dantas em primeiro lugar. O San Tiago falou em termos, assim, muito de apelo ao Jango, quase que para uma renúncia. "Dr. João Goulart, a nação está esperando um grande gesto de sua parte." Contou-me depois o deputado Drault Ernnany, que foi quem fez a ligação para Paris, que Jango respondeu a San Tiago que não se oporia ao impedimento, pois iria renunciar mesmo, de lá. Nisso entra no gabinete o Juscelino (continuou a contar o deputado Drault Ernnany) indagando do que se tratava, e foi logo tomando o telefone e dizendo: "Venha, Jango, vamos fazer frente ampla para te dar apoio, não desista." (*Visão*, 1973, p. 24)

Narrando o mesmo episódio em carta a um amigo, Juscelino contraria o tom que Amaral Peixoto emprestou à sua participação no caso. É preciso notar que, em 1973, época do relato de Amaral Peixoto, a situação política era sombria e o senador empurrou parte da culpa pela vinda de Jango para cima de JK. Dias depois do episódio, a um amigo em Paris Juscelino relata que apanhara o telefone e dissera a Goulart: "Você foi eleito vice-presidente pelo povo, ninguém contestou a sua eleição. Pela Constituição, seu dever é suceder ao presidente nos casos que a lei prevê, entre os quais o da renúncia. Venha cumprir o seu dever." Para os interesses do PSD, ou seja, para seus próprios interesses pessoais, JK sabia que a melhor solução seria o afastamento de Goulart. Mas não havia base legal para esse impedimento. Embora conhecesse os preconceitos das Forças Armadas contra Goulart, e sabendo que o líder militar mais ostensivo, o marechal Denys, era osso duro de roer em momentos de crise, JK passou a manobrar pela observância da Constituição, terreno em que se movia melhor, pois nele conseguira superar todas as crises de seu governo.

No dia 30 de agosto chegou ao Congresso, enviado pelo presidente Ranieri Mazzilli, a nota assinada pelos três ministros militares, cujo trecho final era incisivo:

> Na presidência da República, em regime que atribui ampla autoridade de poder pessoal ao chefe da nação, o sr. João Goulart constituir-se-á, sem dúvida, no mais evidente incentivo a todos aqueles que desejam ver o país mergulhado no caos, na anarquia, na luta civil. As próprias Forças Armadas, infiltradas e domesticadas, transformar-se-iam, como tem acontecido noutros países, em simples milícias comunistas. As Forças Armadas estão certas da compreensão do povo cristão, ordeiro e patriota do Brasil. E permanecem, serenas e decididas, na manutenção da ordem pública.

Estranhamente, a nota evitara o uso da expressão tão cara a esse tipo de pronunciamento militar. Dizia o documento que as Forças Armadas estavam "serenas e decididas", mas não afirmara que estavam "coesas". E não deu outra. Incentivado por Leonel Brizola, governador do Rio Grande do Sul, o comandante do III Exército, general José Machado Lopes, declarou-se dissidente. Chefe do maior conjunto de tropas do país, ele não aceitava a violação da Constituição — e começou a abrir trincheiras. O Exército rachara.

Se de um lado havia o perigo de um confronto armado, de outro havia a certeza de que, rachado, o Exército não se atiraria numa luta inglória. Por isso mesmo a classe política, que estruturalmente vive rachada, numa crise dessas se agruparia pela sobrevivência, obturando os rombos da arena partidária e, coesa, usaria a imaginação para superar o caos. Não passara despercebida aquela constatação na nota dos ministros: a soma de poderes que o presidente dispõe "em regime que atribui ampla autoridade de poder pessoal ao chefe da nação" (em tempo: Jânio, o renunciante, deveria pensar de forma bastante diversa à de seus ministros militares). Foi por aí que entrou a ideia de se limitarem os poderes pessoais do mandatário, tornando-o, com efeito, um chefe da nação, mas não do governo.

Jogada no meio da crise, quase que anonimamente, a fórmula parlamentarista encontrou entusiásticos adeptos. Quem mais se espantou com ela foi Raul Pila, presidente do Partido Libertador, que passara a vida inteira pregando o parlamentarismo mas como filosofia e mecânica de governo, não como *band-aid* emergencial. Era uma ideia, nunca uma fórmula. Mas até ele se rendeu, apesar dos protestos de Leonel Brizola, que sentiu esvaziar-se a motivação para a sua luta pela legalidade. E para espanto dos militares, que não haviam pensado nesse remédio circunstancial que impediria o racha — um racha que deixaria amargas raízes para 1964.

Enfim: para surpresa do próprio JK, que contra o parlamentarismo assim instituído pronunciou veemente discurso. A fórmula foi aprovada por 255 votos contra 55 na Câmara e por 47 contra cinco votos no Senado. Promulgada no dia 3 de setembro de 1961, a emenda parlamentarista acabava momentaneamente com a crise. Mas como solução para a crise brasileira não podia ser levada a sério: criava um regime natimorto. O feto, mais tarde, provocaria crises mais graves.

Na sessão do Senado que a aprovou, Juscelino Kubitschek proferiu uma justificação de voto que se pode ler como uma profecia:

> Só ao povo cabe decidir, Senhor Presidente, sobre o seu próprio destino. Mudar o regime, adotar instituições novas sem consulta ao povo é um erro. Ele é o único, no regime democrático, capaz de

fixar as normas de nossa vida política. [...] Em nenhuma nação se torna mais imperiosa a necessidade de segurança, de firmeza, de continuidade administrativa do que no Brasil. Mas esses problemas funcionais do regime em vias de ser adotado no Brasil são secundários se tivermos presente que fazemos uma transformação de nossa estrutura política sob pressão militar. Não é porque estejamos todos convencidos de que o novo regime há de melhorar o país, mas para resolver uma crise momentânea que enveredamos pelo desconhecido, que adiamos a crise para agravá-la talvez de forma irremediável amanhã. (*Diário do Congresso Nacional*, 1961)

Capítulo 3

Parlamentarismo: tempo de fechar trincheiras

7 DE SETEMBRO DE 1961 — Setenta e dois anos depois da queda do último gabinete do Império — e da queda do próprio Império — o Brasil apelava novamente para o regime parlamentarista a fim de evitar, entre outras coisas desagradáveis, a possibilidade de uma guerra civil que se ameaçava mais cruel do que qualquer movimento armado anterior de nossa história. Por isso mesmo, foi um alívio saber que as tropas desfilavam na tradicional parada da Independência diante do gaúcho João Belchior Marques Goulart, também conhecido por aquilo que, antigamente, se dizia *alcunha*: Jango. Não era, exatamente, um presidente da República instaurada em 1889, mas o chefe da nação: o governo ficaria a cargo do primeiro-ministro Tancredo Neves, que tomaria posse no dia seguinte.

Os nervos, que andavam tensos desde a renúncia de Jânio, se relaxaram. Os problemas estruturais do país tinham sido deslocados para mais adiante — uma solução própria dos brasileiros.

No momento, o importante era aproveitar a trégua, acumular energias para enfrentar piores dias — que mais cedo ou mais tarde retornariam.

Juscelino Kubitschek também sentiu esse alívio cívico. Ele lutara, com os recursos de que dispunha na ocasião, contra a aprovação do Ato Adicional nº 4 que instaurava o parlamentarismo. Tinha suas razões ideológicas e pessoais. Ideologicamente, ele jamais deixaria de ser presidencialista, tivera experiência no poder e sabia que o governo de um país enorme e complicado como o Brasil exigia um centro de decisão concentrado numa responsabilidade individual, regida pela lei. Pessoalmente, era contrário a qualquer mexida no texto da Constituição. Com todos os seus defeitos, a Carta de 1946 não o impedira de realizar um governo dinâmico e democrático, que o satisfazia na medida em que havia satisfeito o povo: uma pesquisa de opinião, feita naquela semana, indicava-o como preferido no caso de uma eleição presidencial. Além de abrir o precedente, a alteração constitucional contrariava seus planos de retorno ao poder em 1965. Ele se sentiria inútil e ridículo como simples chefe da nação, presidindo solenidades, ouvindo discursos, rebaixado a símbolo como a bandeira e o hino nacionais. Daí a veemência de seu discurso no Senado, justo no dia da aprovação do novo regime.

Mas sua carreira política, já plenamente realizada, seus projetos pessoais nunca superariam aquilo que os programas partidários costumam chamar de "interesses superiores da nacionalidade". Ele conhecera, em detalhes, a gravidade da crise desde que conversara com o marechal Denys, no Ministério da Guerra, e dele ouvira o veto formal à posse de Jango. Mais preocupado ficara quando o comandante do III Exército, general Machado Lopes, mandara abrir trincheiras, não no sentido figurado: a luta seria para valer, com apoio de tropas e do povo de outros estados. Tancredo Neves confessaria, anos mais tarde, que gastara o primeiro mês de seu governo "fechando trincheiras". Mais difícil do que fechar trincheiras era fechar os ressentimentos provocados pela crise, alguns deles nascidos em 1954 e 1955. Por maior que fosse a habilidade de Tancredo, ele não conseguiria diluir ou tamponar indefinidamente esse caldo de bactérias que vinha fermentando no estômago da nação, azedando-a até o próximo vômito.

Realista, Juscelino Kubitschek fez o que achou de seu dever: tomou atitude agressiva contra o parlamentarismo, mas, diante do fato a se consumar, procurou agir como membro de um partido que não podia ignorar as novas regras do jogo político. Jânio fora eleito por estranha coligação partidária: PDC, PTN, UDN, PR, PL — quase todas as defuntas siglas. Na verdade, nenhum desses partidos estava no poder, mas o que importava é que no poder também não estava o PSD. De uma forma ou outra, o PTB ganhara sua habitual fatia com a reeleição de Goulart para a vice-presidência. Com a renúncia de Jânio, poderia ficar com o bolo inteiro.

O instinto político de JK levara-o a temer João Goulart como perigo maior. Jânio era o *freelancer* devastador que acabaria devastando a si próprio. Jango, um profissional, com vínculo trabalhista e carteirinha assinada: tinha atrás de si (e não a seu lado) o partido que se apresentava cada vez mais forte de eleição em eleição. Ao aceitar a diminuição de seus poderes constitucionais para superar a barreira militar erguida contra a sua posse, ele se rendeu ao parlamentarismo, mas iniciou pequenas manobras no sentido de indicar um primeiro-ministro que melasse o novo regime. Para estupefação de seus próprios correligionários, começou a agredir veladamente o pacto que vinha garantindo a estabilidade política até então. Jango preferia um chefe de governo de qualquer partido, menos do PSD, aliado ideológico da UDN, um partido que, embora irmão mais velho do PTB, tinha suas bases apoiadas no sistema fundiário do país, e cujo sucesso nas urnas se devia à aliança eleitoral com o PTB, partido bem diferente por sinal, com bases que se encontravam na baixa classe média e no operariado dos centros industriais.

Foi justamente no período das articulações em busca de um nome para primeiro-ministro que começou a se romper a aliança que, desfeita três anos mais tarde, tornaria viável o movimento de 1964. Jango desejava livrar-se daquele parceiro eleitoral que, ideologicamente, não o aceitava nem aceitava o programa trabalhista.

Em seus cinco anos de governo, JK não mexera no estatuto da terra, conservara o *status quo* sobre o qual se apoiava o PSD. Paradoxalmente, o seu Programa de Metas prejudicara o seu próprio partido, pois abolira a mecânica tradicional de atender a clientela de base, interessada no binômio delegado--professora, na bica de água, nas pequenas estradas, miudezas que tornavam poderoso o cacique do campo, o coronel rural. Essas reivindicações "não foram atendidas com o Programa de Metas que criava empregos e mexia estruturalmente com o mercado de trabalho" (Benevides, 1976). Não chegando a ser exatamente um teórico político, Jango percebia tudo isso por intuição, ou por influência de intelectuais, como San Tiago Dantas, que dele se aproximavam. O certo é que manobrou para arrancar um primeiro-ministro que não fosse do PSD. Mas não podia manobrar muito, pois sua situação não era cômoda. Assumira o poder aceitando a diminuição do cargo para o qual fora eleito. Em sentido contrário manobraria Juscelino Kubitschek, mais do que qualquer outro político interessado em aproveitar os escombros do poder, a fim de assegurar a hegemonia do PSD no cenário nacional.

Num regime parlamentarista sério, ele poderia até se candidatar ao cargo de primeiro-ministro, mas o novo regime era híbrido (a expressão seria do próprio Tancredo Neves), confuso, contrariava suas próprias regras como se veria mais tarde, no caso das inelegibilidades. Não sendo ele o indicado pelo PSD — que reservaria seu nome para 1965 —, do partido emergiam dois candidatos óbvios e notáveis. O primeiro, José Maria Alkmin, chegou a se insinuar até os limites do possível, mas não encontrava trânsito no PTB. O segundo, Tancredo Neves, era o preferido de JK, que já o recomendara para o Ministério da Justiça no segundo governo de Vargas. E Tancredo, que nunca fora um getulista, provara sua lealdade nos momentos dramáticos da crise de 1954.

Na última reunião ministerial que Vargas presidira, justo na noite de 23 para 24 de agosto, Tancredo se colocou ao lado do presidente no instante mais trágico de seu mandato e de sua vida. A atitude do jovem político não passou despercebida a Vargas, que não o conhecia bem. Afinal, naquela reunião havia homens que o acompanhavam desde 1930, como Osvaldo Aranha e José Américo de Almeida. Mas foi de Tancredo Neves a atitude mais corajosa e fiel: permaneceria ao lado do presidente até mesmo em caso de uma resistência pessoal e inglória à Vila Militar que ameaçava invadir o Palácio do Catete. Com aquele olhar periférico dos insetos, Vargas examinou em silêncio o homem colocado pelas circunstâncias duplamente a seu lado, pois como titular da pasta da Justiça sentara-se à sua esquerda. Enquanto outros ministros opinavam sobre a gravidade da crise, Getúlio já tomara sua decisão e assinara um papel que trouxera de seus aposentos: a carta-testamento. Deu a caneta a Tancredo, com uma frase seca, mas que em seu contido temperamento de gaúcho da fronteira equivalia a uma confissão de amor: "É uma recordação desses dias." Depois desse gesto, o gesto final.*

Não existia um único trabalhista, um único getulista que não conhecesse esse episódio. Tancredo era e seria sempre do PSD, mas Vargas o sagrara, investindo-o de honroso trabalhismo *ad hoc*. Foi com esse raciocínio que JK vendeu magnificamente o seu nome para a chefia do governo. Jango não po-

---

* Carlos Heitor Cony: *Quem matou Vargas*, Edições Bloch, 1984. (N. do A.)

dia — como não pôde — recusá-lo. Foi mais fácil, talvez, impor Tancredo a Jango do que a Alkmin, que trazia da política interna de Minas algumas desavenças — dessas gostosas e lendárias birras dos políticos mineiros, que nunca brigam mas nunca fazem as pazes.

Além da razão que poderia se classificar de histórica, havia mais dois motivos para a escolha de Tancredo. O primeiro era de ordem pública: o ex-ministro da Justiça tinha experiência em funções executivas; tanto no ministério como na diretoria do BNDE mostrara-se à vontade no trato administrativo. Alkmin, embora tenha sido ministro da Fazenda e diretor da Penitenciária das Neves (o Brasil dá estranhas oportunidades a todos os seus filhos), movimentava-se com mais desembaraço no Congresso e nos bastidores, onde, em muitos sentidos, era imbatível, mestre na arte do bochicho, grão-mestre na necessidade de só ouvir o que lhe interessava.

A segunda razão tinha caráter pessoal. Tal como o próprio JK, Tancredo era adepto do presidencialismo e sua reconhecida lealdade seria peça fundamental para as próximas etapas da trajetória do PSD rumo ao poder: a revogação da emenda parlamentarista e a indicação oficial de JK como candidato pessedista em 1965.

Por tudo isso, o parlamentarismo nascia morto. Mesmo assim, não se pode apedrejar indiscriminadamente a sua primeira fase liderada por Tancredo. Ele conseguiu, além de fechar as trincheiras abertas pela crise de agosto, a aprovação da Lei de Diretrizes e Bases da Educação, um estatuto que se arrastava há tempos no Congresso e que alteraria, embrionariamente para melhor, a política educacional do Brasil. Com a colaboração de San Tiago Dantas, seu ministro do Exterior, conseguiria efetivar o reatamento com a União Soviética, medida iniciada no governo de Jânio, mas interrompida pela sua renúncia e pelo aparente veto dos militares. Aparente porque, depois de instaurado o regime militar através do movimento de 1964, não mais se questionou esse reatamento. Pelo contrário: os governos militares o consolidaram, tornando-se a União Soviética, em certo momento, o nono país em nosso intercâmbio comercial. A mesma dobradinha (Tancredo e San Tiago) conseguiu estabilizar o nível das relações com os Estados Unidos, abaladas desde o governo Kubitschek pelo rompimento com o Fundo Monetário Internacional e por outras escaramuças menores.

Atendendo ao apelo de San Tiago Dantas, em Washington ficou Roberto Campos, homem insuspeito aos interesses da política norte-americana. Apesar de não ter qualquer afinidade pessoal e ideológica com João Goulart, o controvertido tecnocrata-embaixador garantiu algumas barras pesadíssimas junto a Kennedy, que acreditava estar o Brasil em processo de ruptura com o bloco ocidental. Com o assassinato de Kennedy, em 1963, essa mesma suspeita passaria, por osmose ou cálculo, para funcionários do segundo escalão que se instalaram no governo Johnson. E com a demissão de Roberto Campos (que não mais tinha cara e coragem para continuar prometendo em vão tudo aquilo que Jango não cumpriria) e com a posterior ascensão de Thomas Mann à subsecretaria do Departamento de Estado, estaria armada a face exterior de 1964.

Para JK, abriu-se uma trégua, pequena mas suficiente para desfrutar alguns momentos de calma e alegria pessoal. Em junho, sua filha Maria Estela ficou noiva de Rodrigo, filho de seu ex-ministro Lucas Lopes. Por diversas vezes, Juscelino confessara que sua vida pública, até então uma sucessão de triunfos, só fora possível pela manutenção de uma retaguarda familiar sólida, mineiramente tradicional e tranquila. Tivera uma única filha, mas adotara Maria Estela ainda criança — e dela fizera uma filha primeiramente real, depois legal. Ao completar 15 anos, Maria Estela fora chamada a seu gabinete de presidente da República. E Juscelino mostrou-lhe a lei, finalmente aprovada pelo Congresso, alterando o Código Civil. Dali por diante, os filhos adotivos seriam considerados legais para todos os efeitos, sem qualquer distinção em relação a direitos e deveres. Foi, talvez — como ele próprio admitiu —, a única vez em seu governo que agiu por interesse ostensivamente pessoal — pois usou de seu cargo para resolver, com dignidade que nem seus adversários mais rancorosos ousaram contestar, um problema que o afligia como pai.

No setor político, sabia que, inicialmente, o tempo trabalharia a seu favor. Ele bem conhecia Tancredo e Jango. Embarcados na mesma canoa, submetidos agora às pressões do governo e preocupados, cada um a seu modo, com o próprio papel na história, eles procurariam fazer o possível num regime em que ambos não acreditavam nem se sentiam à vontade. Tancredo jamais golpearia o parlamentarismo, dada a sua lealdade para consigo mesmo. Jango, a longo prazo, procuraria uma forma decente de recuperar seus poderes — e nesse particular seria incentivado por seus amigos, sobretudo por seu cunhado Leonel Brizola, que se julgava o mais roubado de todos no episódio da sucessão de Jânio.

A própria mecânica parlamentarista, mal constituída e pior operada, se encarregaria da autodestruição. Paralelamente, Juscelino continuava a combater aquele tipo de regime, embora respeitando os compromissos que o PSD assumira para com Tancredo e Jango. Em outubro, é anunciado o retorno de Jânio Quadros ao Brasil. Vindo de Londres, seu ex-secretário particular, José Aparecido de Oliveira, praticamente lança a candidatura do ex-presidente para 1965 — uma espécie de réplica ao JK-65. Seria o JQ-65 — enevoado refrão que teria muitas dificuldades pela frente, mesmo sem se levar em conta a desinformação geral a respeito do imediato futuro da nação.

Evidente que a intenção de candidatar-se, por parte de Jânio, era mais um toque de reunir do fragmentado janismo do que uma pré-candidatura em si. Mostrava o óbvio: seus partidários se aliariam para, primeiro, torpedear o parlamentarismo e, depois, torpedear a Carta de 1946 como Jânio o desejara, a fim de abrir caminho para o seu conceito de governo. Juntam-se, então, duas pontas antagônicas da corda política — com a qual, aliás, a própria classe política seria mais tarde enforcada. Juscelinistas e janistas tentam, em nível de segundo escalão, uma aproximação, esboço de frente ampla contra o parlamentarismo. Não precisam esperar a aliança de Leonel Brizola, que era contra aquele tipo de regime desde os dias — para ele gloriosos — da Cadeia da Legalidade, que mais tarde, também, quase o levou para a cadeia.

Curiosamente, tanto JK como Brizola, agora acrescidos por janistas, estranhavam o comportamento de Jango e Tancredo, que pareciam acomodados no governo. Apesar das dificuldades de operar o parlamentarismo, tal como o Ato Adicional o criara (basta lembrar que para cada decreto eram necessárias três assinaturas: a de Jango, a de Tancredo e a do ministro da pasta específica de cada ato, ou seja, o decreto transformava-se em abaixo-assinado), o barco continuava à tona e, o que era difícil explicar, seguia em frente, cumprindo a costumeira rota de não chegar a porto nenhum.

Ainda em segundo nível, janistas, juscelinistas e brizolistas desenhavam um presidencialismo novo, isento das amarras de 1946, com a diminuição das atribuições do Congresso e com a delegação de poderes.

E mais uma vez a introvertida política mineira, cabalística, mágica política provinciana que tinha o poder e a glória de marcar (ou entravar) o passo da política nacional, entrou em cena através do mesmíssimo José Maria Alkmin. Como não havia coincidência de mandatos, o país, que acabara de atravessar, aos frangalhos, a grave crise institucional da renúncia, seria chamado a votar para senadores e deputados. E a questão das inelegibilidades criou a pedra no caminho dos ministros e do próprio primeiro-ministro. Contrariando a regra essencial do parlamentarismo, eles teriam de renunciar se quisessem continuar parlamentares para terem o direito de exercer o parlamentarismo. Coisas nossas.

Bem verdade que Tancredo procurou articular em sentido contrário, mais para cumprir uma etapa de cordial confrontação com Alkmin do que para se apegar ao cargo de primeiro-ministro. Finalmente, rendeu-se aos fatos. Pouco a pouco, ele perdia substância no esquema de poder, pois o PTB organizava-se metodicamente através de San Tiago Dantas, preparando o voo que o tornaria um grande partido. Em suas origens, o petebismo nascera como linha auxiliar do PSD, criado pelo próprio Vargas para servir de anteparo entre os sindicatos e a classe operária contra a possibilidade de um avanço comunista. Alguns de seus teóricos bem-intencionados tentaram organizar a massa informe legada por Vargas, mas o instinto fisiológico dos trabalhistas sobrepunha-se a qualquer tentativa mais séria de se moldar um trabalhismo ideológico. Agora, com um trabalhista no poder nominal da nação, tanto San Tiago Dantas como Hermes Lima — o primeiro egresso da antiga Ação Integralista, o segundo permanentemente socialista — elaboraram um documento que Jango aprovou: "O PTB deve firmar-se como partido de esquerda, um partido de massa, disposto a liderar a transformação da estrutura social brasileira por métodos democráticos até onde for indispensável ao bem-estar do povo" (Bandeira, 1977).

Trocada em miúdos, a nova doutrina trabalhista trazia em seu bojo um refrão que se oporia aos slogans de JK e Jânio. Ao Programa de Metas de JK e Tostão contra o Milhão de Jânio, João Goulart deveria desfraldar a sua bandeira: Reformas de Base. Como já tem acontecido com outras bandeiras, breve ela se transformaria em mortalha.

Tancredo não podia continuar no barco, embora nada tivesse contra as Reformas de Base. A situação econômica do país continuava crítica. De janeiro a setembro de 1961 emitiram-se 87 bilhões de cruzeiros, dos quais 58 bilhões para custear as duas semanas da crise de agosto. O preço de uma Brasília fora gasto para o nada. E não gerara o único emprego de contínuo. Nos primeiros meses de 1962 surgira a questão das encampações promovidas por Brizola no governo do Rio Grande do Sul, que azedara de vez as relações com os homens de Washington. Em represália, os americanos brandiram a emenda Hickenlooper, que suspendia qualquer ajuda a governos que desapropriassem bens americanos sem indenização imediata, adequada e efetiva. A emenda transformou-se no Artigo 6 do Foreign Aid Act. Sem terreno para revidar em termos nacionais, Brizola radicalizaria cada vez mais a sua luta contra o Congresso e contra o parlamentarismo.

JK viajara ao exterior a fim de cumprir uma série de compromissos assumidos. Visitou Israel, o Egito, a Índia. Depois passou uns dias na Itália, descansando uma semana em Florença e Veneza. No fundo, queria evitar um envolvimento maior com o regime que sofria seu primeiro espasmo institucional. A 26 de junho de 1962 o gabinete Tancredo Neves renuncia — e praticamente aí acaba o parlamentarismo. Oficialmente, não seria uma renúncia, mas uma desincompatibilização para as próximas eleições. Apesar disso, era o anúncio do fim daquele regime. Em nome do PSD, Juscelino cobrou o compromisso de um novo primeiro-ministro pessedista, e Jango, desta vez, sentiu que podia se libertar daquela aliança que o incomodava. Indica San Tiago Dantas, nome respeitável e que assusta sobretudo ao PSD. Afinal, surgia uma liderança petebista altamente qualificada, não pelo seu passado, mas pelo seu presente. Juscelino também se assusta: homem de centro, conservador por temperamento, mas por temperamento criativo (seu governo não fora revolucionário nem reformista, mas *subversivo*, pois subvertera na prática o colosso adormecido, despertando-o para as suas potencialidades), ele compreendia que o esquerdismo de San Tiago não era aventureiro. Servido pela sua inteligência, alteraria o equilíbrio de lideranças que vinham da redemocratização de 1946. Os traços da influência de San Tiago em Jango podiam ser notados em declarações como essa: "Sobre a miséria do povo não se constrói a paz social" — frase que, 18 anos depois, seria repetida aqui mesmo no Brasil, sob vestimenta pontifical, por João Paulo II. San Tiago estabelecera uma distinção que seria muito badalada na ocasião: havia a *esquerda positiva* (representada por ele, Celso Furtado e alguns poucos) e a *esquerda negativa* (encarnada em Brizola e nas flutuantes lideranças daquilo que os conservadores chamavam de *pelegada*). Mais tarde, por geração espontânea, sem ser criada por ninguém, surgiria a esquerda festiva — a mais assanhada e inútil das três.

O PSD retraiu-se diante da candidatura de San Tiago Dantas — cujo programa atacava as bases da clientela rural do pessedismo. No Congresso, a sua indicação foi rejeitada por 174 contra 110 votos. A derrota do seu candidato fez Jango voltar de má vontade ao redil do PSD e o novo indicado seria Auro de Moura Andrade, presidente do Senado. Surge então mais um episódio confuso da confusa era parlamentarista. A versão oficiosa é que Jango obteve de Auro uma carta de renúncia que poderia ser usada a qualquer tempo. Recomposta precariamente a aliança PSD-PTB, Auro consegue 222 votos a favor de sua indicação, contra 51. Mas não obtém consenso na formação de seu gabinete e Jango torna pública a sua carta de renúncia, zerando a substituição de Tancredo. O mundo político sentiu, então, que a mecânica parlamentarista, como o hábito de tomar chá às cinco horas da tarde, jamais se aclimataria aos trópicos. No desespero, qualquer nome anódino serviria, e Jango foi buscar um honesto professor de Direito do Rio Grande do Sul, Brochado da Rocha, que conseguiu sua aprovação por 215 contra cinco votos — quase a unanimidade do Congresso. Na hora de não se fazer nada todos estão de acordo — coisa nossa também.

A esta altura do campeonato, os militares que haviam se assustado com a abertura das trincheiras em agosto de 1961 já tinham readquirido o tradicional desconfiômetro cívico e o general Jair Dantas Ribeiro, então no comando do III Exército e futuro ministro da Guerra de Jango, fez pronunciamento contra "manobras", que costumam ser rotuladas de *solertes* em horas tais. Realmente, havia solércia naquilo tudo: Brochado da Rocha permaneceu no cargo algumas semanas — tempo suficiente para propor e obter os dois pilares que reergueriam os escombros do presidencialismo. O Congresso antecipou o plebiscito sobre o parlamentarismo, que o Ato Adicional no 4 de 1961 previa para começos de 1965. Foi marcada a data de 6 de janeiro de 1963 para a ampla, geral e irrestrita consulta popular sobre o regime. E, de quebra, foi aprovada uma Lei Complementar que permitia ao presidente, mesmo na vigência vegetativa do parlamentarismo, nomear gabinetes provisórios sem consulta ao Congresso. Na verdade, o parlamentarismo que nascera morto morria mais uma vez, embora ficasse insepulto. Faltava o atestado de óbito do plebiscito. E o funeral — tardio e de quinta classe — de 1964.

Em 1962, uma pesquisa de opinião revelava as preferências do povo: Juscelino 34%; Carvalho Pinto 23%; Jânio Quadros 15%; Leonel Brizola 8%; Carlos

Lacerda 4%. A pesquisa mostrava que JK era mais popular do que em 1955, quando se elegera presidente da República. A nação tinha consciência de que, a menos que virassem a mesa da democracia, Juscelino seria novamente eleito.

Por isso mesmo, ele se engaja na campanha do plebiscito, articulada por José Luiz Magalhães Lins, sobrinho de Magalhães Pinto — outro interessado no retorno do presidencialismo. Era preciso sepultar legalmente o parlamentarismo através da consulta popular. E partir para outra. Esse *partir para outra* representava, para Jango, um já curto período presidencialista. E para JK um discreto início de campanha eleitoral. Ele via com apreensão o futuro imediato do país. O desenvolvimento, travado por Jânio, emperrara de vez com as vacilações do parlamentarismo. E mais: as crises sucessivas tinham despertado novamente os brios militares, sobretudo durante o episódio da indicação de San Tiago Dantas. Em solidariedade ao líder trabalhista injuriado pela recusa do Congresso, houve tumultos em várias cidades e, como não podia deixar de ser, o burgo fluminense de Caxias, metrópole às margens do Meriti plantada, foi cenário de memorável quebra-quebra. Líderes sindicais ameaçaram paralisar o país numa greve geral que daria início a uma série de movimentos iguais nos próximos meses. Jango chamara ao palácio os principais dirigentes sindicais e deles obtivera um compromisso de paz social, ao menos temporário. Não adiantaria incendiar o país por causa de um primeiro-ministro. O incêndio poderia vir mais tarde, dando cobertura a reivindicações mais sérias. Os brasilianistas que estudaram exaustivamente esse período da vida nacional (John W. F. Dulles, Thomas Skidmore e outros) detectam, nessa ameaça de greve geral não consumada, a suspeita por parte da classe militar de que estaria em gestação uma central sindical que seria o núcleo de uma propalada República Sindicalista.

Com experiência de governo, JK talvez não tenha pensado de forma tão alarmista, mas sabia o que representava um presidente chamar a palácio os líderes de uma greve. Ele o fizera num momento difícil, quando os estudantes do Rio, reclamando do aumento nas passagens dos bondes, paralisaram a cidade, e, logo a seguir, os chamados agitadores profissionais (profissão não cadastrada pelo antigo Departamento Administrativo do Serviço Público, Dasp, extinto em 1986, nem regulamentada pela Consolidação das Leis do Trabalho) promoveram alguns quebra-quebras superficiais pelas imediações do Catete. Juscelino convocara o líder do movimento, então presidente da União Nacional dos Estudantes, e numa conversa informal, na base do você pra lá, você pra cá, negociou rapidamente a situação e tudo voltou à normalidade. Convertera um possível adversário com a sua cordialidade. Mas havia uma brutal diferença entre o seu objetivo e os objetivos de Jango. Ele negociara a estabilidade política arranhada pela greve dos bondes com a finalidade exclusiva de continuar o seu Programa de Metas, já implantado, com algumas delas em fase de conclusão. Jango, pelo contrário, queria implantar a si próprio, pois apesar de estar no poder não detinha o poder. A aliança do governo com uma central sindical transformaria radicalmente o quadro político da nação, e para JK qualquer nuvem que surgisse no horizonte constitucional podia ser o prenúncio de uma tempestade. Durante os cinco anos de seu mandato ele lutou com unhas e dentes pela manutenção da ordem legal com o objetivo de realizar seu Programa de Metas. Agora, na planície, lutaria pela mesma ordem a fim de chegar aos contrafortes da montanha e galgá-la mais uma vez.

Ele recebera informações precisas de que, em São Paulo, havia conspirações que envolviam civis e militares. Mais tarde, os bois teriam nomes, mas, na época, o anonimato era a alma e o corpo do negócio. Mesmo assim, em visita a Jango, o cardeal de São Paulo, dom Carlos Carmelo Vasconcelos Motta, entregara os conspiradores. Informara a Jango: "Excelência, em São Paulo está a cabeça da hidra."

Hidra. A imagem não era nova nem brilhante, mas ajustável à situação. Amigo pessoal de JK (ele celebrara a primeira missa em Brasília e casaria sua filha Maria Estela na Candelária, em julho de 1962), dom Carlos Carmelo na certa já comunicara a JK a existência dessa hidra cuja cabeça se localizava em São Paulo.

Nem seria por acaso que, ao nomear Hermes de Lima para formar novo gabinete, Jango indicaria para o Ministério da Guerra um amigo pessoal, o general Amaury Kruel, seu ex-chefe da Casa Militar e, também, seu ex-adversário, signatário que fora do Memorial dos Coronéis que o derrubara do Ministério do Trabalho durante o segundo governo de Vargas. Apesar das cautelas tomadas pela hidra, alguns nomes vinham à tona, e eram os mesmos de sempre: Denys, Cordeiro de Faria, Sylvio Heck. Na parte civil, Júlio Mesquita Filho (interessadíssimo em fazer Carlos Lacerda presidente da República), Herbert Levy, Abreu Sodré, alguns industriais que temiam o agressivo sindicalismo que suspeitavam em João Goulart.

Contudo, surgia um novo nome, que só seria amplamente conhecido em 1964: o general Olympio Mourão Filho, cuja notoriedade, até então, se devia a um plano que recebera o nome de Cohen e que servira de pretexto para o golpe de 1937, quando Getúlio instalara o Estado Novo com entusiástica e total cobertura dos generais Eurico Dutra e Góes Monteiro. Personalidade curiosa, Mourão Filho se autodenominaria mais tarde de "vaca fardada" e teria importante desempenho no movimento de 1964, do qual seria o *starter* mas não o beneficiário.

Em seu livro de memórias, conta ele que, em 1962, viajando de São Paulo para o Rio de carro, ia meditando sobre as dificuldades nacionais quando, ao passar por Aparecida, olhou o Santuário de Nossa Senhora e ouviu uma voz interior que, na ocasião, parecia a própria voz da padroeira nacional. A *voz* lhe pedia que salvasse o Brasil.*

Ouvir vozes é prática encontradiça ao longo da história. Moisés descolou as tábuas da lei vendo e ouvindo o Senhor. Maomé recebeu delegação pessoal do Arcanjo Gabriel. Joana D'Arc também ouviu vozes que lhe pediam a salvação da França. Pulando do Sinai e de Orleans para a Rio-São Paulo, o general Mourão Filho também ouviu a voz da Senhora Aparecida incitando-o à salvação nacional. Mas não foi só ele que ouviu vozes nesses dramáticos tempos. Carlos Lacerda, na noite de 1961 em que recebeu de volta a mala que deixara no Palácio Alvorada (ele entendera que havia sido convidado por Jânio Quadros para ali pernoitar), de repente sentira no peito uma opressão, logo traduzida numa espécie de voz interior que lhe cobrava a salvação das instituições. Sozinho no carro em que deixara o palácio e se dirigia para um hotel, "vendo aquela arquitetura de futurologia, aquelas estátuas, aquelas luzes, e eu sozinho no automóvel", começou "a ter a sensação de que estava carregando o Brasil dentro do peito. [...] Vivia um momento de solidão, era o peso do destino de uma nação em cima de um sujeito" (Lacerda, 1977). Também o marechal Odylio Denys, aí pelos inícios de 1962, sentiu no peito esse tipo de opressão cívica, e se não chegou a ouvir vozes, ouviu pelo menos a voz do dever que o obrigava a conspirar para que o Brasil não se tornasse comunista.

Por mais discretos ou espalhafatosos que fossem esses movimentos conspiratórios (o Brasil cultiva, entre outras peculiaridades, a saudável prática de conspirações anunciadas previamente e posteriormente registradas pelos jor-

---

* Olympio Mourão Filho: *Memórias: a verdade de um revolucionário*, L&PM, 1978. (N. do A.)

nais), ninguém se preocupava seriamente com eles, pois em certo sentido todos conspiravam a favor ou contra alguma coisa ou pessoa.

Juscelino não ouvia vozes, mas tinha sensibilidade própria, sobretudo depois de ter passado cinco anos no poder. Nunca deixava de ouvir um conselho ou uma informação, por mais disparatada que fosse, do que se passava na área militar. Evidente que jamais poderia supor que a Virgem Aparecida, de quem também era devoto, tivesse aquele grau de intimidade com Mourão Filho, de quem também, se não devoto, pelo menos era amigo. Ambos haviam nascido em Diamantina, e Mourão fora um de seus auxiliares no governo, no setor das telecomunicações. De Lacerda, tal como daqueles frades espanhóis dos folhetins do século XIX, ele sempre podia esperar as piores coisas.

Não estava assustado com o retorno do presidencialismo (pelo qual tanto lutara), mas sabia que devia manter Jango sob permanente vigilância. Ele recusara, ainda em 1961, um apelo de seus correligionários para presidir o PSD. Preferiu ficar livre daquele encargo para melhor manobrar. "Como grupo, o PSD entraria em compasso de espera, nos bastidores, desfrutando certa participação no poder e esperando que Jango terminasse o seu período da melhor forma possível" (Skidmore, 1976).

Além do mais, JK visitara, de 1961 a 1963, diversos países, mantendo contatos políticos que avalizassem, em certa medida, o comportamento de Jango com os poderes que recuperaria através do plebiscito. Mas, em 17 de dezembro de 1962, John Kennedy enviaria ao Brasil seu irmão e ministro da Justiça, Bob Kennedy, que teve um encontro áspero com Goulart a propósito das encampações da ITT, Amforp e Hanna. Também discutiu, sem muitos rodeios diplomáticos, o movimento sindicalista e o intercâmbio com os países comunistas iniciado por Jânio Quadros. Dias antes do plebiscito, o embaixador dos Estados Unidos, Lincoln Gordon, mandou um recado pelos jornais: o Departamento de Estado endureceria suas relações com o Brasil. Mais explícita, como sempre, a revista *US News & World Report* publicara uma espécie de protocolo oficioso do governo americano, fazendo cinco exigências detalhadas, desde o afastamento de alguns altos funcionários brasileiros até o combate à inflação. No bloco ocidental, a imprensa também aconselhava o Brasil: era preciso mudar de presidente e não aumentá-lo em seu poder.

* * *

Evitando a presidência do PSD, Juscelino aceitaria a indicação da Organização dos Estados Americanos para o cargo de coordenador da Aliança para o Progresso, conjuntamente com Alberto Lleras Camargo, ex-presidente da Colômbia. Em Washington, promoveria novos encontros a fim de garantir tranquilidade para o governo presidencialista de Jango, mas perceberia que os conceitos e preconceitos do Departamento de Estado, a respeito do Brasil e de seu presidente, tendiam a ficar cada vez mais sombrios. Conforme o provariam as revelações da copiosa correspondência hoje aberta ao público na John F. Kennedy Library, aos conspiradores do eixo Rio-São Paulo juntavam-se diversos agentes da CIA — e Juscelino, justamente por não cultivar qualquer sentimento antiamericano, não escondendo jamais sua posição conservadora plenamente afinada com o bloco ocidental, rendia-se à evidência e às circunstâncias: seria necessária muita cautela a fim de conter Jango na linha constitucional.

A ala nacionalista, que tinha ramificações até mesmo nas Forças Armadas, poderia marchar para uma exasperação dramática. Ele próprio sofrera, na carne, as sobras desse sentimento radicalizado em alguns setores, quando promovera a industrialização do país com a ajuda de capitais externos — prática da qual jamais se arrependeria, embora se julgasse, também, um nacionalista, mas consciente e responsável. Na classe intelectual, o quadro esboçado na perspectiva do retorno ao presidencialismo era mais de alacridade existencial do que de lucidez crítica.

Logo depois do plebiscito, a revista *O Cruzeiro* ofereceria um jantar a Jango. Convidado formalmente pelos anfitriões, JK pretendia comparecer àquela homenagem. Mas emissários do próprio Jango o procuraram: de agora em diante e tanto quanto possível, seria melhor para Goulart que não aparecesse em público ao lado de JK. O motivo alegado era o da possibilidade de maiores aplausos para JK. Mineiro de nascimento e formação, experimentado na função pública, JK guardou o recado sem ressentimento, como era de seu feitio. Mas ele sabia que, sozinho, ou — pior — mal acompanhado, João Goulart pouco a pouco desentocaria as ferramentas de sapa que até os reservistas de terceira categoria sabem para o que servem: abrir trincheiras.

Capítulo 4

Tempo de abrir trincheiras

7 DE JANEIRO DE 1963 — Finalmente, o plebiscito saía das páginas das antologias nacionais e se realizara, em paz, consultando quase 10 milhões de brasileiros tidos e havidos em idade e condições de participar da coisa pública. Todos deviam saber o que era um plebiscito, pois o conto homônimo de Arthur de Azevedo era obrigatório nos compêndios escolares de antanho. Além de saber o que era, todos adivinhavam o seu resultado: quase 9 milhões disseram *sim* ao retorno do presidencialismo — mas, a partir desse *sim*, começaram os equívocos. O *não* tem a vantagem de ser mais claro. Eleitoralmente (no fundo, um plebiscito não deixa de ser uma espécie de eleição, com mecânica idêntica, mas com finalidade diversa) o povo fora motivado por forte propaganda para aprovar o presidencialismo — estuário comum a interesses contraditórios. Os principais candidatos à sucessão de 1965 haviam se coligado, aberta ou discretamente, para torpedear o parlamentarismo. Juscelino Kubitschek, Carlos Lacerda, Ademar de Barros, Magalhães Pinto, Miguel Arraes — os grandes eleitores do país, detentores do poder nos principais estados ou nos principais partidos, formaram na mesma trincheira, embora Lacerda, por imediatismo tático, temesse os poderes que João Goulart iria recuperar.

Quem pior interpretou o resultado do plebiscito foi o grupo que cercava o próprio Goulart. Desinformado como sempre, o *The New York Times* considerou os 9 milhões de votos "um triunfo pessoal" de Jango. E os principais conselheiros e auxiliares do novo presidente também cometeram o mesmo erro de análise. O plebiscito — segundo eles — teria sido uma *eleição* de Goulart para a presidência da República. E sendo a margem de votos superior aos quase 6 milhões de votos obtidos por Jânio Quadros, tal *eleição* equivaleria a uma delegação de poderes amplos, gerais e irrestritos. Goulart devia se investir, imediatamente, de um mandato *sui generis* para realizar o seu programa de Reformas de Base.

É aconselhado a formar um ministério de esquerda, para dar cumprimento às promessas de reformar o país com ou contra o Congresso — um Congresso enfraquecido e atemorizado pelo peso de 9 milhões de votos dados a um só homem. Esse raciocínio provou que, juntamente com João Goulart — homem bom, simplório, cordato, sem preparo nem gosto pelo governo —, instalava-se no poder o primado da burrice — que teria as dramáticas consequências de 1964.

Justiça seja feita a Jango — e Juscelino foi o primeiro a fazê-la. Ele recusou a tática agressiva de seus assessores e formaria um primeiro ministério centrista, em aliança com o PSD. Depois, gradualmente, faria as correções necessárias para impor o seu estilo (ou falta de estilo) ao governo. Pensava realizar as Reformas de Base de acordo com um cronograma cuja formulação só seria cunhada mais tarde: de forma lenta, gradual e segura.

Lenta e gradual poderia ser. Mas dificilmente seria segura. Um ano antes de formar o seu primeiro ministério, ainda na vigência da emenda parlamentarista, a 15 de janeiro de 1962, sem que ninguém notasse ou sequer soubesse, verificou-se uma inofensiva reunião cívico-militar no quartel-general do III Exército, o mesmo que se levantara contra a tentativa de golpe por ocasião da renúncia de Jânio Quadros. Não passaria de uma troca de impressões entre alguns generais sem muito prestígio (Penha Brasil, Mourão Filho) e alguns dirigentes da Federação das Associações Rurais do Sul — entidade que não transcendia os limites e propósitos da região e da pecuária. Contudo, conforme registraria "sem sombra de errar" o general Mourão Filho em seu diário (1978), aquele seria o "início da conspiração para derrubar o governo de João Goulart".

Paralelamente, desde que fora contrariado em sua articulação para impedir a posse de Jango em 1961, o marechal Odylio Denys, mesmo sem dispor de comandos e tropas, na base do "sou amigo do fulano, promovi sicrano", começou a conspirar em regime de tempo integral, atando diversas pontas (às vezes, pequenos fiapos que se esgarçavam) do complicado novelo da política nacional. De um lado, costurando descontentamentos e ressentimentos pessoais de civis e militares que se julgavam preteridos pela nova situação. De outro lado, alimentando a fogueira cívica daqueles que, movidos por patrióticos tremores, temiam que o Brasil se tornasse comunista através de Goulart.

As duas vertentes da conspiração militar seriam levianamente esnobadas pelos homens que cercavam o poder. Gerou-se um clima idiotizado pela certeza de que o povo havia se *conscientizado* politicamente (a prova eram os 9 milhões de votos do plebiscito). As Reformas de Base seriam *irreversíveis*, somente a minoria formada pelos latifundiários feudais, os militares vendidos aos trustes internacionais e os intelectuais alienados não participavam da verdadeira revolução "democrática e cristã" (os adjetivos seriam os mesmos depois de 1964) que varreria para sempre de nossas plagas a injustiça social e o subdesenvolvimento. Posteriormente, tanta alacridade mal-informada, tamanha pulcritude sem justa causa daria lugar a autocríticas esparsas, fragmentadas e nem sempre sinceras. A euforia dos assessores de Goulart chegou a acreditar em fantasmas — a seu favor.

Geralmente, quando se acredita em fantasmas, espera-se deles o pior. Enquanto Mourão Filho, Lacerda e Denys ouviam vozes pedindo que salvassem o Brasil do comunismo e da *masorca*, os assessores de Jango ouviam outro tipo de voz — não menos fantástica — e passaram a acreditar num dispositivo militar que nunca sairia do estreito gargalo de uma garrafa de Vat 69 — o uísque preferido pelo general Assis Brasil, tornado condestável das reformas propostas por Goulart. Ao invés de se preocuparem minimamente com os movimentos conspiratórios que sempre existiram — e que era medida cautelar dos terceiros escalões de qualquer governo em país subdesenvolvido —, os homens de Goulart e o próprio Goulart agiam como se o Brasil se situasse na Escandinávia. Pensavam num grande programa ideológico que, na prática, se tornaria fisiológico, reduzindo-se a meia dúzia de espasmos reformistas que provocariam a dolorosa — e demorada — cólica de 1964.

A política pode ser a arte de engolir sapos, mas é, também, o exercício do ceticismo nos bastidores, ceticismo que se transforma em ato de fé quando a ação passa das coxias para o palco. Juscelino Kubitschek fora, em muitos sentidos, o grande articulador do plebiscito. Entrara na luta de peito aberto, ocupando a tribuna do Senado no mesmo dia em que se aprovava a emenda que instaurava o parlamentarismo. Candidato presidencial, ele sabia que Magalhães Pinto, Leonel Brizola, Ademar de Barros, Carlos Lacerda e Miguel Arraes, quem sabe o próprio Carvalho Pinto, todos seriam candidatos a candidato e era nesse nível que sua luta se desenrolaria nos próximos meses, até 1965.

De uma forma geral, com a crise da renúncia ele teve diminuídas as suas chances. Continuava o preferido absoluto nas pesquisas de opinião, com margem cada vez maior. Em 1955, quando se elegeu presidente da República, obtivera 30% do eleitorado. Em 1962, durante o regime parlamentarista, chegara aos 34%. Agora, em meados de 1963, a sua cotação na bolsa popular atingia os 37%. Mesmo assim, ele sabia que as regras do jogo se modificavam pela pregação de novos temas e pelo aceno de novas esperanças.

Em 1955, João Goulart tivera quase meio milhão de votos a mais do que ele — um fator que indicava a força do trabalhismo bem motivado pelas promessas mais ou menos demagógicas que formam o esquema das lideranças populistas. Mas agora, cercado por dois escalões que se completavam, intelectuais de um lado, pelegos de outro, Jango podia se transformar numa força inesperada para a própria sucessão. Certo, a Constituição impedia a sua reeleição, bem como a de seu cunhado, Leonel Brizola, então no governo do Rio Grande do Sul e, desde a Cadeia da Legalidade, em 1961, o político que mais radicalizava o cenário político nacional. No governo de Pernambuco havia Miguel Arraes, sobre o qual pesavam suposições de ser ligado ao Partido Comunista, mas com cintilação própria e trânsito confortável na área popular. Desta forma, o PTB, cuja aliança seria indispensável ao seu retorno em 1965, apresentava três esquemas de sucessão que podiam dispensar o antigo e incômodo aliado eleitoral. Para o caso de uma reeleição, haveria Goulart. Para um combate nas urnas, haveria Arraes. E, para o caso de um movimento armado (o dispositivo de Assis Brasil era tão fantasmagórico que muita gente acreditava na galhardia de numerosos generais do povo), haveria Brizola, que empolgaria o poder na marra, ou, para usar hipérbole caída em desuso, "na ponta das baionetas", embora, desde os tempos de Napoleão, tenha ficado difícil alguém permanecer em tão incômodo assento.

Se Juscelino assim analisava a perspectiva político-eleitoral para os próximos meses, Jango também fazia análise igual, mas com alternativas maiores, pois estava no poder e dispunha de maior campo de manobra. Na impossibilidade de se reeleger, ou de impor Arraes ao PTB, ou ainda de aceitar um golpe militar que sagrasse seu cunhado, Goulart passou a acenar alternadamente para soluções que contrariavam a ortodoxia trabalhista mas teriam razoável efeito eleitoral. Acenava para Magalhães Pinto, udenista à frente do governo de Minas. Examinada sob ângulo específico, a República de 1889 continuaria a ser uma sucessão de presidentes mineiros e paulistas, com gaúchos para encher os vazios provocados pelas crises. Os dois últimos presidentes eleitos tinham saído de Minas (Juscelino) e São Paulo (Jânio) — ou seja, a dobradinha café com leite, doméstica, simpática, indolor, podia ter sequência com a eleição de Magalhães.

Se Goulart assim não pensava, Magalhães só devia pensar nisso. Em 1930, quando Washington Luís tentou quebrar a alta rotatividade de paulistas e mineiros no Catete, impondo um paulista à própria sucessão, foi um mineiro (Olegário Maciel) que indiretamente provocou e articulou a Revolução de 30, da qual um gaúcho (Vargas) seria o beneficiário. Magalhães era homem inteligente, deliberado, incapaz de tirar um mata-borrão daqui para botar ali sem ter um plano estabelecido de ação política. Além de mineiro e de estar governando os mineiros, tinha a vantagem de ser da UDN — o que provocaria forte dissidência entre os udenistas, que gravitavam em torno de Carlos Lacerda, alguns de má vontade, outros com exaltada e suspeita devoção. Carvalho Pinto, ex-governador de São Paulo e futuro ministro de Goulart, poderia receber incentivos para confundir a política de São Paulo, cujo governador Ademar de Barros seria mais uma vez candidato, não para vencer, mas para negociar.

De um dado concreto João Goulart tinha consciência: não podia inflar a candidatura de Juscelino. E isso foi percebido pelo próprio JK, ao receber o aviso de que não deveria comparecer ao jantar em homenagem a Goulart "para evitar consagração maior do que a do presidente da República". Eliminado o ridículo do pretexto, era evidente que começava por parte dos janguistas e trabalhistas em geral, manobrados ambos pelas forças de esquerda que se acercavam do poder, o *delenda JK*.

Juscelino fora procurado por José Maria Alkmin, que se candidataria à presidência da Câmara (na previsão de outras crises que o levassem à presidência da República, ainda que apenas por alguns dias). Não houve surpresa nem dor.

Alkmin comunicou-lhe, oficialmente, em nome de Goulart, que não contasse com o apoio do governo para a campanha de 1965. Nada de pessoal de Goulart contra JK, simplesmente o imperativo das circunstâncias. Para desenvolver o seu Programa de Reformas de Base, Jango necessitaria de apoios substanciais na área das esquerdas e do nacionalismo mais radical. Ambos os setores não perdoavam a Juscelino a industrialização do Brasil feita com a ajuda de capitais externos — e esse seria, por muito tempo, mesmo depois de sua morte, o alvo preferencial de seus adversários, muitos deles reconhecendo-lhe a simpatia, a cordialidade, os instintos democráticos, mas acusando-o de ter entregado levianamente o Brasil "às patas insensíveis do capital estrangeiro".

Juscelino não deu importância ao pretexto invocado por Goulart, mas ficou preocupado com o texto em si do recado: não poderia contar com o PTB para a próxima etapa sucessória. A acusação de ter promovido uma política entreguista não era nova, mas, a partir do retorno ao presidencialismo, ela ganhava ressonância na imprensa, nas faculdades, no próprio governo. O seu quinquênio era duramente criticado pelas esquerdas e pelos nacionalistas, que esqueciam o elementar fato de nossa história: antes de JK, não se sabia fabricar uma bicicleta no país. Com capitais e *know-how* obtidos numa luta dramática contra os interesses americanos (técnicos da Ford, por exemplo, assinaram parecer oficial afirmando que "em climas tropicais seria impossível a fundição de motores de mais de dois cilindros"), JK fizera a industrialização no peito, na certeza de que o capital estrangeiro poderia ser disciplinado, fiscalizado, tributado, enfim, severamente controlado pelo governo e pela opinião pública. O essencial é que num mundo ampliado (ou reduzido) à condição de aldeia global, o dinheiro não mais poderia ser um bem nacional, mas uma convenção transnacional da qual cada país tentaria tirar o maior proveito possível, investindo-o em infraestruturas que gerassem o mais largo espectro de autonomia econômica.

Esta verdade tão óbvia foi até entendida pelo redator que escrevera os discursos da campanha nacionalista do general Lott, candidato do PTB: "Na prática e a rigor, não há capital estrangeiro e capital nacional. Há simplesmente o capital que, ao lado do trabalho, é mola do progresso. O dinheiro que vier de fora, com o objetivo real de incrementar o nosso desenvolvimento, só pode ser bem recebido." Agora o PTB estava no poder, não através de um militar nacionalista, mas de um político profissional que, como foi definido por Roberto Campos, "amava o poder mas detestava o governo". Ou seja, amava dispor de recursos que manobrassem a política nacional, ajudando os amigos, "fazendo cosquinhas nos adversários" (Lacerda, 1977). Governar de verdade, concretizar um programa de realizações, esmurrar a pasmaceira administrativa, dinamizando-a em torno de objetivos definidos e viáveis, bem, o fôlego de João Goulart não dava para tanto.

Mais fácil seria idealizar seu governo, vestindo-o com roupagem ideológica, ameaçando alterar, através de reformas, a estrutura do país. Para isso havia gente até demais disposta a teorizar e gente mais numerosa ainda disposta a tumultuar, pois ficou acordado, entre intelectuais e pelegos, que uns ajudariam os outros na necessária e inadiável missão de reformar o Brasil.

Ao escolher esse caminho para permanecer no poder (talvez por mais tempo do que o previsto na Constituição), Jango pediu que Alkmin avisasse a Juscelino: não teria apoio do governo para 1965. Além de não ter apoio, JK poderia contar com a oposição do PTB à sua aspiração presidencial.

Em época normal, Juscelino poderia tentar uma aproximação pessoal com Jango, a fim de ouvir o recado de corpo presente. Mas os dois já estavam, praticamente, rompidos. Jango se queixava, desde os tempos parlamentaristas, de que dera apoio a JK para a realização de seu Programa de Metas, e dele não recebia idêntico apoio para a implantação de suas Reformas de Base. Por sua vez, Juscelino já sentira que João Goulart, despreparado intelectualmente para o poder, tornara-se prisioneiro de um grupo que agia cada vez mais no sentido de uma alteração radical da sociedade — e ele, político conservador por formação e hábito, via com temor esse tipo de transformação radical.

Sem nunca falar em reformas e muito menos em revolução, JK conseguira subverter as estruturas básicas da nação, através de seu Programa de Metas. Não mexera no estatuto do campo, não tocara na propriedade privada, não armara esquemas militares paralelos — enfim, não se apoiara no tripé clássico de qualquer movimento reformista ou revolucionário. Mesmo assim, promovera uma brutal transformação no país, abrindo um mercado de trabalho inédito em nossa história, criando oportunidades insuspeitadas para a mão de obra do brasileiro, até então limitada ao cabo da enxada.

Por isso mesmo, ele já estabelecera uma prioridade básica para seu próximo quinquênio presidencial. Daria ênfase à agricultura, metabilizando-a em tarefas e números que, guardadas as proporções, teriam o mesmo impacto de seu Programa de Metas na realidade nacional. Se fora difícil determinar a produção de toneladas de aço, a quilometragem de novas estradas, os quilowatts das hidrelétricas, a tonelagem da indústria naval e os números da indústria automobilística, não seria impossível estabelecer novas metas que aumentassem substancialmente a produção agropecuária, através de investimentos em maquinaria e fertilizantes, apoiada em legislação adequada e moderna.

Ele acreditava que dentro da normalidade institucional, executando uma reforma agrária racional, sem apelos passionais de *vendetta* histórica, poderia criar uma realidade nova e surpreendente, tal como ocorrera no setor industrial. Evidente que esse pensamento agredia simultaneamente os clássicos da economia liberal e os teóricos do marxismo ortodoxo. Para simplificar: os cientistas políticos acreditavam que JK praticava e praticaria "uma política de adiamentos estratégicos", através de "uma aliança reacionária entre a burguesia comercial, a oligarquia rural e a classe média tradicional" (Hélio Jaguaribe).

Descontado o pleonasmo da "classe média tradicional", os teóricos da ocasião tinham e têm como verdade inamovível o fato de que tudo o que não seja revolução é "adiamento estratégico" da reação. Em política, como em lógica — ensinou Aristóteles —, *afirmatio unius non est negatio alterius*. E a melhor demonstração do conceito aristotélico foram as duas maiores revoluções da humanidade que passaram à História: a atualização do judaísmo promovida pelo cristianismo (a pregação reformista de Cristo acrescida pelos elementos, também reformistas, da cultura greco-romana de Paulo), e a Reforma propriamente dita, que criou e estabilizou em permanente dinâmica o homem moderno. Paradoxalmente, os movimentos que foram classificados como revoluções (a francesa e a russa para citar as mais óbvias) sofreram restaurações de forma ou conteúdo, e o que delas ficou, como conquista social, nem sempre como nova visão do mundo, foram reformas que se incorporaram à história do homem. No resto, se comportaram como uma liturgia de sangue, uma mistura de ambições pessoais, de vinganças acumuladas. E com a natural boçalidade inerente a qualquer violência: há sempre um poeta dando sopa nas horas de crise e ele é sacrificado porque, como todos os poetas, eventual ou cronicamente fez maus versos (Shakespeare, *Júlio César*, ato 3, cena 3, p. 67).*

---

* **Segundo cidadão** – *Despedaçai-o! É conspirador!*
Cina – *Eu sou o poeta Cina! Eu sou o poeta Cina!*
Quarto Cidadão – *Despedaçai-o por causa de seus maus versos.*

* * *

A conversa entre Juscelino e José Maria Alkmin, que lhe levara o recado de rompimento de Jango, não teve, talvez, esse teor. Mineiramente, Alkmin comunicou a JK que o governo negaria qualquer apoio à sua pretensão de candidato em 1965. Além de não lhe dar apoio, na medida das conveniências do PTB, o governo hostilizaria o JK-65 até as consequências possíveis. Juscelino percebeu Alkmin eufórico demais. Conhecia o amigo desde os tempos da mocidade, em Belo Horizonte, dividiam o mesmo quarto de pensão, juntos fizeram o mesmo concurso para telegrafista. Dissipando a alegria de Alkmin, Juscelino também o alertou no sentido de esperar cada vez menos de Jango. Afinal, não era somente a ele, JK, que João Goulart mandava aquele recado. Era ao PSD como um todo. Os grupos que o cercavam, no poder, preferiam até mesmo uma aliança com a UDN em sua linha de reação normal a qualquer promiscuidade com os coronéis rurais do PSD. A advertência de Juscelino tinha razão de ser: Alkmin se lançara a candidato à presidência da Câmara, confiava no apoio de João Goulart, que o teria como segundo na linha sucessória. Mas Jango, depois de acenar superficialmente para tal possibilidade, acabou preferindo a jogada certa no tabuleiro parlamentar: ficou mesmo com Mazzilli que, na pior das hipóteses, "já estava habituado" a ser e a não ser presidente da República.

Também as classes armadas já estavam habituadas com a rotatividade de Mazzilli, um *expert* em vácuo — se há tal tipo de especialização. De qualquer forma, Mazzilli seria mais inócuo do que uma raposa como Alkmin: sentado no poder, ele tiraria da manga todos os seus trunfos e macetes para nele ficar.

Não deu outra. Tal como Juscelino o alertara, Alkmin foi preterido por Jango, e Mazzilli novamente se elegeu à presidência da Câmara, permanecendo como vice-presidente de fato — 1964 se aproximava e ele seria presidente da República pela sexta e última vez. Furioso, Alkmin desabafou à sua maneira, aprendida nos tempos em que fora diretor da Penitenciária das Neves: "Jango sairá do Planalto num tintureiro."*

Por pouco não foi profético.

* * *

---
* Nome dado, na linguagem da prisão, à viatura policial para o transporte de presos.

Apesar do recado de Jango, e das baterias que os nacionalistas assestavam diariamente contra vários aspectos de seu governo, Juscelino começou a elaborar, concretamente, o seu novo Programa de Metas, tendo a agricultura como motivação primeira e síntese final. Com um grupo de amigos, estudava a situação do campo paralelamente aos grupos que rodeavam o poder e que já tinham definido outra linha de ação. Os homens de Jango visavam a uma reforma no campo que na verdade exigiria uma revolução. Mexeriam fundamente no estatuto da terra e, para isso, teriam de mexer na Constituição que assegurava, além do direito da propriedade, a forma pela qual se poderia processar a desapropriação rural, ou seja, mediante o pagamento de uma indenização prévia em dinheiro.

A linha de Juscelino seria outra: talvez pecasse pelo otimismo, ou pela confiança demasiada em sua capacidade de motivar o país para uma batalha pela produção, através de metas reduzidas a números: tantas toneladas de açúcar, de feijão, de carne — a geleia geral assim acrescida daria para todos. Os economistas clássicos mais uma vez teriam oportunidade de condenar esse visionarismo, tal como condenaram Brasília e as indústrias de base, tidas como tarefas "para muitas gerações". O fato é que, em pouco mais de três anos, JK conseguira revolucionar a fisionomia do Brasil sem apelar para qualquer premissa revolucionária. E estava disposto a tentar novamente a façanha.

Para isso, precisava manter a sua candidatura, que começava a receber petardos cada vez mais violentos do governo, das esquerdas e dos nacionalistas. Viajava, então, em parte para estudar e coordenar soluções que o ajudassem no grande desafio que se desenhava à sua frente, em parte, também, para se poupar do desgaste da situação criada por Goulart, do qual, apesar de tudo, era uma espécie de fiador interno e externo. Seu nome seria sempre associado ao de Goulart, para o bem ou para o mal. Em princípio, JK não combatia as Reformas de Base propostas por Jango. Pelo contrário: realizadas, elas seriam de vital importância para o próximo quinquênio presidencial. Mas a maneira como Goulart vinha conduzindo o processo era altamente inquietante.

Para fazer as reformas — acentuaria Thomas Skidmore — a lição do episódio da renúncia de Jânio Quadros provara a impossibilidade dos decretos-leis. Haveria necessidade "de uma legislação nova e abundante". Mas como obter essa legislação de um Congresso dividido e contrariado pelo poder? Sim, haveria a alternativa: a pressão das massas motivadas por uma campanha mais emocional do que reformista.

No plano teórico, João Goulart lançaria o seu Plano Trienal (só lhe restavam três anos de mandato, a menos que a mesa fosse virada). Celso Furtado elaborou, como sempre, um documento brilhante mas irreal. Com ele, a sociedade seria mudada em níveis que muita revolução jamais pretenderia. Manteria o crescimento econômico reduzindo ao mesmo tempo a inflação (em geometria, a operação é conhecida como a teoria — ou hipótese — do círculo quadrado).

Em 1962, a inflação já havia atingido os índices ditos insuportáveis de 52% (má informação dos técnicos: o país acabaria suportando inflações bem maiores). Esquematicamente, o Plano Trienal tinha como objetivo reduzir a inflação nos próximos três anos, até atingir o índice de 10% em 1965. Ao mesmo tempo, seria mantido o crescimento real na base de 7% ao ano. E, de quebra, como se não bastasse esse *impossible dream* dos homens de La Mancha que orientavam o poder, seriam introduzidas reformas que eliminariam as barreiras institucionais "aliviando as notórias desigualdades regionais". Essas reformas (a agrária, a educacional, a bancária, a administrativa) constituíam o plano mais ambicioso jamais tentado em qualquer país do pós-guerra. Alterariam o equilíbrio político mexendo no *status quo* que Juscelino não chegara a tocar, mas agredira indiretamente, através do desenvolvimento real que imprimia ao Brasil.

Como diria João Pinheiro Neto, que além de ministro do Trabalho seria o superintendente da Reforma Agrária "democrática e cristã" ambicionada, o Plano Trienal de Jango-Furtado "não contava com a estabilidade política" — o que era óbvio — e "visava a transformação global da sociedade, o que seria impossível em três anos". Era a realidade oposta do governo de Juscelino Kubitschek. Com o seu Programa de Metas (não era um plano, mas programa, ou seja, roteiro), ele criara "um catalisador da política através do qual a ligação governo-sociedade seria tentada e conseguida ao final do período" (Benevides, 1976).

Explicitando as divergências doutrinárias sobre a reforma agrária, o PSD também apresentara um projeto que contrariava fundamente a pregação radical dos líderes petebistas e da informe massa que, à margem do PTB, aproveitava a onda para, através de um novo estatuto da terra, obter simultaneamente um novo conceito do direito de propriedade. A partir daí, ficava aberta a trilha para o imponderável em termos de estabilidade constitucional.

A situação já era crítica, então. Ministro da Guerra e, depois, chefe da Casa Militar, o general Amaury Kruel tornava-se mais realista do que o rei e ameaçava fechar o Congresso, pois em palácio todos sentiam que dificilmente o projeto do governo seria aprovado. Por sua vez, não faltavam conselheiros que advertiam Goulart contra Kruel: um golpe de Estado, ainda que desfechado em nome de uma bandeira progressista como a reforma agrária, a curto ou médio prazo tornaria o governo tutelado pelo general que fizesse impor ao Congresso qualquer medida, por meritória que fosse. Juscelino sentiu a gravidade do momento. Carlos Lacerda, por outros motivos, também.

Em entrevista a um jornal americano, Lacerda desancou os militares que continuavam mantendo Goulart no poder, tolerando que o país pegasse fogo com a pregação de reformas que, em conjunto, colocavam o Brasil na fronteira de um socialismo indesejado pelos setores mais reacionários e espalhafatosos da UDN. Num episódio confuso, do qual existem versões contraditórias, o governo tentara calar definitivamente Lacerda, primeiramente através de um sequestro rocambolesco que fracassou por causas também inexplicáveis.

O certo é que os ministros militares, ofendidos em seus brios — segundo Lacerda, as Forças Armadas haviam se degradado ao mais baixo nível —, sugeriam que Jango promovesse a intervenção na Guanabara, onde havia forte reação ao governo, mas ostensiva, gritada pelo próprio Lacerda. Não era na Guanabara que se localizava a cabeça da hidra: talvez a cauda. De qualquer forma, era no Rio que os bois tinham nomes. Forçado pelos ministros militares, Jango solicitou o estado de sítio ao Congresso — o que foi um erro. Pressionado pelos demais governadores e pela classe política em geral, ele retirou a mensagem — o que foi outro erro. Mostrara hesitação nos dois lances do mesmo ato e despertou generalizadas suspeitas, até mesmo em Miguel Arraes, que viu no estado de sítio, aparentemente contra a Guanabara e Lacerda, a possibilidade de pegar as sobras e ser também afastado do governo pernambucano.

Poucos perceberam que nesse episódio registrou-se uma ruptura que teria graves sequências em todo o processo político. O governador Magalhães Pinto sentia que era chegada a hora de fazer ouvir a voz liberal de Minas — um tipo de voz que, apesar da hipérbole meio gasta, tem causado estragos e benefícios em igual medida. O leito natural de Magalhães Pinto era a UDN, cujos quadros mais radicais já se encaminhavam para a candidatura de Lacerda na sucessão de 1965. Manobrando no estilo dos mineiros, Magalhães atraíra as simpatias do próprio Arraes, do qual se tornou uma espécie de conselheiro no labirinto da política nacional. Homem marcado ideologicamente, o governador pernambucano não era insensível à liderança de Magalhães, que representava a ala mais liberal da UDN. Outros governadores, como Seixas Dória, de Sergipe, também recebiam a orientação *nacional* do experimentado mineiro. Com a tentativa do estado de sítio, Magalhães percebeu muitas coisas, sendo a mais importante delas, talvez, o fato de que *João Goulart não dispunha, como nunca dispusera, de fortes dispositivos na área militar*. A partir dessa constatação, a cabeça da hidra continuaria em São Paulo, mas o braço se deslocaria para Minas. Pouco a pouco, armava-se um quebra-cabeça que deixava adivinhar o quadro de 1964.

Juscelino tentara, ainda uma vez, influir com a moderação pessedista nos rumos que não mais eram domados por Goulart, antes o domavam e o conduziam. Passando por cima de seu próprio orgulho — ele sabia que era indesejado pelos homens do poder —, visitou Jango na Granja do Torto. Foi um gesto inesperado, ou desesperado. Não solicitou a visita, não se fez anunciar. Chegou ao Torto na tarde de um sábado e ali já encontrou Kruel, que na época era íntimo da família presidencial. Jango custou a aparecer, e enquanto aguardavam o presidente, JK e o general conversaram sobre a gravidade de uma confrontação com o Congresso a propósito da reforma agrária. Servindo de algodão entre os cristais — função que cabia com perfeição ao PSD —, o partido ainda majoritário propunha um meio-termo e Kruel dobrou-se à argumentação de Juscelino.

Quando Jango apareceu, os dois já tinham obtido um consenso e não foi difícil convencê-lo das consequências que a reforma agrária proposta pelo governo traria em seu bojo. De repente, irrompe na Granja do Torto a figura de Leonel Brizola, que a cada dia se tornava mais tempestuosa e radical. Falando pelo PTB e pelo conjunto de forças que cercavam o poder, ameaçando acionar um esquema militar e sindical no qual o próprio Kruel parecia acreditar, Brizola obrigou Jango a fechar a questão. Não seria feita qualquer concessão aos liberais do centro: em horas de crise, o centro é apenas a vanguarda da reação. O Brasil tinha pressa em processar as Reformas de Base, o tempo passava e elas não saíam do papel, dos comícios, dos manifestos progressistas que circulavam diariamente.

Mais uma vez, Juscelino sentiu que era hora de viajar: percebia que o governo marchava para um grave impasse com a sociedade. Fizera o seu dever, mais uma vez. Não lavaria as mãos — gesto que não era de seu feitio —, mas, comprometido com o PSD e com a própria candidatura para 1965, não daria murro em ponta de faca — faca que Brizola brandia pelo rádio, pela imprensa, por todos os lugares onde fazia uma pregação apocalíptica, ameaçando decapitações à gaúcha, pois desta vez ninguém desviaria o Brasil dos rumos progressistas que a reforma agrária desencadearia.

Enquanto Juscelino partia para o exterior, levando na pasta os primeiros esboços de seu programa de candidato — e aproveitaria a viagem, como sempre, para ouvir técnicos e obter a promessa de financiamentos para a agricultura —, o general Amaury Kruel também partia, mas para São Paulo, a fim de assumir o II Exército, peça indispensável ao confronto que se adivinhava pela frente. A esta altura, nem mesmo o governo ignorava as diversas conspirações que se formavam.

Em São Paulo justamente, além de se situar a cabeça da hidra, também se realizara a pregação conspiratória de Mourão Filho, que fora transferido de Santa Maria para a capital paulista num erro tático de comando central. Bem verdade que, nos círculos do poder (e do próprio Exército), Mourão era tido como "pouco certo da cabeça" e por isso não lhe davam muita importância. Em 1961, ficara a favor da legalidade (vale dizer, aceitara como legítima a posse de Goulart), mas a partir de 1962, incentivado em suas orações a Nossa Senhora Aparecida, e vendo aproximar-se sua compulsória (a 9 de maio de 1964), achou que a situação seria propícia a um grande gesto de sua parte: lavaria suas mágoas acumuladas ao longo da carreira, desde que o Plano Cohen lhe fora atribuído por Góes Monteiro.

Nos poucos meses em que ficou na capital paulista, Mourão chegou a montar dois estados-maiores, um civil e outro militar, para desfechar um golpe de surpresa contra o governo. Tudo isso era mais ou menos sabido por todos, mas como não acreditavam na sua capacidade de entusiasmar ou liderar qualquer movimento militar ou civil, o transferiram para a IV Região Militar, sediada em Juiz de Fora. O próprio governo armava o laço que o enforcaria.

Nos meados de 1963 morre João XXIII e o cardeal Montini é eleito para sucedê-lo, sob o nome de Paulo VI. Em julho, João Goulart viaja para Roma, chefiando a delegação brasileira que vai assistir à coroação do novo papa. Era, em certo sentido, uma resposta primária aos que o acusavam de comunista, ou de permitir que o Brasil caísse sob o jugo dos comunistas. Presidente da nação que conta (oficialmente) com o maior número de católicos, nada de mais que Jango sentasse ao lado do rei Balduíno, da Bélgica, nas compridas cerimônias da praça de São Pedro. Juntamente com ele, viajou numerosa comitiva do governo e até mesmo um deputado que lhe fazia violenta oposição: o marechal Juarez Távora. Não deixa de ser estranha a foto da audiência que o novo papa concedeu à delegação brasileira. Juarez Távora ali estava não como deputado ou marechal, mas como católico que aproveitava a boca-livre do governo para uma peregrinação que nunca tivera recursos ou oportunidade de fazer. Ao seu lado, Jango parecia mais do que nunca desajeitado com as pompas do poder — tal como Jânio, ele também desprezava esse tipo de parafernália inerente ao cargo que exercia.

À noite, o embaixador Hugo Gouthier abriu os históricos salões do Palazzo Doria-Pamphili, na Piazza Navona, para um banquete caprichado, com cardeais, ministros, o mundo oficial que se encontrava em Roma. Juscelino também ali se encontrava, mas não comparecera ao banquete.

No dia seguinte, não pôde fugir à intermediação de Gouthier e foi visitar Jango na embaixada. Seria o penúltimo encontro dos dois companheiros de chapa de 1955. O ambiente era festivo e impróprio para uma conversa íntima e profunda. Mesmo assim, Juscelino mais uma vez mostrou seu desagrado pelo tratamento que o PSD — e ele em particular — estava recebendo do governo. Por diversas oportunidades, Abelardo Jurema, já ministro da Justiça e homem do PSD, levara recados de moderação e cautela a Jango. A resposta era a mesma. Com aquele jeito melancólico que revelava nele o homem de fronteira, Jango desabafava: "Estou decepcionado com JK. Dei-lhe meu apoio para o Programa de Metas, desgastando-me com os próprios amigos. E agora, que tanto preciso do apoio dele, para as minhas reformas, só tenho incompreensão e omissão."

Não era bem assim. Em Roma, JK deixou claro que jamais seria omisso em relação aos destinos do país que governara e que pretendia, licitamente, governar mais uma vez. Contudo, sabia que o governo alargava dia a dia o fosso que o separava da sociedade. A piedosa demonstração que Jango dera aos adversários indo à coroação de Paulo VI era inútil para JK. Melhor do que ninguém, ele sabia que Jango não era e jamais seria comunista. Mas em sua inocência, sem definição ideológica, ao sabor das pressões de uma minoria que o rodeava, Jango perdia pouco a pouco o comando do barco.

E foi exatamente isso que JK disse a Jango naquele encontro em Roma. Meses depois, na tarde de 31 de março de 1964, teriam novo encontro, no Palácio das Laranjeiras. Seria muito tarde, então, para vencer a tempestade que desabara sobre a nação e que jogaria os dois líderes na amargura e no exílio.

Capítulo 5

A noite de um dia difícil

Janeiro de 1964 — Prática adquirida no Seminário de Diamantina, onde cursara o ginásio, Juscelino Kubitschek aproveitava o começo de cada ano para fazer um recolhimento espiritual, não exatamente com finalidade religiosa, necessidade mística ou ascética, antes, como um balanço interior de sua vida e de suas possibilidades. Três anos depois de ter transmitido o poder a seu sucessor, e de lutar pela fixação de sua candidatura presidencial para 1965, ele verificava que, aparentemente, tudo ia bem: as pesquisas de opinião continuavam a indicá-lo como preferido do povo. Seu nome era tido, havido, sagrado e consagrado como candidato do PSD — mas agora, ao iniciar-se o ano decisivo para a colocação das peças no tabuleiro da sucessão, ele percebia que sua candidatura se esvaziava, não por culpa das hostilidades do PTB ou governo de João Goulart, muito menos pelas agressões de seus adversários ostensivos e intensivos.

As sucessivas crises do parlamentarismo e a tumultuada estabilização do presidencialismo haviam deslocado os temas nacionais, condicionando a radicalização que a cada dia se tornava mais virulenta. Polarizada entre as Reformas de Base propostas por Jango e a reação comandada pelos setores mais desinibidos da UDN — sempre com Carlos Lacerda radicalizando os radicais —, a sua pregação por um quinquênio dedicado à agricultura, suas sessenta metas esboçadas para promover, no campo, a mesma arrancada que imprimira no setor industrial, suas fórmulas de trabalho, seu estilo otimista e cordial de governo, tudo isso parecia superado pela discussão azeda e ressentida dos grandes temas que se tornavam as coordenadas da política nacional.

Pouco a pouco, ele percebera que continuava no páreo, com grandes chances ainda, mas o debate que daria a tônica da próxima sucessão presidencial seria outro. A rigor, a sua pregação, o seu apostolado pelo desenvolvimento poderiam até parecer uma ingenuidade diante dos fatos novos que se criavam. Não mais se discutia *o quê* devia ser feito, mas *como* devia ser feito. Em sua formação conservadora, em seu temperamento criativo, JK pensava sempre *transitivamente*: seu objetivo era lançar novas bases para a criação de um país grande que já dera impressionante salto em seu desenvolvimento. Desta vez, cuidando do campo, estabelecendo prioridades agrárias e a elas se dedicando apaixonadamente, com o mesmo ímpeto que marcara a sua administração. O importante, para ele, é que o Brasil chegasse lá: na autossuficiência dos bens essenciais agrícolas e industriais. Os meios que usaria para atingir esse objetivo seriam os normais do jogo democrático e liberal.

Teoricamente, poderia parecer um absurdo — não faltaram técnicos e teóricos que garantiram, com substanciosa prova documental, ser impossível a implantação de um sistema de telecomunicações em Brasília, ser impossível o lago Paranoá atingir a cota mil, ser impossível em clima tropical a fabricação de motores de explosão com mais de dois cilindros —, enfim, há sempre uma teoria provando que o besouro não pode voar. JK nunca deixou de ser o menino pobre e descalço de Diamantina: ele *sabia* que os besouros voam.

Para atingir essas novas metas — que os udenistas já acusavam, *a priori*, de serem inflacionárias — Juscelino contava apenas com sua capacidade de trabalho, seu extraordinário poder de motivação, até mesmo um certo carisma pessoal, não o carisma da moralidade estéril, mas um carisma administrativo na base do pé na tábua e fé em Deus ("César vai a bordo!" — gritara Caio Júlio a seus remadores, que temiam atravessar uma tempestade). A bandeira lançada na arena política era outra, agora. Discutia-se à exaustão, não mais os fins em si — sobre os quais todos mais ou menos estavam de acordo —, mas sobre os meios.

Ministro da Justiça de Jango e frequentador assíduo de seus gabinetes, Abelardo Jurema confessaria no exílio: "Até quem não entendia nada de nada, e muito menos de reforma agrária, passou a discutir, nos corredores dos palácios presidenciais, sobre as Reformas de Base e, principalmente, sobre a reforma agrária" (Jurema, 1964).

Tirante algumas dúzias de latifundiários mais empedernidos e um escalão mais ponderável de reacionários que tinham da propriedade rural um conceito feudal, todos estavam relativamente convencidos de que seria necessária uma reforma no campo, abrindo-se um largo espectro de fórmulas e opções que iam da mais radical, feita na marra pela imposição de armas ou de uma legislação armada para tal fim, até a redistribuição de terras razoavelmente utópica dos liberais, mais comprometidos com a estrutura rural que sobrevivia do Império e na qual a República não tocara.

Expressão maior dessa mentalidade rural, o PSD sempre se comportara como um partido do centro. Tornara-se o instrumento mais efetivo da manutenção desse *status quo*, através de suas bases no campo e nos municípios. Em sua cúpula nacional, como partido majoritário que marcava o passo e o compasso da política federal através de seus astutos caciques que traziam uma esperteza (ou sabedoria) pragmática que vinha dos tempos do Estado Novo, o PSD agia muitas vezes com um instinto reformista e conciliatório, aceitação prática de uma dinâmica vulgarizada pelo lema: mudar para ficar.

Por tudo isso, JK sentia que nos próximos dias o PSD teria o seu momento de verdade. A convenção que o indicaria candidato presidencial estava marcada para os meados do ano, mas seria na certa antecipada, pois Ademar de Barros se lançaria nos primeiros meses de 1964, não para vencer a eleição, mas para negociar a sobrevivência de seu partido (o PSP) e a sua própria sobrevivência política. A UDN também se ressentia da polarização ideológica que baixara o astral da época a níveis esquemáticos de um programa de auditório, na base do *sim* ou *não*. Os mais radicais se aglutinavam em torno de Carlos Lacerda, cuja tradicional exaltação já começava a ser superada por correligionários mais à direita. Os moderados, que se autossituavam na centro-esquerda, corriam para Magalhães Pinto. Os três (Ademar, Lacerda e Magalhães) estavam em situação privilegiada para a sucessão, pois detinham o poder estadual em São Paulo, Guanabara e Minas, respectivamente. Separados, eram um páreo duríssimo em termos de sucessão presidencial. Juntos, seriam imbatíveis.

Por sua vez, o PSD ameaçava um racha entre *agressivos* e *conservadores* — esses últimos constituindo estranho pleonasmo na paisagem política do país e do partido. O PTB, bem, esse estava realmente no poder, mas apresentava uma peculiaridade que lhe seria fatal: o presidente do partido acumulava as funções de presidente da República, a coexistência das duas presidências não podia ser pacífica numa personalidade como a de Jango, pacífico por natureza. Como presidente da República, tentava, à sua maneira, exercer um papel moderador inerente a qualquer poder. Como presidente de partido que se tornava mais e mais radical, ele se obrigava a um desempenho que — tal como o parlamentarismo — poderia se classificar de *híbrido*. Mais cedo ou mais tarde, pelo natural processo político que deixara de conduzir e passara a ser por ele conduzido, faria sua opção e falaria não como presidente da República que era, mas como presidente do partido que desejava conquistar o poder para um outro presidente da República que seria ele mesmo.

No Congresso, governo e oposição haviam sido atropelados por dois blocos interpartidários que trocavam, em miúdos, as teorias e práticas esboçadas dentro ou à margem do governo. Tanto a Frente Parlamentar Nacionalista (de esquerda) como a Ação Democrática Parlamentar (de direita) substituíam os partidos tradicionais e faziam eco das duas correntes que dividiam o pensamento político e cultural do Brasil, um tanto anacronicamente.

Com quase dois séculos de atraso, instalava-se no cenário nacional a mesma divisão sumária que cindira a Convenção francesa. Fora da dicotomia esquerda-direita — que transformava o debate político e cultural numa espécie de partida de futebol em que a maioria torce e alguns poucos jogam — qualquer outro tipo de assunto era tido como conversa para boi dormir — hipérbole rural, gostosamente bucólica, que caía em desuso, substituída por nova dicotomia entre *alienados* e *engajados* — por sinal, outro galicismo que tardiamente se incorporava em nossos hábitos culturais.

A 5 de fevereiro de 1964, Juscelino Kubitschek reúne-se, em casa do deputado Cid Carvalho, com alguns parlamentares pessedistas, a fim de ouvir opiniões e traçar uma estratégia partidária visando à campanha eleitoral que se aproximava. Feitas as análises dos últimos movimentos do cenário nacional, JK chegou a conclusões que modificariam, em parte, o seu comportamento essencialmente conservador.

Primeira: concluiu que João Goulart não se definiria tão cedo sobre a próxima sucessão, ou seja, o PSD não poderia contar, a curto prazo, com a dobradinha tradicional feita com o PTB — que seria igualmente imbatível em qualquer eleição.

Segunda: além de não se definir eleitoralmente, João Goulart vivia o drama da radicalização ideológica. Em caso de optar por reformas a qualquer preço, não hesitaria em romper a normalidade constitucional, abrindo-se a perspectiva de sua própria reeleição ou da eleição de Leonel Brizola, impedido de concorrer pelo fato de ser seu cunhado.

Terceira: a radicalização do processo político transferida para o processo eleitoral definiria automaticamente dois polos de atração, sendo um deles, por merecimento e antiguidade, o núcleo lacerdista que podia se expandir de forma inesperada, empolgando até mesmo os setores mais conservadores do centro democrático.

Quarta: essas mesmas conclusões já deviam estar orientando os movimentos de outros candidatos, como Magalhães Pinto, que, através da chamada *tese* de Mílton Campos, sugerira o lançamento de duas pré-candidaturas no seio da UDN, abrindo espaço "para um nome respeitável" e sem a contaminação radical de Lacerda, acusado, entre outras coisas, de assassino de Vargas e demolidor de Jânio.

O caminho que lhe sobrava, então, como candidato pessedista, era o de manter a pregação anterior (desenvolvimento através da agricultura) acrescida de um tom reformista que aglutinasse, em torno de seu nome, todas as forças contrárias à direita radical. Com isso, ele obteria: primeiro, uma possível definição de João Goulart a seu favor; segundo, uma atualização de sua personalidade no cenário nacional. Defenderia as reformas como necessárias à consolidação do regime democrático, pois a opção acenada pelos radicais de esquerda era, na verdade, uma revolução imposta de cima para baixo, tecnicamente um golpe de Estado que interromperia o processo da democracia e das liberdades públicas e individuais.

Depois da reunião, os adversários do PSD e seus próprios adversários diagnosticaram, em seu comportamento, um desvio à esquerda — o que não era exato. Mais tarde, ele diria com simplicidade que tentara reunir, em torno de seu nome, "a direita da esquerda e a esquerda da direita" — uma jogada eminentemente pessedista por sinal. E viável — em tempos normais. No dia 14 de fevereiro, dando início à sua guinada, ele reuniu em Belo Horizonte os dirigentes do PSD para acertar em definitivo a data da convenção nacional

(19 e 20 de março) e proclamar a linha de sua campanha eleitoral, de apoio às reformas do governo, mas em ritual próprio, respeitados os direitos previstos na Constituição. Manifestou-se favorável à legalidade do Partido Comunista, uma vez que alterados os seus estatutos (eliminada a subordinação à Internacional Comunista) não mais existiam os empecilhos constitucionais alegados em 1947. Durante seu governo, não perseguira nem deixara que se perseguisse nenhum comunista. Mas, atolado pela execução de seu programa de metas, não podia consentir que entrasse em discussão um tema paralelo e controvertido.

Retornando a Brasília para a convenção regional do PSD, Juscelino teve nova reunião com a bancada de seu partido, desta vez na casa do deputado Martins Rodrigues. Na presença de 38 deputados, define mais uma vez sua linha eleitoral. Seu programa de governo já está traçado: será a Meta da Agricultura, desdobrável em metas subsidiárias e afins. Mas a tônica da campanha serão as reformas que empolgavam a opinião pública. "O PSD", dizia, "não pode ser reacionário, pois é, em essência, social e democrático". E falando mais francamente: "A tônica de minha campanha será a necessidade de reformas dentro da lei, mas não posso sair pregando reformas por aí sem o total apoio do meu partido. Interessa-me somar outras legendas à minha candidatura, mas não posso esquecer que sou um soldado do PSD."

Definindo-se, JK obrigou o partido a se definir. De estalo, uma ala declarou-se dissidente: a do deputado Armando Falcão, que não admitia nenhum tipo de reforma a não ser aquela que, reformando a Constituição, impedisse qualquer reforma. Ex-lacerdista, ex-juscelinista, Falcão novamente se tornava um ex: ia gravitar em torno de um sol imóvel que é o poder.

Na convenção regional de Brasília, que lançara JK oficialmente à convenção nacional, surgiu a oportunidade de um pronunciamento mais explícito e extenso do candidato. Uma plataforma prévia de governo, centrada e concentrada nos valores democráticos: "A democracia é um sistema de governo a serviço do povo. Seu mais alto patrimônio é a liberdade. Sem direito de ter opinião e de externá-la, ainda quando essa opinião divirja da opinião dominante, não há democracia efetiva, e, sim, um dispositivo de força que só admite a opinião entronizada no poder."

Definiu o seu próximo quinquênio como o da agricultura:

A verdade é que nenhuma das metas do meu programa administrativo deixou de ter conexão, direta ou indireta, com o novo quinquênio que me proponho executar. Quem poderia pensar em expandir essa agricultura sem as novas estradas abertas no meu governo? Sem as barragens que o meu governo construiu? Sem os armazéns e silos que executei? Sem a indústria de fertilizantes que implantei e desenvolvi? Sem o incremento da produção do ferro e do aço? Sem a criação da Sudene para atender ao desenvolvimento do Nordeste? Sem os caminhões e automóveis que trafegam hoje em nossas estradas, ligando as cidades e as zonas rurais? Sem a indústria de tratores?

E enfrentando o desafio das propostas reformistas:

A reforma agrária, de início considerada a bandeira de uma insurreição, já se acha felizmente incorporada ao nosso vocabulário político como reivindicação de todos os partidos. [...] Entretanto, devo reconhecer que ainda temos de escoimar o problema de sua suspeição subversiva, que não pode mais prevalecer em nossa compreensão. A verdade é que, devidamente equacionado, esse problema, longe de atirar um Brasil contra outro, tem por escopo apaziguá-lo.

Enumerou as reformas que encampava: a agrária, a tributária, a bancária, a universitária, a administrativa e a política — em essência, as mesmas de Jango e do PTB, mas em órbita própria:

Com o sentimento da concórdia acima das iras que não constroem. Sempre busquei inspirar-me, em toda a minha vida de homem público, nessa maneira cordial de nossa gente, e estou certo de que nunca deixei de interpretá-la quando excluí de meu espírito o rancor e a represália, buscando construir em vez de destruir. A alegria de querer e de criar, que inspira todas as minhas horas, jamais permitiu que o ódio me acompanhasse nas minhas vigílias ou fosse comigo à minha mesa de trabalho. É com esse espírito que inauguro esta nova jornada. (Oliveira, 1963)

O conceito do brasileiro cordial — que era lugar-comum até 1964, e cuja paternidade é agora negada por todos os que antes a reivindicavam — continuou presente em JK até os últimos dias de sua vida. Lançada num cipoal de metas, programas, reformas e práticas de governo, pode parecer uma referência superficial ou insincera, com finalidade exclusivamente eleitoral. Uma vez mais, JK contrariava na prática os teóricos da sociologia: ele era cordial mesmo, e fizera da cordialidade um estilo próprio, um modo de caminhar pela vida, uma filosofia de administração pública.

Olhado na perspectiva do tempo, é pena que o brasileiro não mais seja cordial, como antes os cientistas sociais o afirmavam. Não importa: JK o foi, de maneira simples, humana e quente. E sendo o homem cordial que nunca fomos, sua maior obra não mais será Brasília, mas a cordialidade que fundou e, mais cedo ou mais tarde, brotará de suas raízes para constituir um perfil nacional do qual estamos nostálgicos, como o doutor Fausto naquele monólogo inicial, que "chorava continuamente os bens que não perdeu".

Como Fausto, também, o doutor João Goulart hesitava em vender seu resto de mandato aos mefistófeles que "construíam ideias distantes da realidade social". A citação não é de Goethe, mas de Abelardo Jurema. E o antigo ministro da Justiça acrescenta em suas recordações daqueles *terribilis dies* que antecederam o movimento militar de 1964: "A responsabilidade maior pelas distorções de Goulart cabe, fora de dúvida, aos incríveis teóricos de seu governo. Ao academicismo. Ao teoricismo."

De início, a contradição fundamental de Jango, segundo um de seus defensores mais sinceros, foi "a tentativa de restabelecer o cálculo econômico e, portanto, manter a continuidade da acumulação capitalista, sem penalizar os trabalhadores", medida que "liquidaria não apenas a política econômico-financeira de Celso Furtado e San Tiago Dantas, mas o próprio regime democrático" (Bandeira, 1977).

Trocando San Tiago e Furtado por assessores passionais de diversas origens, pesos e finalidades, Jango foi pressionado a obter um pacto isolado com a sociedade de forma direta, extraconstitucional. Seu chefe da Casa Militar, general Assis Brasil, garantia que "nunca um governante dispusera de tamanho dispositivo de força". Apoiado nessa força (a única força realmente oculta que ficou ocultada em nossa história), Jango aceitou a sugestão de promover comícios-monstros pelo Brasil afora, despachando (ou legislando) em praça pública, dialogando com o povo os grandes temas nacionais que não conseguia conversar com a classe política.

Aproveitando o recesso parlamentar, e criando um fato novo, uma pressão incontrolável sobre a sessão legislativa de 1964 que se inauguraria a 15 de março, foi marcado o primeiro comício-monstro para 13 de março (de quebra, seria também o único), diante da Central do Brasil, no reduto do maior adversário de Jango e de seus programas de reformas. Acionando seus aparelhos estaduais, Lacerda chegou a tentar várias manobras que impedissem o comício na praça da República, justo na hora de maior movimento do tráfego.

Mas ao lado da Central do Brasil situava-se o então Ministério da Guerra — que não era exatamente um terminal ferroviário, mas funcionava como uma central mais importante, início e fim de muitas viagens pelos acidentados trilhos institucionais. Prevaleceu o mais forte da ocasião, e alguns líderes sindicais, tendo à frente o incansável José Gomes Talarico, cuja fidelidade a Jango se inscreve entre os raros momentos de grandeza daqueles dias, conseguiram reunir uma multidão que os situacionistas calcularam em 300 mil pessoas e os oposicionistas em apenas 50 mil, ficando a diferença por conta dos ânimos que soem ser exaltados inclusive quando se trata de simples detalhe aritmético.

A massa foi reunida de muitas maneiras. Havia, obviamente, uma forte e crescente motivação popular em torno das reformas. Mas alguns órgãos federais e paraestatais contribuíram com gasolina (que era mais barata então) e viaturas, além de volumoso contingente humano. O próprio Lacerda, num gesto infeliz, tentou esvaziar o comício decretando feriado estadual. Com isso, ele esticava o fim de semana, pois o dia 13 era uma sexta-feira. O feriado, chuvoso, não tirou muita gente do Rio e acabou facilitando e engrossando o comício, que teve vários oradores sem importância, mas importantes presenças: os ministros militares, inclusive o general Jair Dantas Ribeiro, que havia garantido, horas antes, a um general que ninguém conhecia, mas que se chamava Artur da Costa e Silva, que não compareceria a um *comício de pelegos*. Presente também a mulher de Jango, Teresa Goulart, uma jovem bonita que nunca tinha ido a nenhum comício e achou tudo "maravilhoso". Miguel Arraes deslocara-se de Recife e era figura de destaque na primeira fila das autoridades. Leonel Brizola chegara a ameaçar a sua ausência, pois brigava ostensivamente com o cunhado presidencial, exigindo o Ministério da Fazenda ou compensação equivalente. Acabou indo, pois pretendia "dizer algumas verdades" a Jango, diante do povo.

Foram todos ovacionados devidamente, mas a figura principal seria mesmo o presidente da República, que abandonava o palácio, "os conchavos de gabinete" e vinha à praça pública, como se candidato fosse, mas com o poder inerente a seu cargo, poder não contestado pelos diversos militares graduados que ali estavam a seu lado, no palanque e (aparentemente) nas posições políticas. Cansado de algumas noites de insônia, preocupado sobretudo com o que "o Brizola vai fazer", e temendo um incidente qualquer provocado pelos lacerdistas (bastaria uma única vítima para virar os acontecimentos contra ou a favor dos rumos de seu governo), João Goulart cumpriu o papel que dele esperavam.

Tanto os aliados como os adversários não ficaram desapontados com o que disse e com o que fez. O que disse ficou mais ou menos no ar — *verba volant*. O que fez foi mais concreto: assinou mensagens que enviaria ao Congresso propondo as suas reformas (nessa altura dos acontecimentos, não se dizia "as reformas do Brasil" mas as "reformas de Goulart"). Em substância, o instrumental de leis do país seria radicalmente modificado através dos seguintes decretos que, simbolicamente, foram assinados pelo povo brasileiro representado pelos 300 mil (ou 50 mil) presentes ao ato: a) *reforma agrária* com emenda do artigo da Constituição que previa a indenização prévia e em dinheiro; b) *reforma política*, com extensão do direito de voto aos analfabetos e praças de pré, segundo a doutrina de que "os alistáveis devem ser elegíveis"; c) *reforma universitária*, assegurando plena liberdade de ensino e abolindo a vitaliciedade de cátedra; d) *reforma da Constituição* para delegação de poderes legislativos ao presidente da República; e) *encampação* das refinarias particulares; e f) *consulta à vontade popular*, através de plebiscitos, para o *referendum* das Reformas de Base.

"É a Revolução!", pensaram alguns teóricos da esquerda, sabendo o que diziam. Tantas e tamanhas reformas, em conjunto, equivaliam a uma transformação global da sociedade, que só seria possível através de um movimento armado que desalojasse privilégios e instaurasse a normalidade nova.

"É a Revolução!", pensaram alguns militares, que haviam sido alertados para os intentos de Goulart de governar à Perón, através de uma República

Sindicalista, com as forças armadas dispersas ou transformadas em milícias partidárias.

"É uma loucura!", disse Juscelino Kubitschek, bem distante da Central do Brasil, na fazenda de seu amigo João Napoleão de Andrade, perto de Sete Lagoas. Para JK, o comício tinha sido um erro e uma tolice. Jango deixara de ser presidente da República para ser apenas um presidente de partido que ambicionava o poder. "Ele passou dos limites! Saiu da legalidade! E a legalidade o sustinha. Vou romper com ele, publicamente. Vou prejudicar minha própria candidatura, mas não me interessa o apoio de Jango nesses termos."

Em Ipanema, na rua Nascimento Silva, um general quase desconhecido perdeu o sono depois de ouvir o comício pelo rádio. Chefe do Estado-Maior das Forças Armadas, o general Humberto de Alencar Castelo Branco acompanhava os movimentos políticos da época, mas o fazia com a cautela que um de seus amigos, o coronel Vernon A. Walters, adido militar da Embaixada dos Estados Unidos, considerava "digna de um membro de Estado-Maior". Alguns militares, inclusive os detonadores da rebelião, achavam que tanta cautela era apenas a clássica posição de "ficar em cima do muro" para ver no que iam dar as coisas. De qualquer forma, Castelo era um militar inteligente e, para os padrões de sua profissão, culto e cultivado.

Depois do comício, começou a esboçar um texto que seria transformado a 20 de março em Instrução Reservada dirigida aos "Exmos. Srs. Generais e demais militares do Estado-Maior do Exército e das Organizações Subordinadas". Não era, ainda, um apelo ao rompimento definitivo das Forças Armadas com o governo. Mas era um sintoma que tinha, entre outros destaques, o de justificar, na prática, o adjetivo encontradiço em pronunciamentos desse tipo: *indormidos*.

Indormido, Castelo Branco gastou parte de sua noite na redação do documento, que é sucinto, bem exposto e, como diria o general Mourão Filho em seu diário, "não chovia nem molhava".

No Laranjeiras, João Goulart chegou esbodegado pelo cansaço e pelas emoções do comício. Vestiu o pijama e declarou à sua mulher: "Estou pregado!" E dormiu.

As Forças Armadas haviam sido apanhadas desprevenidas e dormidas na crise de 1961. A renúncia inesperada de Jânio não deu tempo para articulações de estado-maior, e o veto de Denys, Moss e Heck à posse de Goulart provocaria um racha no III Exército. Em perspectiva histórica e doutrinária, foi uma lição que as Forças Armadas aprenderam. De 1961 em diante as conspirações levavam esse exemplo em consideração: nem mesmo a cúpula militar, sozinha, poderia assumir a responsabilidade de um movimento que não representasse o consenso das tropas. Em 1963, a rebelião dos sargentos verificada em Brasília não deu para motivar um posicionamento militar.

Um sargento, Antônio Garcia Filho, fora eleito deputado federal em 1962, e quase um ano depois o Supremo Tribunal Federal, dando a última palavra sobre o assunto, fizera valer a letra da lei, que impedia a eleição dos praças de pré. Por mais formalista e legal que tenha sido, não deixava de ser uma cassação — e alguns sargentos sediados em Brasília tentaram um motim a 12 de setembro, mas foram convencidos a depor armas, sem danos mais sérios que algumas vidraças partidas junto aos edifícios ministeriais e dois mortos.

João Goulart estava em Pelotas naquele dia, voou para Brasília, mas ali chegando já encontrara a situação controlada pelo ministro da Guerra, Jair Dantas Ribeiro. Diante da manifestação do Supremo, o governo não reabriria a questão. Afinal, a letra da Constituição era clara, e se a discriminação feita pelos constituintes de 1946 contra os sargentos era injustificável, o remédio seria mudar a Constituição.

O próprio Exército não considerou a ocorrência como grave quebra da disciplina hierárquica. Quanto ao governo como um todo, manteve a ordem, mas nem por isso deixou de anotar, entre as reformas que afinal seriam anunciadas no comício do dia 13 de março, a alteração constitucional que viria corrigir a questão. Um subordinado militar, no exercício de cargo legislativo, não é mais ligado hierarquicamente a seus superiores, que são um braço do Poder Executivo, enquanto ele, sargento, cabo ou soldado parlamentar, transforma-se em membro de outro poder, o Legislativo. Não há quebra de hierarquia, também, se um coronel ou major chega a governador de estado e recebe continências de militares hierarquicamente superiores. E, pelo menos antes de 1964, se um civil ocupava a presidência da República, tornava-se chefe das Forças Armadas embora fosse (ou nem fosse) reservista de terceira categoria.

A revolta dos sargentos, em Brasília, não deixou graves ressentimentos, sendo naturalmente absorvida por fatos novos e mais sérios. Mas depois do comício do dia 13 de março, a cabeça da hidra que se encontrava em São Paulo mostrou-se por completo e não apenas botou a cabeça de fora, mas tronco, membros e penduricalhos: no dia 19, promoveu-se a primeira grande Marcha com Deus pela Democracia — e a presença de militares no desfile e na logística da operação foi observada, comentada e até mesmo exagerada por alguns setores desinformados.

Em tempo: esse movimento em São Paulo, bem como vários outros ocorridos na época, recebia substancial ajuda de entidades como o Instituto Brasileiro de Ação Democrática (Ibad) e o Instituto de Pesquisas e Estudos Sociais (Ipes), que eram financiadas inclusive pelo Fundo do Trigo administrado pelo embaixador americano Lincoln Gordon. Em entrevista à imprensa, a 9 de março de 1977, Gordon admitiu que essa contribuição foi "certamente muito mais de um milhão de dólares e eu não ficaria surpreendido se tivesse chegado a 5 milhões de dólares". Esse dinheiro também financiava a Camde — Campanha da Mulher Democrática —, que organizou as duas passeatas em São Paulo e no Rio.

A compacta procissão das famílias paulistas que brandiam os seus terços exorcizava o comício da Central. Outro episódio, que pareceria uma resposta às reformas proclamadas em praça pública, ficou sendo a única manifestação histórica da *ousadia* pessedista: a Convenção Nacional que a 20 de março homologou a candidatura de Juscelino Kubitschek à presidência da República para 1965.

Depois do dia 13, superada a natural revolta que o fizera ameaçar o rompimento com Jango, JK passou da defensiva para a ofensiva na luta que não era mais pela sua candidatura, mas pela solução da grave crise institucional em marcha.

Manteve contatos com Ney Braga e com o ministro Oswaldo Lima Filho, procurou Carvalho Pinto, um dos nomes que Jango mais respeitava e que tentara, como ministro da Fazenda, remediar o irremediável. Desenvolveu intensa peregrinação entre os próprios partidários a fim de obter não apenas a maioria absoluta dos votos na convenção, mas o amplo consenso das forças centristas que se situavam entre o rolo compressor, acionado agora pessoalmente pelo presidente da República, e a escorregadia hidra reacionária que estendia seu informe corpo pelo país, com cabeça, tronco e principais membros localizados em São Paulo e, ultimamente, em Minas.

No dia da marcha, 19 de março, Lacerda deslocara-se para São Paulo e, através de Abreu Sodré, tentou um encontro com Juscelino. Era impossível, então, um encontro físico, como o que mais tarde se realizaria em Lisboa, em condições diversas. Oficialmente, o que veio a público foi uma espécie de *desafio* de Lacerda a JK, desdobrado em seis perguntas em estilo de Inquérito Policial-Militar: o senhor é a favor disso ou daquilo? Aprova ou desaprova essa medida? É contra ou a favor da legalização do Partido Comunista?

No fundo, e através da mediação de amigos ainda comuns, Lacerda procurava armar com algum desespero uma espécie de frente ampla — uma de suas manias por sinal, toda vez que se sentia em perigo. Como qualquer pessoa medianamente informada supunha, haveria em breve um golpe do ou contra o governo e Lacerda precisava defender o seu mandato de governador da Guanabara e a candidatura presidencial para 1965. Sob o aspecto de quem tinha mais a perder, a situação de Lacerda era mais crítica do que a de Juscelino. Em São Paulo, ele se sentia "em casa". Mesmo assim, a reunião de Abreu Sodré com JK não se verificou em São Paulo, mas no Rio, e a resposta de Juscelino foi clara: era candidato do partido majoritário à presidência da República, Jango fora até então um forte aliado eleitoral, o apoio dele ao PSD seria importante para a campanha, mas dispensável. Não contassem com ele para uma conspiração contra o governo. Mas, como cidadão interessado na continuidade do processo democrático, ele estava efetivando contatos políticos e militares a fim de impedir que o próprio Jango, pressionado pelos grupos que o rodeavam e incentivavam, fosse obrigado a dar um golpe.

Além dessa resposta transmitida nos bastidores, publicamente JK respondeu ao IPM de Lacerda dizendo, em substância, o que fora dito a Abreu Sodré, mas sendo bastante explícito em sua posição-chave. Depois de lembrar que sempre se batera pela legalidade (ao contrário de Lacerda, que por diversas vezes pregara golpes abertamente), Juscelino assim encerrou seu recado:

> Não defendo, para a realização dessas reformas estruturais, as soluções apresentadas pela extrema direita, que nada quer reformar, porque não sou reacionário. Mas também não defendo as da extrema esquerda porque não sou comunista. Sou um democrata convicto, sempre o fui, tenho o sentimento da democracia entranhado em mim. Por isso, defendo as soluções democráticas, aquelas que em tantos outros países foram adotadas sem supressão da livre iniciativa e sem o esmagamento das liberdades individuais inerentes à condição humana.

No dia 20, JK é indicado por 2.849 votos dos convencionais do PSD, havendo um voto dado ao marechal Eurico Dutra e 39 abstenções. Apesar da quase unanimidade, a convenção foi tumultuada pelo debate entre *agressivos* e *moderados*. Dias antes, na convenção regional do PTB, no Rio Grande do Sul, a candidatura de JK fora condenada, e o PSD, como um todo, fora considerado um aliado da reação, um *exército* contra as reformas. O que se verificava, afinal, mesmo no seio de Abraão de um partido conservador e cheio de truques, era a extensão dos debates sobre as reformas, já enfocadas então em sua substância ideológica e não como roupagem eleitoral para a próxima campanha. Juscelino percebeu esse novo enfoque e por duas ou três vezes alterou seu discurso oficial. Também ele, provocado pela realidade, pressionado de um lado por Jango que lhe cobrava o apoio dado ao programa de metas, pressionado por Lacerda que desejava "botar em pratos limpos" a momentosa questão *de ser JK comunista ou não*, também ele, afinal, se rendia ao debate e o fazia com a responsabilidade de candidato do partido para o mais alto posto da República.

Seu discurso não podia ser uma peça individual, expressão de sua própria vontade e conveniência. Afinal, não era hora propícia para imitar Jânio Quadros, que pretendera se impor aos partidos. Em linhas gerais, seu pronunciamento foi uma ampliação da plataforma anunciada em Brasília, em 1963. Prioridade absoluta para a agricultura, em ritmo equivalente ou superior ao que imprimira na construção de Brasília e na execução de seu programa de metas. Mas abria um largo espaço às reformas propostas pelo consenso nacional, fazendo uma opção nítida pela solução reformista manifestada pela convenção.

Historiou sua gestão (1955-1960) lembrando que promoveu a revolução industrial brasileira, elevando o índice do crescimento nacional para 197 em base de cem, tendo, no mesmo período e na mesma proporção, levado o Brasil a superar os índices do Japão (179), URSS e México (134), França (133) e Alemanha Ocidental (126). "O Brasil teve, portanto, o maior crescimento do mundo naquela época." Aos que o acusavam de ter inflacionado o país, ele lembrou os 200 mil empregos que criou em 11 fábricas de veículos, em 12 estaleiros e em 1,3 mil oficinas de autopeças. "Para realizar esse progresso emiti 136 bilhões de cruzeiros mas somente a crise de agosto de 1961 forçou a emissão de 146 bilhões de cruzeiros."

Defendeu a reforma agrária nos moldes preconizados pelos pronunciamentos de João XXIII e Paulo VI, nas encíclicas *Mater et Magistra*, *Populorum*

Progressio e *Pacem in Terris*. Descreveu a reforma agrária não como instrumento de luta política, mas como decorrência da necessidade de ampliar o mercado de trabalho e estabelecer a justiça social.

Não precisava das lições de democracia e liberdade de quem quer que fosse e admitiu uma radicalização pessoal: a da luta em defesa das instituições e dos direitos humanos. Com a reforma agrária "marcharemos para a racionalização da agricultura, complemento indispensável da industrialização do país, e nos prepararemos para a grande procura de alimentos, inevitável nos próximos anos com o aumento da população". E ao lema proposto por alguns pessedistas (*estagnação ou revolução*), JK reafirmou sua mensagem de sempre: *progresso e liberdade*.

O fim de março se aproximava. A última semana do mês seria de recesso: a Páscoa cairia no dia 29. A partir do dia 25, quarta-feira Santa, o país na certa pararia — e a crise também. O santificado hiato faria bem a todos. Membros do próprio governo, como Jango e Jurema, partiriam para descansar em fazendas de amigos. Diversos dispositivos militares estavam em alerta para desfechar um movimento, alguns contra, outros a favor do governo. Estes, porém, limitavam-se a uma ficção na qual Jango e Brizola acreditavam.

De Juiz de Fora, em companhia de sua mulher, Mourão foi visitar igrejas em Ouro Preto. Magalhães, mais esperto do que os demais, fazia articulações, afinal todos os dias são santos, dias do Senhor, e ele não iria parar por causa de uma Semana Santa.

Lacerda fora informado de uma pequena agitação na Marinha, mas parecia assunto menor, marinheiros que desejavam se vestir à paisana quando não mais estivessem em serviço.

Na Barra da Tijuca, uma equipe dirigida por Glauber Rocha tomava as últimas cenas de *Deus e o diabo na terra do sol* — mar virando sertão, sertão virando mar. Brigitte Bardot passeava pelas praias de Búzios.

Os grupinhos de jovens, que começavam a assumir uma outra espécie do poder, ouviam o mais espantoso fenômeno musical da época: os Beatles, uns rapazes de Liverpool que, agrupados num conjunto de rock, cantavam *A Hard Day's Night*.

Começava a noite de um dia muito difícil.

Capítulo 6

O movimento militar

31 DE MARÇO DE 1964 — Um clássico da ficção policial (muito divulgado pelo cinema em várias versões) foi repetido na vida real e em escala coletiva. Na ficção, um homem é jurado de morte por dois grupos que se ignoram. Quando o segundo grupo chega ao local para matar a vítima, esta já foi assassinada pelo primeiro grupo. Num caso desses, a impunidade se torna fácil para ambos os grupos. No caso da vida real, que ocorreu na movediça data de 31 de março e 1º de abril de 1964, os grupos não estavam interessados na impunidade, mas na responsabilidade exclusiva pela ação. Evidente que acabaram chegando a um acordo que desse glória a todos, e esse acordo teve nomes como Revolução de 1964 e Movimento Militar de 1964 — este mais exato do ponto de vista científico e histórico. Houve outros nomes ainda, alguns elegíacos, outros pejorativos, mas, além dos nomes, importam os fatos.

No dia 23 de março, segunda-feira da Semana Santa, o general Jair Dantas Ribeiro, ministro da Guerra de Jango, se interna às pressas no Hospital dos Servidores do Estado, uma crise renal que se complicaria a ponto de impedi-lo, na prática, de dar cobertura militar ao governo em crise. Ninguém ficou assustado, pois os feriados que vinham pela frente na certa abririam uma trégua na batalha que se travava não com armas ainda, mas com palavras, palavras e palavras.

Inesperadamente, uma questão interna e menor da Marinha provocaria um episódio que apanharia o governo desprevenido, ou melhor, prevenido demais, porém do lado errado — o que era o pior que lhe podia acontecer.

A Associação dos Cabos e Marinheiros, entidade que se preparava para comemorar o segundo aniversário de sua fundação, apresentara algumas reivindicações não ideológicas, como: o direito de os marinheiros vestirem roupas civis quando não estivessem em serviço, o de poderem casar sem licença especial de seus superiores, além de outras miudezas da classe. Na noite de 26 para 27 de março, quinta e sexta-feira santas, eles se reuniram em assembleia permanente na sede do Sindicato dos Metalúrgicos, na rua Ana Néri, no Rio. Apesar de não estarem armados, os marinheiros assim reunidos contrariavam os regulamentos disciplinares da Marinha. Liderada pelo cabo Anselmo, ex--universitário que mais tarde seria identificado ideologicamente pela efetiva participação na cilada e na morte de seus antigos companheiros, a marujada abria violenta crise na mais conservadora das armas e, de quebra, desafiava o governo como um todo, obrigando-o a tomar posição contra a hierarquia militar. Depois de acionar os dispositivos normais para impedir a indisciplina, o almirante Silvio Mota verificou que não mais tinha condições de liderar a Marinha: os fuzileiros navais, comandados pelo almirante Cândido Aragão, recusaram-se a desalojar seus colegas e com eles se solidarizaram.

Vindo às pressas do Sul, onde fora passar os dias santificados, Jango encontrou uma situação pouco santificada. Teve de aceitar o pedido de demissão de seu ministro da Marinha, nomeando, para substituí-lo, um velho almirante, Paulo Mário da Cunha Rodrigues, que presidia o Tribunal Marítimo e já não tinha idade, vigor nem discernimento para debelar qualquer crise.

Pressionado pelos líderes sindicais — que passaram em casa os feriados da Semana Santa, comendo a doméstica bacalhoada de praxe —, Jango sentia que não podia perder o apoio da marujada, pois já perdera há muito o respeito do almirantado.

Soltos por ordem do governo, os marinheiros fizeram uma passeata pela cidade, rezaram contritamente diante da Candelária, depois foram comemorar a vitória nas imediações da praça Mauá — porto de Odessa dos amotinados do Potemkin caboclo.

No sábado, a 200 quilômetros da praça Mauá, no aeroporto de Juiz de Fora, desceu um pequeno avião trazendo o governador de Minas, José de Magalhães Pinto, e o coronel José Geraldo, comandante da sua Polícia Militar.

Ali mesmo, à vista de muita gente que aproveitava o feriado para passear pelas redondezas, é realizada a checagem final do principal dispositivo conspiratório: Mourão Filho, Odylio Denys e os dois viajantes examinam o mapa que é desdobrado sobre a grama do aeroporto. Concordam no objetivo principal: "Jango precisa ser deposto e a ocasião é essa."

Discordam na tática a ser empregada. Magalhães deseja romper com o governo federal, levantando Minas através de suas tropas estaduais e federais, mas seu objetivo é fechar o estado, a fim de negociar. Mourão Filho fica irritado: fechar *para quê* e negociar *o quê*? Há muito que suas tropas estavam "sobre rodas" a fim de descerem pela Estrada União-Indústria, até a praça da República, no Rio, onde se localizava o Ministério da Guerra. Ele não preparara seus soldados para abrir trincheiras defensivas. E, além do mais, Mourão não compreendia o que se pretendia negociar.

Em sua ingenuidade política, ignorava que Magalhães já tomara as providências de ordem interna e externa para inclusive obter, dos Estados Unidos, o reconhecimento do estado de beligerância: e, já tendo obtido a adesão do governo do Espírito Santo, ele disporia até mesmo do porto de Vitória para exportar e importar. Se a confusão armada há tantos meses por Mourão não desse certo, Magalhães teria alternativas, poderia ser reconhecido presidente de um novo país, com ajuda externa garantida pela esquadra americana que, ao largo, recebera ordens do Departamento de Estado para só intervir nos acontecimentos internos se a resistência de Goulart ameaçasse ultrapassar 72 horas.

Profissional hábil e responsável, mineiramente seguro, Magalhães não descuidara da retaguarda e unira Minas politicamente, trazendo o pessedista José Maria Alkmin para um secretariado que tinha gabarito de ministério: Afonso Arinos, Mílton Campos, Gustavo Capanema, chumbo grosso "contra a pelegada que rodeia o Jango" — segundo expressão do próprio Alkmin.

Mourão ignorava essas e muitas outras coisas naqueles dias. De qualquer forma, sua disposição pioneira seria absorvida pelos demais dispositivos conspiratórios — foi a sugestão de Odylio Denys, que, embora preferisse outro esquema militar, rendia-se à evidência. Minas se levantaria contra Goulart mas isso não bastava. Qual seria a atitude de São Paulo, cujo II Exército era comandado por Amaury Kruel, amigo e compadre de Jango?

— Sem Kruel — havia dito Odylio — não haverá revolução.

Repetia, talvez sem saber, o que o chefe do Estado-Maior das Forças Armadas, general Castelo Branco, havia dito a 19 de março a alguns amigos que o foram procurar a fim de beber-lhe as luzes revolucionárias: "Em Estado-maior", respondera Castelo, "calcula-se e aceita-se o risco, não a aventura. O movimento sem Kruel é uma aventura."

Ao saber que os marinheiros haviam provocado uma crise, Juscelino Kubitschek deixou o sítio de amigos, em Araras, onde pretendera passar os feriados da Semana Santa. No domingo de Páscoa, 29 de março, ele visita o mais discretamente possível o general Jair Dantas Ribeiro, ministro da Guerra internado no HSE. As visitas estavam proibidas e haviam montado forte esquema de segurança em torno do doente. Mesmo assim, a Central Intelligence Agency conseguiu se infiltrar dentro do quarto, e, através de um agente, ouviu a conversa entre JK e Jair Dantas Ribeiro, sendo a mesma objeto de um comunicado que se encontra à disposição dos interessados na Lyndon Bainey Johnson Library.*

Juscelino queria evitar qualquer aproximação com Goulart, mas, diante da gravidade dos fatos que se atropelavam, julgou de seu dever procurar a autoridade mais responsável do governo — no caso, o ministro da Guerra — a fim de transmitir-lhe a experiência pessoal em crises iguais e, ao mesmo tempo, fazer um apelo no sentido do imediato retorno à normalidade política. JK sabia que o estado de saúde do ministro ainda não era grave, tanto que não se cogitara de passar a pasta a um substituto. E foi justamente por aí que o diálogo se desenrolou: Juscelino fez ver a Jair que Goulart perdera o controle da situação, estava cercado de esquerdistas e comunistas e "não voltaria atrás". A única possibilidade de evitar o desastre seria a permanência de Jair, um anticomunista notório, no ministério; caso contrário, o caos.

O general ouviu JK sem susto: ele não pretendia deixar o ministério, o problema com sua saúde estava contornado, mais alguns dias de hospital apenas; mesmo assim o resguardo não o impediria de continuar despachando; o general Morais Âncora era-lhe fiel, montara na sala ao lado do seu quarto de doente uma espécie de gabinete provisório; dali o Exército estava sendo con-

---

* Na primeira edição de *O beijo da morte* consta a transcrição, em inglês, do informe que a CIA mandou para Washington sobre o encontro sigiloso de JK com o general Jair Dantas Ribeiro, na suíte do HSE, cujo acesso estava proibido pelos militares. O documento é uma das provas de que toda a crise de abril de 1964 foi monitorada em seus mínimos detalhes pelo órgão do governo norte-americano. (N. do A.)

trolado. Em hipótese alguma Goulart daria um golpe nas instituições — garantiu o ministro.

Juscelino deixou o hospital desanimado. Não podia insistir, levar às últimas consequências sua pressão ditada pelos temores de uma violenta crise. Afinal, encontrara o general tombado num leito de hospital, não se tratava de uma doença tática, muito comum em horas convulsionadas. Nem podia exigir que um doente se erguesse da cama e fosse para a rua, impedir que o governo se tornasse comunista ou fosse deposto. As duas hipóteses não eram de seu agrado.

No dia seguinte, 30 de março, assistiu pela televisão à transmissão do discurso de João Goulart no Automóvel Clube, Rio, uma homenagem que suboficiais e sargentos das três Armas prestavam ao *presidente das reformas* e não ao presidente da República. Examinado a distância, o que Jango falou naquela assembleia não foi tão subversivo assim. Pelo menos, nada que se comparasse ao ferro e ao fogo do comício de 17 dias atrás. Mas só o fato de o presidente ignorar a fogueira que lhe queimava os pés revelava que a crise teria desdobramentos imediatos e progressivamente mais graves.

Jango citou as encíclicas sociais de João XXIII (e ninguém acreditou que ele as tivesse lido). Fez referências ao dinheiro grosso do Ibad que vinha "macular a pureza de nossas instituições cristãs e do sentimento religioso dos nossos filhos". Contudo, foi bastante claro em fazer o tal apelo que dele tanto cobravam, e suas palavras, lidas hoje sem paixão, mostram que Jango não incendiou a reunião dos sargentos. O país já estava incendiado, com ou sem a sua ida ao Automóvel Clube. Palavras de Jango na véspera de sua deposição:

> O meu apelo é para que os sargentos brasileiros continuem cada vez mais unidos, cada vez mais disciplinados, naquela disciplina consciente, fundada no respeito recíproco entre comandantes e comandados. Que respeitem a hierarquia legal, que se mantenham cada vez mais coesos dentro das suas unidades e fiéis aos princípios básicos da disciplina.

Teoricamente, não poderia ter escolhido palavras melhores para atender àqueles que dele exigiam uma demonstração de respeito à disciplina e à hierarquia dos militares. Mas, como geralmente acontece quando há briga, depois de dado momento as palavras não servem para nada, ninguém as ouve, ou só ouve aquilo que quer. Certo, João Goulart voltou a falar nas reformas, denunciou a infiltração de capitais externos interessados em manter o país na estagnação, deu nome aos bois mencionando até mesmo "o dinheiro miúdo" que financiava a gigantesca onda contra seu governo — e nesse dinheiro miúdo arrolou proprietários de imóveis e laboratórios estrangeiros. Enfim — como diria Eça de Queirós — fê-la boa.

No dia seguinte, 31, JK telefonou às sete horas da manhã para o Palácio das Laranjeiras. Recebeu a informação de que Jango não pernoitara ali. Conforme depoimento prestado em 5 de julho de 1975 a Hélio Silva e Maria Cecília Ribas, Juscelino notava que João Goulart há muitos meses evitava qualquer contato com ele. Na verdade, desde julho de 1963 os dois não se avistavam, sendo o último encontro muito formal, na Embaixada do Brasil em Roma, por ocasião da coroação de Paulo VI. Diz JK: "Jango evitava a minha presença porque estava contra a minha candidatura de 1965." Mal desligou o telefone, Juscelino sentiu revolta contra a atitude do seu antigo aliado de tantas campanhas e insistiu novamente. Atendeu-o um empregado do palácio que o conhecia, era do tempo dele, e JK intimou-o na base da antiga autoridade: "Olha, é assunto urgente, eu quero me comunicar com alguém da Casa Civil ou Militar, preciso falar com Jango de qualquer maneira ainda hoje!"

Cinco minutos depois, uma ligação do Laranjeiras para JK; na pressa, ele entende que é o coronel Feio (na verdade, o general Fico), do Comando Militar de Brasília. "Olha, aqui fala o senador Juscelino Kubitschek, peça a Jango que ele me ligue logo que se levante!" Dez minutos depois, Jango está ao telefone. Juscelino confessa a irritação que o discurso da véspera lhe causara, mas Jango avisa que precisa sair, quer visitar o general Jair Dantas Ribeiro no HSE, mais tarde ele telefonaria. JK diz que não é preciso, só desejava alertá-lo sobre o abismo que cavara para si mesmo. E bate com o telefone rispidamente.

Quarenta minutos mais tarde, José Maria Alkmin liga para a casa de Juscelino:

— Você sabe que a revolução está na rua?

— Não... mas que revolução? A de vocês aí?

— A revolução nossa e do Exército — informa Alkmin. — A tropa de Juiz de Fora já saiu, de modo que o movimento já começou.

— Mas a que horas começou isso, Alkmin?

— Às quatro da manhã!

— É incrível, Alkmin, eu conversei com o Jango às sete e meia e ele não sabia de nada!

E Alkmin desliga, dizendo que também ia se botar na estrada para chegar ao Rio a tempo de ver e prover as coisas. Afinal, a revolução era dele também.

Sozinho, JK pensou que havia loucura em tudo aquilo. Um exército se deslocando para o Rio desde as quatro horas e o presidente na cama, indo ao hospital para uma visita de cortesia — era absurdo. Mas sua casa começou a receber gente, gente de todos os partidos, origens e intenções, e todos sabiam o que Jango não sabia. "Bem", pensou JK, "a essa altura da manhã Jango já foi informado e tomou alguma atitude!" Às quatro horas da tarde o telefone toca. Era Jango, pedindo que JK desse um pulo no Laranjeiras.

> Eu raciocinei — continua Juscelino em seu depoimento — e vi que Jango estava perdido. Mas se deixasse de ir, poderia parecer medo de minha parte. Cheguei ao Laranjeiras e achei o palácio abandonado, muito pouca gente, já era um sintoma. Entrei, levaram-me diretamente para cima e me introduziram no quarto de Jango. Sentou numa cama, eu sentei noutra e ele começou a falar: "Esse movimento que explodiu em Minas será debelado prontamente, esse manifesto do Mourão (eu não tinha lido ainda o manifesto lançado pelo Mourão) será destruído pelas tropas fiéis ao governo. Amanhã tudo isso estará terminado."

Juscelino disse a Jango que a solução da crise não seria tão fácil. Até atingir Minas, desfazer os elos da conspiração, arrumar novamente a situação, tudo isso levaria mais de um mês. "Enquanto isso, o resto do país pega fogo." E acrescentou:

> Você me chamou e eu vim pensando no conselho que lhe devia dar. Acho que deve lançar imediatamente dois manifestos. Um para as Forças Armadas, garantindo que vai restabelecer integralmente a hierarquia, avocando inclusive aquele problema dos marinheiros. O outro manifesto seria à nação, dizendo que repudia integralmente o comunismo.

De cabeça baixa, resignado, Jango admitiu: "Não posso fazer isso, Juscelino. Daria a impressão de que estou com medo, e um chefe que revela medo não pode comandar coisa alguma!" JK ainda argumentou: "Durante o meu governo, durante a minha vida, adotei uma filosofia básica: não tenho compromisso com o erro. Se errei, devo voltar atrás. Você está errado, Jango, ou volta atrás ou não terá salvação!" "Acabei de falar isso", prossegue o depoimento de JK, "e o telefone tocou. Era dona Maria Teresa Goulart que o chamava de Brasília. Eu estava dentro do quarto de Jango, não podia ficar ali escutando a conversa."

Despediu-se e voltou à sua casa, em Ipanema.

Pouco depois, o general Pery Bevilacqua lhe telefona. Diz que estava no palácio, vira JK passar pelo corredor, mas este não o notara. Também ele falara com Jango e desejava uma confirmação. JK relatou-lhe o encontro e Pery fez o mesmo, sendo que, de sua parte, sugerira apenas um único manifesto que repudiasse o comunismo e restabelecesse a disciplina nas Forças Armadas. A resposta de Jango fora a mesma.

Juscelino conclui: "Bem, general, então Jango está deposto."

Pery ainda duvidou, havia outras coordenadas na questão. Minas descera em direção ao Rio, mas havia São Paulo, sem São Paulo não haveria deposição. O que ambos não sabiam, àquela hora da tarde do dia 31, é que Kruel também conversara com Jango, fora mais explícito, pedira que o presidente se liberasse de todos os compromissos com as lideranças sindicais, citou nomes, falou no CGT (Comando Geral dos Trabalhadores) e no PUA (Pacto de Unidade e Ação), mais claro não podia ser. Bastava uma palavra de Jango, e Kruel, em menos de 12 horas, faria as tropas de Mourão Filho recuarem até Juiz de Fora. Tudo terminaria bem para o governo.

João Goulart teria tido um momento de lucidez:

— Mas que governo, general?

E acrescentara, com tristeza:

— Não posso abandonar meus companheiros agora.

Kruel foi rápido:

— Então, presidente, sou obrigado a descer com minhas tropas para o vale do Paraíba...

Ainda nesse dia, Jango diria a Abelardo Jurema, seu ministro da Justiça, o qual já estava desorientado, sem informações a dar e sem ninguém que lhe desse informações:

— Não sei como o Juscelino ainda quer isso aqui...

Segundo o embaixador dos Estados Unidos, Lincoln Gordon, em entrevista a *O Estado de S. Paulo*, o movimento de 64 no Brasil deveria ser incluído "entre os acontecimentos mais importantes para o Ocidente, lado a lado do Plano Marshall, o bloqueio de Berlim e a derrota dos comunistas na Coreia" (apud Viana Filho, 1975). Tamanha glória teve lances bastante confusos do ponto de vista militar, embora, sob o ângulo político, as Forças Armadas funcionassem afinal como uma frente ampla coligada especificamente para depor o governo de João Goulart. O chassi do movimento militar montou-se em Juiz de Fora, sob a denominação de Operação Popeye, nome dado pelo próprio Mourão "em homenagem" a seu cachimbo. No lado paulista, a mesma operação tinha a senha "a criança vai nascer" ou, ainda, "a procissão saiu às ruas". Segundo Vernon A. Walters, adido militar da embaixada dos Estados Unidos, a operação que envolvia inúmeros agentes espalhados pelo Brasil e a esquadra americana que daria apoio aos revoltosos, caso o governo Goulart resistisse por mais de 72 horas, tinha o codinome de *Brother Sam*. Mas um pacato morador de Três Rios, que vinha no seu caminhão de Areal, quando viu aquela confusão de viaturas na Estrada União-Indústria, condensou todos os nomes e códigos para sua mulher: "Tá tudo engarrafado, parece que o trem do leite descarrilhou."

Mourão não saiu com suas tropas: inicialmente ficou na retaguarda, até que a vanguarda, comandada pelo general Muricy, que fora convocado a Juiz de Fora pelo marechal Denys, atingisse a ponte que atravessa o rio Paraibuna, divisa natural de Minas com o estado do Rio. Muricy ali deveria estacionar, aguardando o apoio de São Paulo (pelo rádio, não pela estrada). Contudo, Muricy ultrapassou a ponte e foi parar em Três Rios, onde finalmente Mourão assumiria a vanguarda. O ministro da Guerra interino, Morais Âncora, já enviara uma tropa legalista comandada pelo general Luís Tavares Cunha Melo, cuja vanguarda estacionou em Areal. Assim posicionados, os dois contingentes ganharam tempo e espaço para assuntar — o primeiro tiro podia realmente começar uma guerra civil que, no fundo, ninguém desejava.

A legalidade se rompera desde que as tropas de Mourão ultrapassaram o Paraibuna, invadindo área que não pertencia à IV Região Militar. Há sempre um rio nessas horas, desde os tempos de César há uma divisa moral (ou hidrográfica) que marca o limite da consciência de cada general que tenta um golpe de Estado, seja um rio que pode ser atravessado a pé em certos trechos, como o Rubicão, seja mais profundo e largo como o Paraibuna, que no trecho em questão oferecia aos revoltosos sólida ponte integrada ao sistema viário do DNER.

A partir do momento em que Muricy atravessou aquela ponte, a guerra civil ainda podia ser evitada (como de fato o foi), mas não a sedição militar. Em Três Rios e Areal, pacatos burgos à margem da União-Indústria, as tropas de Cunha Melo e Muricy cometeram aquela feia ação que o general Mourão Filho tanto detestava: negociaram. Negociaram bem, por sinal: não haveria derramamento de sangue, os soldados de Cunha Melo confraternizaram com os de Mourão e, juntos, cumpriram o restante do roteiro turístico que inclui Pedro do Rio, Itaipava, Correias, Petrópolis, ganharam a Baixada e seguiram sem tropeços até o Rio.

Do lado paulista, a situação era mais tensa. A cabeça da hidra era boa de conchavo, mas fraca de ações — em 1932 tivera amarga experiência revolucionária. Kruel custou a aderir aos rebeldes e quando o fez descobriu que não dispunha de viaturas em condições de transportar suas tropas. Recebeu então a abnegada colaboração de empresas privadas e conseguiu deslocar parte de seus soldados, já sabendo de antemão que não haveria combate algum, "a menos que ocorresse um imprevisto". Avançou até Resende, onde ficara adrede combinada a mediação do general Emílio G. Médici, comandante da Academia Militar das Agulhas Negras. Para o mesmo local se dirigia o general Morais Âncora, que saíra do Rio com a incumbência de deter o avanço das tropas de Kruel. A localização da Academia Militar era providencial, *nel mezzo del cammin* e com a vantagem suplementar de confortável rodovia. Ao contrário da tortuosa e esburacada União-Indústria, terreno onde Mourão se movimentaria, a Rio-São Paulo tinha até a conveniência de ser duplicada, dispondo de mão e contramão para facilitar o tráfego de revolucionários e contrarrevolucionários.

Ao deixar o Rio, Morais Âncora era ministro da Guerra interino, mas durante o trajeto perdera o cargo, pois o general Artur da Costa e Silva assumira o Ministério da Guerra (por antiguidade no almanaque militar) e mandara um rádio pedindo que avisassem a Âncora que o movimento terminara. Segundo os entendidos, as tropas ditas legalistas eram bem superiores às de Kruel. Do ponto de vista técnico, a resistência do governo Goulart poderia ser tentada com ampla perspectiva de vitória. Mas as Forças Armadas estavam, realmente, coesas: ninguém iria morrer nem matar para salvar um governo que já não era mais.

No Rio, houve pânico, exaltação e valentia por parte do governador Carlos Lacerda, que se entrincheirou no Palácio Guanabara com uma turma de amigos e desconhecidos que se ofereceram para o sacrifício. Durante algumas horas sua posição foi crítica, pois os tanques que estavam no Laranjeiras podiam marchar contra o Guanabara — a distância entre os dois palácios, em linha reta, não chega a um quilômetro. Mas tudo terminou bem: quando afinal apareceram dois tanques do I Exército e a turma do Guanabara pensou que ia ser massacrada, descobriu-se que as duas peças blindadas não vinham atacar mas defender Lacerda.

Mesmo assim, temendo uma investida dos fuzileiros navais comandados pelo almirante Aragão, volta e meia Lacerda ocupava um microfone que tinha alto-falantes espalhados pelos jardins do palácio, fazia apelos de luta: "Aragão, covarde e incestuoso, deixe seus soldados e venha decidir comigo essa parada!" Além de querer decidir a revolução no pau, no duelo pessoal, na justa medieval entre dois duques de campos opostos, Lacerda trazia à confusão uma herança dos clássicos e clamava por Aragão sem esquecer seus tempos panfletários, acusando-o de incestuoso numa hora daquelas. Um personagem de Shakespeare perdido na rua Pinheiro Machado.

O fato é que Aragão não apareceu, nem para decidir a parada pessoalmente com Lacerda nem para se defender da acusação de incesto bradada pelo governador sitiado. De resto, a história não se preocupou até agora em apurar esse detalhe marginal dos eventos de 1964.

Por volta das dez horas da manhã, sentindo que nada mais tinha a fazer no Rio, João Goulart partiu para Brasília. Lá chegando, descobriu que também não tinha mais governo. Houve dramáticos apelos à resistência, mas Goulart preferiu embarcar para Porto Alegre, onde foi recebido por meia dúzia de soldados que lhe prestaram a guarda regulamentar. Ali se reuniu com Brizola, que desejava a resistência a qualquer preço — bastava uma palavra de Jango e o movimento militar se transformaria realmente em guerra civil. Mas Jango era homem pacífico e derrotado. A nação lhe ficou devendo esse gesto de prudência. Se resistisse, poderia retornar ao poder na crista de uma verdadeira revolução, faria suas reformas sem dar satisfações a nenhum congresso. Sua índole não era guerreira, pelo contrário, governava com certo tédio, nostálgico de seus campos, de suas invernadas, de seu gado. Cumprira o seu papel dentro das escassas possibilidades de um homem introvertido, inseguro, tímido, levado pelos acontecimentos.

Certo que, diante do povo, ao contato com as massas, ele se transformava, tinha no sangue o carisma do caudilho de fronteira. Fizera o impossível para se manter no poder, não faria o absurdo. No dia seguinte partiria para o Uruguai, iniciando um comprido exílio que o amargurou e devastou seu rosto, tornando-o vincado, sofrido, velho. Só retornou à sua terra anos depois, morto.

O aspecto negativo de seu governo prevalecerá por algum tempo ainda, mas os historiadores já começam a suspeitar que ele foi deposto mais pelas suas qualidades do que por seus defeitos. Não teve comando para domar seus assessores mais radicais, atolou-se fundamente num oceano de contradições em seu comportamento político e humano. Mas criou a Eletrobrás que Getúlio Vargas arrolou na carta-testamento como uma empresa "obstaculizada até o desespero". Iniciou os estudos para a construção de uma gigantesca usina, aproveitando o potencial do rio Paraná — e Itaipu forneceria os 12 milhões de kW necessários ao progresso do país. Incentivou a Vale do Rio Doce a construir o porto de Tubarão, no Espírito Santo, e negociou com a Iugoslávia um acordo que ampliaria o nosso parque siderúrgico. Deu continuidade e inaugurou a Usiminas, a Cosipa e a Ferro e Aço de Vitória. Embrulhado em tantos problemas de ordem institucional, embrulhado em suas próprias contradições de classe, ele governou vegetativamente, poderia ter feito muito e mais se a pressa das esquerdas em aproveitar o vento da história não o tivesse escolhido para um papel que, pessoalmente, ele dispensava e, no fundo, desprezava.

Em Brasília, auxiliares mais diretos e comprometidos com a situação que se esfacelava tentaram uma resistência, tornada simbólica pela falta de armas e planos. Em Recife, o governador Miguel Arraes recusou-se a deixar o Palácio das Princesas. Não renunciaria. O general Justino Alves Bastos, comandante da região, mandou emissários parlamentarem com o chefe do governo pernambucano, cercou o palácio com suas tropas e quando achou que Arraes exagerava na resistência mandou dois oficiais (os majores Hélio Ibiapina e Antônio Bandeira) "lá dentro", para prenderem o governador. Arraes foi confinado em Fernando de Noronha, juntamente com outro governador, Seixas

Dória, de Sergipe. Ambos resistiram ao movimento, mas pacificamente, sem apelar para as armas — que talvez não fossem bastantes para assegurar o poder que perdiam. Tirante casos menores e isolados, as autoridades mais responsáveis de lado a lado evitaram distribuir armas indiscriminadamente e a medida evitou combates que seriam inúteis àquela hora.

Pouco depois da meia-noite do dia 1o de abril, apesar de ter recebido um ofício do ex-chefe da Casa Civil, Darcy Ribeiro, comunicando ao Congresso que o presidente da República se achava em território nacional, a caminho do Rio Grande do Sul, o presidente do Senado, Auro de Moura Andrade, que fora previamente derrubado por Goulart da chefia de um governo no regime parlamentarista, tomou a iniciativa de declarar vaga a presidência da República, e, na forma da lei, convocou o presidente da Câmara, Ranieri Mazzilli, para assumir o governo. Acompanhado de alguns deputados, Mazzilli dirigiu-se ao Palácio do Planalto, sede do governo. Estava fechado e às escuras. A caravana teve de entrar pela garagem.

Conta Luís Viana Filho, em seu livro sobre o governo Castelo Branco, que nenhum empregado do palácio foi encontrado para acender as luzes, nem havia ninguém que soubesse onde ficavam os registros elétricos. A turma ia acendendo fósforos e isqueiros, à medida que avançava até o gabinete presidencial. Um historiador parcial dos acontecimentos poderia classificar aquela forma de tomar o poder como um assalto, mas tudo era legal, ali estava o presidente da Câmara, que fora convocado pelo presidente do Congresso para assumir a presidência vaga da nação. Conta ainda Luís Viana Filho que, ao acender um dos fósforos, no meio dos deputados brasileiros que acompanhavam Mazzilli, descobriu "um jovem secretário da embaixada americana — Robert Bentley" (Viana Filho, 1975, p. 46).

Só não houve mais confusão porque era impossível haver situação mais confusa. O governo caíra sem resistência, os revoltosos tinham esboçado estratégias e táticas para combates que não se verificaram, os mais otimistas esperavam que os movimentos de tropas durassem até 48 horas, enquanto isso haveria tempo para o tabuleiro melhor se arrumar. Mas, apanhados de surpresa, militares e civis que vinham conspirando há tanto tempo não tiveram tempo para muitas reuniões. A decisão de Moura Andrade, declarando vaga a presidência, dera continuidade legal ao país, mas todos sabiam que a posse de Mazzilli não era para valer e muito menos para durar.

O movimento militar

Se fosse obedecida a tradição dos fastos guerreiros, ao vencedor seriam dadas as batatas, vale dizer, o poder. Mas, em certo sentido, todos eram vencedores e não havia batata suficiente que desse para tantos. Pela ordem o principal guerreiro era Mourão, que chegou ao Rio à frente de suas tropas e, não encontrando nada para tomar, tomou o estádio do Maracanã, onde mandou que seus soldados acampassem e fruíssem a vitória.

Depois, rumou para o Ministério da Guerra, que julgava acéfalo, ou com um ministro qualquer nomeado nas vascas do governo deposto. Encontrou um novo e já definitivo ministro da Guerra, que àquela hora da madrugada estava dormindo numa das salas do sexto andar. Mourão invocou sua autoridade de chefe, que chegava vitorioso do *front*, e ordenou a um coronel que fosse acordar o ministro posto em sossego. Cinco minutos depois, desgrenhado pelo sono interrompido, barba por fazer, abotoando a túnica, apareceu Costa e Silva, muito amável, agradecendo tudo o que Mourão havia feito pelo bem da pátria. Mourão esperava proferir alguma frase solene que se tornasse histórica, mas não havia clima. Segundo narra em suas memórias, "o ambiente era péssimo. Camas de campanha encostadas umas nas outras. Um cheiro ruim de homens em fim de jornada, misturado com o de cigarros apagados [...] um ambiente malcheiroso, militares estremunhados de barba por fazer, sem escovas de dentes" — enfim, a plateia não merecia presenciar um grande lance que se incorporasse à história.

Para piorar o seu humor, Costa e Silva deu-lhe a fatia do bolo em hora imprópria e em tamanho de migalha. De improviso, para se livrar de Mourão o mais rapidamente possível, o recém-ministro declarou que continuava a precisar dos valiosos serviços de tão bravo guerreiro "na presidência da Petrobras".

Foi dose. Esbodegado pelas emoções que vivera, Mourão engoliu em seco, ainda se lembrou de argumentar, não entendia nada de petróleo, nem botara suas tropas na rua para pleitear cargos. Contudo, seu desconfiômetro de mineiro o alertou: nada queriam com ele. Já haviam subido, ao poder, novos homens e nova classe.

De Belo Horizonte, José Maria Alkmin procurara Juscelino Kubitschek. Como ninguém confiava nos telefones, a conversa ficou mesmo no ar, Juscelino só entendeu que o nome de maiores chances para assumir o poder era o de Castelo Branco. Na verdade, não havia informações precisas porque os fatos eram obviamente imprecisos, sabia-se que o movimento militar fora a convergência de muitas conspirações, de contraditórios esquemas de poder. Tirante o denominador comum — a deposição de Goulart —, o resto era incerteza e aflição de espírito.

Através de amigos, JK soube que havia uma reunião de governadores (Ademar, Ney Braga, Magalhães Pinto, Correia da Costa e Mauro Borges) no Palácio Guanabara, onde Lacerda parecia um dos donos e o beneficiário mais ostensivo da situação. Ocorria outra reunião no Ministério da Guerra sob a direção de Costa e Silva. Invocando a condição de general mais antigo e de estar o ministro impedido por doença (Jair Dantas Ribeiro continuava no HSE), assumira não apenas o ministério, mas o comando militar da situação. Os dois generais que detinham tropas nas imediações (Mourão e Kruel) já haviam aceitado a nova ordem, desde que ela fosse transitória.

Era impossível (e temerário) interpretar fatos de pouca ou nenhuma nitidez. Como simples cidadão, JK participava do alívio que a deposição de Jango trouxera ao país. Nos últimos dias, tornara-se insustentável a sua posição. Em dois editoriais veementes, o conservador e liberal *Correio da Manhã* havia dado um *basta* e um *fora* a Goulart. Era, em certo sentido, a voz geral da nação.

Mas a situação ganhava rumo inesperado: normalmente, a deposição de Goulart e a posse de Mazzilli deveriam encerrar o episódio do ponto de vista institucional. Dessa vez, porém, a chaga aberta não seria fechada pela simples aplicação da medicina legal. Apesar de confuso, o movimento militar trazia em seu ventre reivindicações antigas e profundas.

Analisando os últimos acontecimentos, e descontando as informações deficientes que recebia, Juscelino sentiu que o seu papel era importante demais para uma ação circunstancial. Em essência, ele era candidato à presidência da República, já lançado e homologado pelo partido majoritário. Tinha um mandato de senador. E um passado que o credenciava ao respeito da nação. O choque cirúrgico, por que passava o país, pretendia recompor o organismo nacional. Mais uma vez, sua consciência estava tranquila. Recusara a frente ampla, emergencial e periférica, proposta por Lacerda: afinal, ele não podia negar as raízes que ligavam o PSD ao PTB, ambos nascidos de Vargas, aliados quase sempre nas urnas, embora separados cada vez mais em ideologia e comportamento.

O movimento militar

Antes de Kruel e de Pery Bevilacqua, dois generais que aderiram aos revoltosos, ele procurara Goulart para pedir um passo atrás na direção certa. Não fora atendido. Não lhe competia, agora, qualquer insinuação de poder. Além do mais, não lhe interessaria nenhuma participação política que não tivesse, claramente, a legitimidade popular. Na crise de novembro de 1955, quando dois movimentos militares depuseram dois presidentes da República, ele se mantivera atento aos acontecimentos, mas deles não participara. Era a atitude que lhe competia, agora: aguardar e confiar. Conhecia a política. Faltava-lhe conhecer mais dramaticamente os homens.

Capítulo 7

A conspiração contra um homem

3 DE ABRIL DE 1964 — "Essa revolução foi feita contra João Goulart. Mas 72 horas depois ela se voltou contra mim!" — costumava dizer JK a seu amigo Adolpho Bloch, sem amargura na voz ou no gesto, apenas como constatação da realidade que vivera a partir do terceiro dia do movimento armado, que deixara de ser um golpe corretivo e se prolongava, em sucessivos lances, buscando a institucionalização de um novo regime. Ele soubera, através de amigos comuns, da reunião no Ministério da Guerra, quando os governadores mais ligados à deposição de Goulart foram levar o nome do general Castelo Branco ao chefe militar que assumira por conta própria o controle do movimento. Nessa reunião, fora citado perifericamente por Lacerda: na argumentação de que o governo Mazzilli não podia durar, o governador da Guanabara deixara escapar a senha que serviria de código para novos movimentos: "Mazzilli já convidou *até* o Israel Pinheiro, homem ligado a Juscelino, para a chefia da Casa Civil." Ou seja, o fato de alguém ser ligado a Juscelino equivalia, na cabeça dos novos detentores do poder, a uma parcela de culpa e cumplicidade com o regime deposto. Nivelava no mesmo fosso dois homens distintos (Jango e JK) e dois governos diversos.

Certo que houve muita confusão naquela reunião, mas ninguém procurou esclarecer ou aprofundar a referência acidental a seu nome. Ela foi tida como natural e a discussão concentrou-se na necessidade de se buscar um nome para assumir a presidência da República. Acreditavam os governadores (Ney Braga, Magalhães Pinto, Ademar de Barros, Ildo Meneghetti e Lacerda) que o novo ministro da Guerra estaria disposto a ouvir sugestões do esquema civil comprometido com o movimento armado. Houve, inclusive, dois murros na mesa, um desfechado por Juarez Távora, que ninguém compreendia estar ali, naquele tipo de reunião, mas que gostava de dar soco em mesas e ficou irritado quando percebeu que Costa e Silva interrompia Lacerda a toda hora: "Costa, deixa o governador falar!" — explodiu Juarez Távora, num violento apelo à ordem dos debates.

Temos o depoimento minucioso do próprio Lacerda sobre essa reunião — mas logo no dia seguinte todo mundo sabia que Costa e Silva também dera murro na mesa, maior do que o de Juarez, justo no momento em que Lacerda, depois de algumas considerações patrióticas na base do "eu fui mais revolucionário do que o senhor", disse que os governadores ali presentes desejavam que o general Castelo Branco fosse o novo presidente da República. Costa e Silva esmurrou e, na verdade, quase virou a mesa: "Mas nós havíamos combinado que nenhum dos militares envolvidos no movimento seria indicado para a presidência!" — gritou o bravo cabo de guerra.

Depois da reunião, com data de 5 de abril, Lacerda escreveu carta ao ministro renunciando ao governo da Guanabara — carta errada por vários motivos e fins. Primeiro: a carta-renúncia deveria ser endereçada ao presidente da Assembleia Legislativa do seu estado; seria um ato unilateral como o de Jânio, em 1961. Lacerda fora eleito (por diferença mínima) pelo povo, não fora nomeado pelo ministro da Guerra da ocasião. Nada tinha a pedir a essa autoridade, muito menos demissão. Segundo: a carta não era mesmo para valer, pois foi interceptada inicialmente pelo general Sizeno Sarmento e mais tarde por Juracy Magalhães, que a considerou "uma tolice".

No fundo, tanto Lacerda como Costa e Silva estavam desapontados, pois acreditavam que, a partir da deposição de Jango, ambos ficariam com o caminho livre para a presidência. Costa e Silva já se investira simultaneamente do Ministério da Guerra e do Comando Militar da Revolução. Assim tutelaria o presidente civil, que seria apenas decorativo, para garantir o respeito da chamada opinião pública internacional. Lacerda, por sua vez, via sua candidatura presidencial antecipada. Povo e Exército, juntos, a seus pés, pedindo-lhe que assumisse o poder. Bem verdade que existiam outros candidatos presentes à mesma reunião, como Magalhães Pinto e Ademar, mas tanto o governador mineiro como o paulista já tinham recebido violentas farpas de Costa e Silva e julgaram mais prudente o silêncio.

Ausente da reunião, Juscelino percebeu o rumo que o movimento tomara. O Comando Militar convocara Francisco Campos para redigir um Ato Institucional, o primeiro de uma longa série. Sabia-se que o novo instrumento legal seria truculento, reconhecendo, em sua parte "filosófica", o direito da força em buscar sua própria legitimidade e, na parte operacional, cassando congressistas. Enfim, era um fato mais importante do que o ato em si. Mas as eleições de 1965 seriam respeitadas — e isso era o que interessava a JK. Desde que fosse garantido o processo democrático, qualquer nome à frente do governo poderia ser aceito, ainda que obedecidas as regras do novo jogo. Inicialmente, ele pensara que Mazzilli seria mantido por alguns meses, a fim de convocar as eleições (que poderiam ser antecipadas). Sentia, agora, que os revolucionários da ocasião buscavam um militar que representasse as Forças Armadas e a nova ordem a ser instituída no país. E que esse militar seria o general Humberto de Alencar Castelo Branco, a quem conhecia superficialmente.

Na tarde do dia 6, Augusto Frederico Schmidt e Francisco Negrão de Lima o convenceram de que Castelo era realmente o nome certo para a presidência da República: Negrão fora o orador que falara em nome dos amigos por ocasião do casamento de Castelo; e Schmidt sabia-o culto, respeitado nos quartéis, um liberal, ligado sentimentalmente à UDN, mas sem vínculos profundos com nenhum partido. À falta de outros, esses motivos bastavam.

No dia 9, ao mesmo tempo que tomava conhecimento do Ato Institucional no 1 editado pelo Comando da Revolução, JK fora informado de que o próprio Castelo Branco, já em cumprimento ao próprio ato, buscava o apoio do partido majoritário, pois o novo presidente seria eleito pelo Congresso e não havia outro caminho a não ser o da indicação e da aprovação partidárias. Reunido com a cúpula do PSD, em casa do deputado Joaquim Ramos, Castelo falou de seus propósitos legalistas, garantindo que daria fiel cumprimento à Constituição acrescida pelo Ato Institucional. Na qualidade de presidente do partido, Amaral Peixoto lembrou que o PSD já tinha lançado um candidato para 1965 e que seria bom ouvi-lo, pois em última análise, tirante a parte punitiva do movimento armado, que se extinguiria mais cedo ou mais tarde, o que prevalecia da tumultuada situação ditada pelo AI-1 era a garantia da continuidade democrática, da qual as eleições de 1965 se tornavam símbolo e expressão.

Castelo aceitou a sugestão, concordando em que a liderança de JK era incontornável, as bases partidárias não aceitariam a decisão isolada da cúpula, e, sim, a do candidato lançado e homologado pela Convenção Nacional de 20 de março. Marcou-se, então, nova reunião para o dia seguinte, 10 de abril, com a presença de JK. Nesse mesmo dia, em carta a Castelo Branco, Eurico Gaspar Dutra diz que retira a sua candidatura — o que em parte não se verificou: o nome do velho marechal continuou sendo articulado pelos grupos pessedistas tradicionalmente ligados a ele. Pessoalmente, Dutra não era insensível a um retorno ao poder, como magistrado, como *varão de Plutarco* (assim o chamara Viriato Vargas, nos tempos do Estado Novo). A questão era obter apoios, sobretudo na área pessedista. Dessa forma, a posição de JK se tornara chave. Dele dependeria a eleição que daria legitimidade ao militar que subisse ao poder.

Pela importância dessa segunda reunião em casa do deputado Joaquim Ramos, existem umas dez versões diferentes. A mais importante, até agora, é a do próprio Castelo Branco, transcrita no livro de Luís Viana Filho sobre o seu governo. Afinal, quando Castelo cassou o mandato e os direitos políticos de Juscelino, muitos se lembraram dessa reunião de 10 de abril, quando teria pedido o apoio de JK para a sua eleição. O fato incomodava tanto a Castelo que ele deixou com Luís Viana Filho, seu chefe da Casa Civil e futuro biógrafo, uma nota autógrafa, em que dá a sua versão dos fatos, não se esquecendo de anotar: "Este [Juscelino], muito inquieto, e com ares de quem desejava encerrar o encontro a cada instante, penteava até o cabelo. Não pedi voto, nem apoio de espécie alguma. É uma inverdade" (Viana Filho, 1975, p. 54).

Na variedade de depoimentos, convém lembrar o do próprio Joaquim Ramos, em cujo apartamento, na rua Constante Ramos, no Rio, teve lugar a reunião. Diz o deputado que, ao final da primeira reunião, ocorrida na véspera, Amaral Peixoto lembrara a necessidade de um encontro de Castelo com Juscelino. "O marechal Castelo Branco", conta Joaquim Ramos, "declarou que estava à disposição e até sugeriu que o anfitrião o convidasse para aquela reunião, que foi realizada no dia seguinte". O detalhe é importante. Se Castelo considerasse que a reunião com a cúpula do PSD bastava, não teria nem sugerido nem aceitado a presença de JK na reunião do dia seguinte. O que se deduz das versões contraditórias desse encontro é que Castelo estava a fim mesmo de ser presidente e se submetia integralmente à regra do jogo, ou seja, desejava o apoio dos grandes eleitores do Congresso — sabendo que JK, na época, candidato homologado pelo PSD à presidência da República, era o maior deles.

O general podia, bem verdade, se impor pela força, já estava indicado por um grupo de governadores e pelo quase consenso militar, mas em sua preocupação pela legitimidade (que o incomodaria até o final do mandato) desejava cumprir todas as etapas de uma eleição tanto quanto possível legítima. Há, também, o depoimento do próprio JK, que o escreveu a 21 de maio de 1975, profundamente chocado com a versão de Castelo contida no livro de Luís Viana Filho publicado naqueles dias. Esse documento, escrito pelo próprio JK, foi lido inicialmente por Josué Montello — que lhe deu algumas contribuições de forma, não de fatos.

> Vitoriosa a Revolução de 1964, começou-se a colocar o problema da escolha do presidente que, de acordo com o Ato Institucional nº 1, deveria ser eleito dentro de trinta dias pelo Congresso Nacional. Seu mandato seria, apenas, para completar o período de João Goulart, deposto pelas armas. Começaram a surgir os nomes, e ao final de poucos dias os que concentravam maior atenção eram os do marechal Eurico Gaspar Dutra e dos generais Humberto Castelo Branco, Amaury Kruel e Olympio Mourão Filho.
>
> No dia 20 de março, dez dias antes da eclosão do movimento, o PSD me indicara por unanimidade como seu candidato para 1965. Por força desta circunstância, eu exercia também uma natural liderança sobre o partido. A mobilização começou a se processar em torno das personalidades apontadas, agrupando-se os elementos de acordo com as suas preferências. Augusto Frederico Schmidt, que era meu *íntimo amigo e também íntimo amigo de Castelo Branco,* um dos nomes apontados, passou a trazer-me mensagens do general, todas elas num sentido muito cordial. Os partidários dos outros candidatos também propunham encontros dos líderes do PSD com os seus respectivos recomendados.

Depois de muitos entendimentos, nos quais tomaram parte Augusto Frederico Schmidt e os líderes do PSD, ficou assentada uma reunião na casa do deputado Joaquim Ramos com o candidato àquela altura mais em evidência — o general Castelo Branco.

Na tarde do dia 10 de abril de 1964, encontramo-nos numa reunião, da qual faziam parte, além do general, os senhores Amaral Peixoto, José Maria Alkmin, Martins Rodrigues, Joaquim Ramos e Negrão de Lima. O coronel Afonso Heliodoro dos Santos e Ladislau Abreu também estavam presentes como nossos acompanhantes. Sentamo-nos numa espécie de mesa-redonda e o senador Amaral Peixoto tomou a palavra, explicando ao general que a situação do PSD era diferente da dos outros partidos, porque dez dias antes já havia lançado o seu candidato à presidência da República. A convenção que se realizara no Palácio Tiradentes formalizara, por unanimidade, uma decisão que já não podia ser alterada, à vista dos compromissos firmados com a opinião do país. Como o escolhido se encontrava na reunião — continuou Amaral Peixoto — os líderes presentes davam-lhe a incumbência de expor ao general os objetivos que tinham em vista e os que eles consideravam como condição indispensável para tomarem uma resolução política de apoio àquele que iria ser eleito pelo Congresso para completar o período presidencial.

Iniciei uma análise da situação, declarando ao general que considerava aquele nosso encontro uma oportunidade feliz, uma vez que já o conhecia bem, sabia-o de seus propósitos democráticos e com ele algumas vezes debatera assuntos de interesse nacional, quando exercia eu a presidência da República e ele a direção da Escola Superior de Guerra.

Relembrei a posição que ele adotara, em 1955, durante a crise político-militar que pusera em risco a minha posse, em consequência dos episódios que se seguiram à minha eleição e que terminaram com o afastamento de Carlos Luz e Café Filho da presidência da República. Nessa ocasião, Castelo Branco apoiara o general Lott, contribuindo para fortalecer o dispositivo militar que assegurou o pleno exercício da Constituição. Firmara ele, portanto, uma posição legalista, o que tornava muito fácil o nosso diálogo. O Brasil se encontrava diante de uma nova crise político-militar grave e o que nós desejávamos era conduzir os acontecimentos de modo a desaguá-los no leito de uma evolução democrática. Teci algumas considerações sobre os nomes que figuravam no páreo presidencial, já citados acima, e lhe disse que os componentes do PSD e PTB, nosso aliado na época, estavam apoiando ora um, ora outro, sendo necessária uma articulação que encaminhasse para o mesmo objetivo os ainda hesitantes.

Ao estudar o assunto, o PSD o faria coerente com o propósito que havia orientado a nossa atuação e que, em respeito a isto, dois pontos eram essenciais para nortear a nossa conduta:

1o) saber o que os candidatos pensavam sobre a realização do próximo pleito presidencial, já fixado para 3 de outubro de 1965, e se assumiriam o compromisso de respeitar integralmente este mandamento constitucional;

2o) como procederiam diante da posse do candidato que seria sufragado no pleito de 3 de outubro de 1965. Daria posse ao candidato eleito, respeitando este sagrado preceito democrático?

Após as minhas palavras, aguardamos o pronunciamento do general Castelo Branco. Este foi peremptório e decisivo. Declarou que a "sua tradição democrática já era por demais conhecida para impedir que alguém pudesse imaginar que, no governo, ele alterasse as regras do jogo e modificasse a data e o processo da eleição". Afirmava, sem nenhuma hesitação, que o seu procedimento seria intransigente no respeito à Constituição vigente e das decisões que os partidos haviam adotado. As eleições seriam realizadas no dia marcado, sem discrepância.

Respondendo ao item 2o, enfatizou que daria posse ao eleito, sem permitir manobras de nenhuma espécie.

Declarei-lhe que esta resposta nos habilitava a propor o seu nome à deliberação do Diretório Nacional do PSD e que acreditava estarem reduzidos ao mínimo quaisquer motivos de oposição ao seu nome. Cabia entretanto ao presidente Amaral Peixoto encaminhar o assunto à alta decisão partidária, com as informações constantes do diálogo que havíamos mantido.

Como, porém, os entendimentos se processavam em termos de extrema cordialidade, eu me permitia formular uma nova questão, motivada esta por pedidos de vários companheiros que haviam participado dos entreveros da campanha de 1955 e que conheciam, na intimidade, episódios que criaram sérias dificuldades à marcha normal do processo constitucional. Pediam-me esses amigos que indagasse do general se ele não temia que certos setores militares tentassem influir junto ao governo no sentido de impedir a continuação de minha candidatura ou de criar dificuldades à minha posse, caso fosse o eleito.

Nesse momento, o general se mostrou veemente e retrucou que no cumprimento de seu dever e dos seus compromissos não admitiria influências de quem quer que fosse. Era ele o *único senhor* de suas decisões que, uma vez assumidas, como ele acabava de fazer naquele momento, ninguém teria força nem audácia para querer modificá-las.

Agradeci as palavras do general e passamos a comentar, já com a contribuição dos outros companheiros, como iríamos encaminhar o assunto, porque senti que aquelas declarações haviam feito inclinar definitivamente o prato da balança para o seu lado. O que nós queríamos era o que ele acabava de afirmar categoricamente.

Dissiparam-se as *últimas dúvidas dos líderes presentes* e todos passaram a ver em Castelo Branco o candidato que melhor asseguraria ao PSD as garantias que o partido exigia de respeito e acatamento da lei.

Um ambiente de bem-estar e euforia dominou a sala. A conversa se generalizou e cada um se dirigiu ao general, dentro de um espírito confiante e cordial.

Amaral Peixoto manifestou-lhe o prazer com que todos acabavam de ouvir as suas afirmações e que ele passaria então a fazer, na condição de presidente do PSD, uma exposição sucinta do que sucedia pelo Brasil com as diversas seções do partido.

A partir daquele instante, iniciamos o trabalho de articulação do nome do general. Como um dos líderes do PSD, trabalhei infatigavelmente pela adoção de sua candidatura no seio do partido.

Houve dificuldades que superamos. Veio, afinal, o dia da eleição. Como senador por Goiás, dei-lhe o meu voto. Cumpri a minha palavra. O resto, todo o Brasil conhece.

Outro participante da mesma reunião, em depoimento escrito ao autor deste trabalho, sem conhecimento prévio do documento que JK deixara em seus arquivos, conta com outras palavras os mesmos fatos, com um pequeno acréscimo que JK esquecera ou julgara impróprio recordar. O coronel Afonso Heliodoro (carta ao autor de 17 de julho de 1981) relembra:

> Acertados os ponteiros, ou seja, o indispensável apoio de JK e, consequentemente, do PSD à candidatura Castelo Branco, nada mais havia a ser discutido, uma vez que a única reivindicação de JK e do PSD era o cumprimento do calendário eleitoral pelo candidato, se eleito, ou seja, eleições presidenciais a 3 de outubro de 1965. Assumido esse compromisso por Castelo Branco, Juscelino garantiu-lhe seu apoio e o de seus correligionários, com os quais conversaria, caso houvesse necessidade. Esgotado já estava portanto o assunto, objetivo daquela reunião. A conversa foi-se esmaecendo e o presidente, naturalmente, levantou-se para sair. Neste momento, ainda em tom muito cordial e até com uma certa ponta de brincadeira, já à saída, o general Castelo Branco despediu-se do presidente Juscelino com a seguinte pergunta: "Então, presidente, estou aprovado para a presidência?" Ao que JK respondeu, também da mesma maneira: "Perfeitamente, general. E com o nosso apoio."

Em 1967, num tumulto verificado no Congresso (Auro de Moura Andrade chegou a classificá-lo de *sumário de culpa*), Luís Viana Filho, Paulo Sarasate, Joaquim Ramos, Osvaldo Lima Filho e Carlos Murilo prestaram depoimentos sobre a reunião de Castelo Branco com os líderes do PSD. Em linhas gerais, Luís Viana Filho contou o que constaria de seu livro, sendo veementemente contestado por Carlos Murilo, primo e porta-voz de JK na Câmara dos Deputados.

Depois de narrar a sua versão da mesma reunião, Carlos Murilo revelou que, na madrugada do dia da eleição de Castelo, fora procurado por um emissário do coronel Rodrigo Otávio, que desejava um encontro pessoal entre o general Castelo Branco e o presidente Juscelino Kubitschek. Esse emissário propunha um encontro secreto, nessa mesma madrugada, no Hotel Nacional. Como já estava muito tarde, sugeri que esse encontro fosse realizado no Hotel Nacional, presentes apenas o emissário do coronel, eu, o presidente Juscelino e o coronel Rodrigo Otávio, que pediu, em nome do general Castelo Branco, que o ex-presidente fizesse um manifesto à nação, para que não fosse deturpada a sua posição, mesmo porque já surgiam outras candidaturas. O presidente fez o manifesto, que foi irradiado para todo o país, às dez e meia daquele mesmo dia. Posso chamar o testemunho do deputado Paulo Sarasate, e do vice-presidente eleito, José Maria Alkmin.

E Carlos Murilo, com a confirmação posterior de Paulo Sarasate, que usou da palavra logo em seguida, narra outro fato que na ocasião era quase desconhecido. No dia da eleição, antes da sessão que elegeria Castelo, alguns líderes estavam reunidos no gabinete do deputado Martins Rodrigues. O telefone toca. É do Rio: o general Castelo Branco "está apreensivo". Paulo Sarasate conversa com o futuro presidente e dele ouve que, segundo notícias correntes no Rio, JK não estaria trabalhando para sua candidatura. Sarasate nega a veracidade desses boatos. Naquela manhã mesmo, JK conversara com líderes do PTB dizendo que o melhor caminho para a democracia "seria a votação em Castelo Branco, nome que poderia pacificar a família brasileira". Nesse momento, entra por acaso no gabinete de Martins Rodrigues o próprio JK, a quem Paulo Sarasate passa o telefone. E JK reafirma a Castelo o seu apoio e o seu trabalho, tal como ficara compromissado na reunião havida entre os dois.

Horas mais tarde, no plenário tenso do Congresso, verificou-se a votação. Apesar da anunciada desistência do marechal Eurico Dutra, eram muitos os congressistas que ainda preferiam eleger o ex-presidente, na certeza de que, experimentado na vida pública, tendo passado pela presidência da República, agindo como magistrado no caso de sua sucessão, homem probo, respeitado pela classe militar, pelos políticos e pela nação (que talvez não o estimasse mas o acatava), o nome de Dutra era uma garantia para o mandato-tampão provocado pela deposição de Goulart. Foram necessários muitos esforços para convencer aos dutristas que Castelo seria melhor opção. O argumento básico dos chamados castelistas era justamente o compromisso, firmado com JK, de garantir o processo eleitoral e dar posse ao candidato que vencesse as eleições de 1965.

Em votação nominal, Castelo Branco foi eleito por 361 votos contra 72 abstenções, três votos dados a Juarez Távora (que oficialmente nem era candidato) e dois votos a Dutra.

Ao saber do resultado em sua casa de Ipanema, Castelo Branco na certa se lembrou dos compromissos assumidos com o PSD, pois os jornais registraram o seu firme comentário: "Entregarei o poder em 1966 ao meu sucessor eleito em 1965."

Falou, mas não disse.

Na opinião do embaixador Roberto Campos, que seria o seu homem-chave no setor da economia e planejamento, o general Humberto de Alencar Castelo Branco foi o político brasileiro mais próximo do verdadeiro estadista. Muitos interpretadores da nossa realidade também o consideram em nível assim elevado. Contudo, nos episódios que antecederam a sua eleição, e mesmo em seu passado, e em seu imediato futuro, a par de uma mentalidade austera que trouxe à vida pública nacional, registraram-se em sua personalidade muitos deslizes de temperamento e palavra.

Já nas duas revoltas ocorridas no governo Kubitschek, quando dos levantes de Jacareacanga e Aragarças, a posição de Castelo Branco foi dúbia. Naqueles episódios, vieram a inquérito algumas cartas dos revoltosos, e nelas havia referência à possível participação do comandante do IV Exército, na época, o general Castelo Branco. Os oficiais da Aeronáutica que se insurgiram contra o governo Kubitschek, se tivessem maiores chances, se a opinião pública formasse ao lado deles, na certa teriam o apoio de forte contingente militar comandado por Castelo Branco.

Em 1964, na chefia do Estado-Maior das Forças Armadas, a posição de Castelo parecia híbrida e cautelosa demais aos que conspiravam e queimavam pontes na retaguarda de suas carreiras. Mourão Filho, por exemplo, é bastante explícito em seu diário às vacilações de Castelo, sempre temeroso de se aliar ao lado que pudesse perder. Sua circular datada de 20 de março de 1964, considerada por seus biógrafos e apologistas como "a voz de comando para a revolução", é apenas um documento analítico, sem uma opção clara. Mourão diz que só a recebeu a 31 de março, quando seus soldados já estavam embarcados para a guerra que não houve. Além de considerar o documento inócuo ("não chove nem molha"), Mourão afirma que a cópia recebida não tinha assinatura e garante que nenhum militar viu esse documento assinado manuscritamente por Castelo Branco. Com isso, Mourão levanta a hipótese de que a circular poderia ser negada, mais tarde, pelo próprio Castelo, caso as forças de Goulart conseguissem debelar a insurreição.

Também Carlos Lacerda, em seu *Depoimento* (1977), diz que a circular de Castelo estava longe de ser um documento revolucionário, um apelo às armas. Como chefe do Estado-Maior, Castelo lembrara que a fidelidade das Forças Armadas era com a nação e não com o governo — e esta única frase que poderia parecer uma opção revolucionária exprimia, apenas, um lugar-comum das teorias ensinadas na Escola Superior de Guerra.

Posteriormente, já como presidente da República, talvez sem demérito para sua condição de *estadista*, Castelo foi obrigado a engolir a própria palavra em alguns lances importantes, como o da prorrogação de seu próprio mandato (o que lhe valeu o rompimento definitivo com Carlos Lacerda), a cassação de Juscelino e a aceitação do nome de Costa e Silva para sucedê-lo. Historicamente, Castelo Branco teria tido as suas razões de *estadista*. No varejo, portou-se como um político profissional — que de fato o era, independentemente de sua condição de militar. Em certo sentido, era até mais político do que militar, tendo passado 63 anos de sua vida enrustido na farda que soube honrar, mas que não lhe dava tudo o que queria — ou que ele pensava querer, sempre para o bem de sua pátria.

O Ato Institucional nº 1, assinado pelo general Artur da Costa e Silva, tenente-brigadeiro Francisco de Assis Correia de Melo e vice-almirante Augusto Hermann Grünewald, estabelecia em seu Artigo 10 que, "no interesse da paz e da honra nacional, e sem as limitações previstas na Constituição, os comandantes em chefe que editam o presente ato poderão suspender os direitos políticos pelo prazo de dez anos e cassar mandatos legislativos federais, estaduais e municipais, excluída a apreciação judicial desses atos".

Disseram e fizeram. Nada disseram sobre as prisões, mas fizeram muitas, e por variados motivos. As embaixadas de países que mantêm tratados de asilo com o Brasil ficaram repletas de refugiados que procuravam exilar-se, pois qualquer um podia ser preso por qualquer motivo ou sem motivo nenhum. Na baía de Guanabara, além das fortalezas que se transformaram em prisões, estavam fundeados os navios *Princesa Isabel*, *Princesa Leopoldina*, *Ari Parreiras* e *Raul Soares*, todos transformados em presídios de militares e civis. De certa forma, a autoridade de Castelo Branco impedia que os mais exaltados promovessem por conta própria um banho de sangue. Não houve *paredón* — e o Brasil fica devendo isso a Castelo Branco.

Alguns casos de violência não chegaram a configurar uma *vendetta* sangrenta, mas campeou-se o arbítrio, instituiu-se a prática mesquinha das delações, dos golpes baixos que iam da destituição de um tesoureiro de autarquia até a eliminação dos candidatos mais populares aos cargos eletivos, incluída a presidência da República. Jânio Quadros, por exemplo, que nada fizera diretamente contra ou a favor do movimento de 1964, seria cassado por Costa e Silva na base do "esse é meu". Oficialmente, o que se sabe é que Costa e Silva tivera alguns problemas em São Paulo, ao tempo em que Jânio era governador e ele comandante do II Exército.

Olhados em perspectiva histórica, os tempos do AI-1 foram até liberais em relação ao AI-5. Mas o país estava então desacostumado aos atos de força, e a opinião pública (em grau bastante elevado, o povo havia apoiado o movimento militar na deposição de Goulart) pouco a pouco ressentiu-se da nova ordem estabelecida. Expressão simbólica dessa mutação fora o próprio *Correio da Manhã*, órgão conservador e liberal, que combatera à exaustão, e com veemência, o governo de João Goulart. Já no dia 2 de abril, o jornal começava a tomar uma posição de hostilidade e condenação aos homens que subiam ao poder. Sem dar razão aos vencidos, o *Correio da Manhã* denunciava e condenava os vencedores.

Igualmente conservador e liberal, Juscelino mantinha uma atitude de firmeza em relação ao novo governo: recebera a promessa de Castelo Branco, confiava na palavra do general que assumira a presidência da nação. E em todos os seus pronunciamentos, inclusive à imprensa estrangeira, considerava as punições passageiras, ditadas ainda pelo calor dos acontecimentos, e garantia que os rumos da democracia brasileira, tão logo superado o embate provocado pela queda de Goulart, depressa retornariam a seu leito natural.

Em certa medida, não era uma visão desproposital. Realmente, um grupo de forças incrustado no governo trabalhava nesse sentido, mas novamente a cabeça da hidra, radicada em São Paulo, exigiu mais e muito. Ali, a revolução pareceu frustrante. Afinal, instaurara-se uma nova ordem no país para garantir "a eleição de Lacerda" e Juscelino continuava no páreo. Era um absurdo.

Em seu livro sobre o governo Castelo Branco, conta Luís Viana Filho que o *Dia D* da cassação de Juscelino foi a 26 de maio de 1964, quando Castelo fez uma visita a São Paulo. Ali já estava Costa e Silva, que mantivera contato com alguns expoentes da hidra. Luís Viana Filho declara textualmente que esses elementos "eram ligados ao lacerdismo". Desejavam que Castelo Branco entregasse o poder a Carlos Lacerda, o homem que durante 15 anos masturbara a reação (incluindo grandes contingentes da classe militar) com uma pregação moralista e inquisitorial. A candidatura de JK era um incômodo para os lacerdistas de São Paulo, pois todos sabiam que num pleito livre e honesto o povo se manifestaria contra o novo regime. A política econômica imprimida por Castelo podia ser patriótica e correta, mas era impopular — o próprio Roberto Campos admitia isso. E as perseguições, as punições indiscriminadas e flagrantemente injustas assustavam e indignavam as classes médias que haviam se agrupado contra o caos provocado pelo governo anterior.

A solução era afastar Juscelino da vida pública através da cassação. No dia 26 de maio, um emissário de Costa e Silva procura JK, no Rio. Pede-lhe, dramaticamente, que retire a sua candidatura "para o bem do Brasil e para o seu próprio bem". JK compreende a trama que se esboça, mas não pode nem quer fugir ao seu destino. Até então, nunca recuara em suas posições amadurecidas. A candidatura, sobretudo naquele instante e sob aquela pressão, não lhe pertence: é do partido e da grande parcela do povo que já se arregimenta eleitoralmente para 1965. Ele é a esperança de que a fase de transição cruenta deverá acabar e que o Brasil voltará a ser um país livre, generosamente aberto ao futuro.

Ao regressarem a Brasília, Costa e Silva e Castelo Branco conversam sobre o assunto. São Paulo, ou melhor, a cabeça da hidra, exigia outra cabeça, a de JK. Castelo pergunta se não há alternativa; pessoalmente, é com amargura que ele degolaria o homem que o ajudou a eleger-se. Mas Costa e Silva sabe que não há alternativa. A única seria a retirada da candidatura de JK pelo próprio, mas essa solução tornara-se inviável.

Os estrategistas da ocasião armam então os seus esquemas: adotam duas táticas para conter a estupefação nacional que o fato irá provocar. Uma é simples, até certo ponto limpa: a cassação será ditada por motivos exclusivamente políticos. E foi essa a posição inicial do próprio Castelo Branco. Mas se houvesse gritaria maior, o recurso seria jogar lama no passado recente da nação, desencavando inquéritos e acusações que, já em tempos de Jânio Quadros, haviam se desmoralizado pela evidência dos fatos. Essa lama incluiria diversas etapas, inclusive a ideológica, que dava JK como comunista — anos mais tarde essa acusação poderia parecer um delírio dos primeiros beneficiários do movimento armado de 64; nem por isso deixou de ser acionada, embora fosse, na verdade, mais do que um delírio, uma burrice.

A 3 de junho de 1964, sentindo que as paredes se estreitavam, sufocando seu mandato parlamentar, e seus direitos de cidadão, JK ocupou a tribuna do Senado e pronunciou um discurso do qual algumas transcrições se impõem:

> Na previsão de que se confirme a cassação dos meus direitos políticos que implicaria a cassação do meu direito de cidadão, julgo do meu dever dirigir, desta tribuna, algumas palavras à nação brasileira. Faço-o agora para que, se o ato de violência vier a consumar-se, não me veja eu privado do dever de denunciar o atentado que na minha pessoa vão sofrer as instituições livres. Não me é lícito perder uma oportunidade que não me pertence, mas pertence a tudo o que represento nesta hora. Julgo, sem jactância, ser este um dos mais altos momentos da minha vida pública. Comparo-o ao instante em que recebi a faixa presidencial, depois de uma luta sem tréguas contra forças de toda ordem, inclusive as da tirania que, em vão, tentaram deter a vontade do povo brasileiro. [...] Neste momento, sinto uma perfeita correlação entre a minha ação presidencial e a iníqua perseguição que me estão movendo. [...] Sou ainda o mesmo cidadão, ontem detentor do governo, chefe constitucional das Forças Armadas, aquele que amparou e promoveu os seus mais ferrenhos adversários. Hoje, um homem desarmado, sem possibilidade de reação material. [...] Se me forem retirados os direitos políticos como se anuncia em toda parte, não me intimidarei, não deixarei de lutar. Do ponto de vista de minha biografia só terei de me orgulhar desse ato. [...] E com esse terrível sentimento de pesar que espero a consumação das iniquidades para breve. Meu voto

aqui já serviu para eleger o atual presidente da República, em cujo espírito democrático confiei. [...] Mais uma vez, tenho nas mãos a bandeira da democracia que me oferecem neste momento em que, com ou sem direitos políticos, prosseguirei na luta em favor do Brasil. Sei que nesta terra brasileira as tiranias não duram. [...] Homem do povo, levado ao poder sempre pela vontade do povo, adianto-me apenas ao sofrimento que o povo vai enfrentar nesta hora de trevas que já está caindo sobre nós. Mas dela sairemos para a ressurreição de um novo dia, dia em que se restabelecerão a justiça e o respeito à pessoa humana. [...] Muito mais do que a mim, cassam os direitos políticos do Brasil.

Dirigindo-se aos países amigos, JK pede que "não julguem o Brasil por este ato de deplorável fraqueza política". E termina o discurso com a promessa que cumpriu, mesmo no exílio e na adversidade que o acompanharia até a morte: "Diante do povo brasileiro, quero declarar que me invisto de novos e excepcionais poderes, neste momento, para a grande caminhada da liberdade e do engrandecimento nacional."

No dia 8 de junho são cassados os direitos políticos e o mandato de senador do cidadão Juscelino Kubitschek de Oliveira. Há orgasmos cívicos nas hostes da reação lacerdista: estavam mal-informadas.

O embaixador da Espanha, que morava no mesmo prédio de JK, sugere-lhe a Espanha como primeira etapa de sua peregrinação pelo mundo. Por que não? Terra de Juan de la Cruz, o grande místico da noite de agonia da alma, terra de Cervantes, o gênio que melhor compreendeu o sonho, a realidade, o cansaço da condição humana. Sim, a Espanha.

O Nonô de Diamantina, o menino descalço que subia as ladeiras coloniais do velho Tijuco dos antigos faiscadores, é agora um homem completo: começa a descer as ladeiras — também não importa —, terá sempre em suas retinas a amplidão do grande horizonte que criou e contemplou.

Sem queixa, escoltado por militares que tiraram suas armas dos coldres para manter o povo distante dele, JK embarca num avião da Ibéria. Amanhece em Madri. O dia — 14 de junho de 1964 — é apenas o primeiro de um exílio que ele saberá suportar com tristeza e dignidade.

Capítulo 8

Mil dias de exílio

14 DE JUNHO DE 1964 — Não foram mil, mas, exatamente, 976 dias de exílio, cumpridos em duas etapas, a primeira até 4 de outubro de 1965, quando o interrompeu por um mês, veio ao Brasil para ficar ao lado de seus amigos que comemoravam a vitória de Negrão de Lima e Israel Pinheiro, eleitos governadores da Guanabara e de Minas Gerais. Uma sucessão de IPMs a que foi obrigado a responder tornou a sua permanência insuportável, e a 9 de novembro do mesmo ano ausentou-se de novo, ficando no exterior até fins de março de 1967 — com exceção de 12 dias em que recebeu autorização para assistir ao enterro de sua única irmã, Naná, falecida em Belo Horizonte, a 3 de junho de 1966.

Não teve domicílio definitivo, embora chegasse a montar apartamento em Paris e, mais tarde, em Lisboa. Muitos desses dias passou nos Estados Unidos, em Nova York principalmente, mas viajando e fazendo conferências em universidades. Apesar dos compromissos que assumia em número cada vez maior com entidades culturais da América ou da Europa, sobrava-lhe enorme espaço para a meditação pessoal, a indignação que sabia conter, a esperança e a saudade. Principalmente, a saudade.

Em companhia de Sarah, que será a sua companheira dos dias difíceis que chegaram, ele se instala no Palace Hotel de Madri, apartamento 171, na

Plaza de las Cortes, quase na esquina da Plaza Netuno, onde se situa uma das mais belas fontes da cidade.

Há alguns problemas de ordem pessoal a resolver, sendo o mais urgente deles o próximo casamento de Márcia, sua filha, marcado há tempos, e que ele não quer adiar de forma alguma, uma vez que não considera justo ter o seu destino político influindo no destino pessoal de sua filha. Noiva do empresário Baldomero Barbará Neto, Márcia terá o casamento que ele gostaria de dar à sua filha. Sua estada na Espanha será rápida, logo se transferirá para Lisboa, onde dispõe de um círculo de amigos mais vasto. E ali poderá casar sua filha, na pátria-mãe — o que era uma forma aproximada de casá-la em casa, como qualquer pai gosta de casar suas filhas.

Os dias transcorridos em Madri são, portanto, de arrumação para o próximo deslocamento, rumo a Lisboa. E de muita meditação sobre os últimos acontecimentos que o haviam golpeado de forma tão cruel.

Tudo se precipitara desde que soubera, por amigos fiéis, que seus dias estavam contados, pesados e divididos pela mão invisível que surgira naquele estranho festim de Baltazar em que o ódio de uns e o ressentimento de outros eram servidos em largas doses para saciar a sede dos que chegavam à mesa do poder.

JK não se arrependia de nada. Alguns amigos haviam-lhe sugerido que não fizesse o discurso no Senado, que poderia ser um pretexto para a degola política. Ele não aceitou o conselho: preferiu subir à tribuna e, com os restos de mandato de que ainda dispunha, estigmatizar a ignomínia e a violência que armavam contra ele. Tampouco aceitou a sugestão, vinda do próprio ministro da Guerra, de retirar a sua candidatura às eleições de 1965. Bastaria esse recuo e ele continuaria com seu mandato de senador; em posição ainda privilegiada para aguardar o movimento da roda que ainda não se imobilizara na crise política da nação. Na infinita variedade de caminhos e descaminhos, talvez ainda lhe restasse chance de recuperar a candidatura mais tarde, quietada a poeira dos primeiros embates. Recuando da candidatura naquele instante, ele domaria a hidra que cobrava a sua cabeça. Mas JK não podia tolerar que a sua aspiração — legítima e legitimada pela convenção — fosse elemento de barganha para a sua sobrevivência política.

Não se tratava de radicalizar uma posição pessoal, na base do tudo ou nada. Era um imperativo moral lutar pelo direito e pelo dever de continuar candidato, pois recebera delegação específica de seu partido para isso. Se se tratasse de uma aspiração remota, de uma candidatura a candidatura, ainda podia aceitar o caminho proposto pelo ministro da Guerra. Mas o fato fora consumado na Convenção Nacional do PSD, antes mesmo de irromper o movimento militar; equivalia portanto a um *mandato* que ele se sentia obrigado a respeitar acima de qualquer outra conveniência política ou pessoal.

Contudo, quanto mais pensava nos últimos lances de sua vida, reconhecia um erro que cometera e do qual, agora, não adiantava arrepender-se. Levado talvez pela precipitação de Augusto Frederico Schimdt e Francisco Negrão de Lima, que eram amigos de Castelo Branco, JK aceitara participar da reunião em casa do deputado Joaquim Ramos. Se na vida de cada um existe aquele instante em que a morte lança seu primeiro e imperceptível germe de aniquilamento, o mesmo ocorre na trajetória de uma carreira pública. E não foi difícil para JK perceber que ali, naquela reunião em que ouvira de Castelo Branco a garantia de que as candidaturas então existentes seriam respeitadas, que os eleitos em 1965 seriam empossados em 1966 — naquela reunião ele deixou-se levar pelas influências de amigos e correligionários e dispensou-se de pensar mais fundamente a questão. Com 62 anos de idade, tendo passado pela prefeitura de Belo Horizonte, pelo governo de Minas Gerais e pela presidência da República, era evidente que não podia ceder aos conselhos de amigos bem-intencionados, mas bem menos experimentados do que ele no trato da política que, em seu estado natal, é tida como *assunto para adultos*.

Não que ele tivesse uma restrição específica a apresentar contra a aspiração de Castelo Branco. Sabia-o forte, apoiado pelos quartéis e por alguns políticos comprometidos mais ostensivamente com o movimento militar. Contudo — e isso ele via com nitidez agora, contemplando a estátua de Dom Quixote, tendo ao fundo a Torre de Madri —, o PSD teria de cerrar seus fogos na eleição de Dutra, que era também candidato, um nome respeitável nos quartéis, com experiências de poder, que não representaria perigo à continuidade democrática. Dutra governara sem brilho, mas fora probo, austero, não tomava nenhuma atitude sem antes consultar o *livrinho* — era assim que o marechal se referia a um exemplar mal-impresso, versão de bolso, da Constituição de 1946.

Se no uso de sua natural liderança, reforçada pela posição de candidato oficial do partido, JK mudasse o rumo das conversações e fizesse o PSD indicar e eleger Dutra, tudo teria sido diferente. Castelo Branco representava o desconhecido, a mentalidade gerada e exagerada pela Escola Superior de Guerra, trazia ressentimentos antigos da classe militar, nunca exercera cargo civil, evidente que se tratava de um patriota, com um passado respeitável na FEB, mas politicamente era um dado perigosamente novo para presidir um período de transição legal. A menos que o Brasil devesse caminhar para uma ditadura, ainda que uma ditadura *sui generis*, com rotatividade de comando mas não de sistema e quadros, a solução seria evitar Castelo, não por seus defeitos ou qualidades, mas para fazer o país ser governado por um homem experimentado, sem maiores ambições pessoais ou de classe.

Com o PSD fechando a questão em torno do nome de Dutra, fatalmente os militares refluiriam, sem autoridade para combater a candidatura do velho marechal. E Dutra, apesar de pertencer ao PSD, era quase um nome extrapartidário desde os tempos em que exercera a presidência da República (1946-1951), quando lançara as bases da união nacional que se materializou, no varejo da administração, com a entrega de alguns ministérios e autarquias aos partidos de oposição.

Bem, com um *se* se pode fazer um poema (o *If* de Kipling é bom exemplo), mas nunca a história, por pior que ela seja ou pareça. Subindo a Gran Via, para uma visita ao Corte Inglês, lá em cima, JK sabia que agora não adiantava chorar sobre o leite derramado — e ele nunca fora disso. Cada contrariedade que o magoava era imediatamente relegada ao passado, gostava de usar a expressão "virei a página" — e ia em frente. Pela manhã, naquele dia, lera os jornais de Paris e de Nova York. O *Le Monde* trazia uma notícia esquisita: o governo de Washington encarregara o embaixador Lincoln Gordon, que ainda servia no Rio, de pedir ao governo brasileiro mais "moderação" com as punições, sobretudo que não investisse contra Ademar de Barros e Carlos Lacerda, que "eram candidatos à presidência da República". De Nova York, um telegrama revela que Castelo Branco não mais cassará candidatos — o que parece ser a resposta à sugestão de Washington.

JK recuperou a sua tranquilidade natural e vê o quadro brasileiro com clareza — agora que está a distância e que já perdeu o que tinha a perder. Nem Ademar nem Lacerda sobreviverão à nova classe que assumira o poder. Apesar de comprometidos com o movimento militar, os dois governadores seriam destruídos, cada qual a seu tempo. O problema de Ademar até que era mais fácil de ser resolvido. Sua incompatibilidade com as lideranças paulistas — que formaram a cabeça da hidra — não fora atenuada pelo episódio revolucionário. Quanto a Lacerda, aparentemente tudo levava a crer que ele seria o herdeiro presuntivo do trono — se houvesse trono vago. Mas o poder, no Brasil, não apenas mudara de donos, mas de expressão. Não mais seria um cargo eletivo e popular, mas, nos próximos anos, um posto de carreira militar. Lacerda não percebera isso e aceitara a mais estranha e inútil das tarefas ditas revolucionárias: viajava pelo mundo como *explicador* do movimento militar brasileiro.

O homem que soubera se portar com valentia e dignidade durante o cerco ao Palácio Guanabara desempenhava agora a missão ridícula de explicar o inexplicável, ou, pior, de explicar o que não precisava de explicação. Em Orly, Lacerda criou desnecessário incidente com os jornalistas franceses. Se ainda não tivesse desconfiado, deveria, ali mesmo, perceber que lhe haviam destinado um papel idiota no cenário internacional. De Gaulle recusou-se a recebê-lo, o Quai d'Orsay não tomou conhecimento de sua presença. Antes mesmo de viajar para Roma, Lacerda soube que Paulo VI não o receberia. E mais: na qualidade de chefe da cristandade, com a responsabilidade de ter escrito a encíclica *Populorum Progressio*, Paulo VI já havia pedido ao governo brasileiro que não levasse adiante as perseguições políticas e procurasse reatar o caminho das reformas sociais, sob pena de dar ao mundo o triste espetáculo de um simples golpe militar para manutenção de privilégios.

Ainda em Madri, JK traçara seu comportamento político para os dias de exílio, sem esperar, é certo, que fossem tão longos e dolorosos. Não faria nenhum comentário negativo ao Brasil, portando-se como Rui Barbosa e José Bonifácio, que nunca levaram para o cenário internacional as fraquezas momentâneas de uma crise nacional. Aos jornalistas espanhóis havia declarado, logo ao seu desembarque: "A melhor maneira de servir ao meu país, no exterior, é não discutir o que aconteceu."

E à própria imprensa brasileira, ao embarcar para o exílio, havia declarado com simplicidade: "Deixo o Brasil porque esta é a melhor forma de exprimir o meu protesto contra a violência."

Mesmo assim, notícias que chegavam do Brasil começavam a tumultuar o quadro geral de sua cassação. Inicialmente, o próprio Castelo Branco assumira a responsabilidade integral pelo ato, acrescentando que a punição fora imposta "por motivos políticos". Depreendia-se, então, desta afirmação que veio oficialmente a público, que o ato de cassar os direitos políticos de JK fora uma abertura de caminhos para Carlos Lacerda ou para qualquer outro delfim mais útil à situação. Dias depois, contudo, começaram a surgir versões que alteravam a relativa limpidez do ato governamental. Além dos motivos de ordem política, haveria outros, mais pesados, de natureza administrativa, envolvendo casos de corrupção. Na realidade, não surgira nenhum fato novo desde que, em 1961, no governo Jânio Quadros, fora tentada manobra igual, buscando incompatibilizá-lo com a nação através de inquéritos, sindicâncias e denúncias de graves irregularidades na construção de Brasília e em outros setores de sua administração. Todos esses inquéritos foram sustados ou arquivados pela inconsistência das provas e pelo ridículo das próprias acusações.

Por tudo isso, se JK evitava comentar a situação interna do Brasil quando respondia às entrevistas da imprensa estrangeira, não podia permanecer omisso em relação à imprensa brasileira — que durante o governo Castelo Branco e boa parte do governo seguinte continuaria ainda livre, cada órgão e cada jornalista tomando a atitude que lhe ditassem a consciência ou o interesse. Em linhas gerais, uma das grandes decepções de JK, nos dias difíceis por que passava, era justamente com alguns jornais e jornalistas que, até bem pouco, cortejavam-lhe o poder, lisonjeando sua administração passada e adubando o terreno para a possibilidade de seu retorno ao poder. Descontadas as fraquezas de caráter inerente ao ser humano, JK ainda assim se espantava quando lia editoriais de jornais tidos e havidos como liberais pregando a continuidade da exceção, condenando "o espantalho dos processos eleitorais" e reafirmando a conhecida tese de que eleição serve apenas para tumultuar a vida do país. Mas não podia deixar sem resposta as acusações de corrupção que os jornais diariamente publicavam. O silêncio seria uma cumplicidade, uma solidariedade com a infâmia.

Foi a partir desse momento que surgiu em sua vida a presença de um amigo, Adolpho Bloch, que até então poucas vezes o procurara. Durante os cinco anos em que governou o Brasil, JK somente o viu quatro vezes, geralmente em acontecimentos sociais. Em suas revistas, Adolpho dera ampla cobertura à construção de Brasília, mas para JK a atitude do amigo fora a do empresário que apostava no futuro do Brasil. Não se tratava de apoio à pessoa do presidente, mas à sua obra administrativa. Agora, no exílio, com o oceano a separar o passado de seu presente, a figura chagaliana de Adolpho crescia à sua volta, cada vez mais, presente em pequeninos detalhes que suavizassem o seu exílio. Além do mais, o que tinha a dizer, JK só o podia fazer através de um veículo que corresse os riscos da época. Foi assim a *Manchete* que ele se abriu para o primeiro desabafo. Ainda em Madri, ele respondeu energicamente às acusações que lhe faziam. O repórter David Sales perguntou-lhe "por que motivo se ausentara do país" e JK explicou:

> Respondo com uma pergunta. Se a minoria política, constituída por meus adversários, pressionava o governo a ponto de compeli-lo a praticar o ato de minha cassação, com que garantias poderia eu contar, depois do esbulho, em que nem sequer me foi facultado o direito de defesa? Saí do Brasil como um protesto, em face do mundo, e, também, por não encontrar ambiente de segurança que me permitisse defender-me das calúnias e infâmias, distribuídas à larga contra mim. Mas saí de minha pátria nos braços do povo. Se me perguntassem hoje qual o instante de maior emoção de minha vida, responderia que foi aquele em que, carregado pelo povo, e ao som do Hino Nacional cantado pela multidão, eu dava adeus aos meus amigos que, impávidos, enfrentavam a agressão de oficiais que, de revólver em punho, nos ameaçavam a todos, inclusive a minha família. [...] Dias depois da minha chegada a Madri, verifiquei que o explicador oficial da revolução na Europa [Carlos Lacerda] havia feito acusações caluniosas ao meu nome, com o propósito de assim justificar o esbulho de meu mandato. Imediatamente, e até para defender o meu país, tratei de restabelecer a verdade. Não podia deixar sem resposta a série sistemática de injúrias que atingia não somente a mim mas também aos partidos que haviam homologado a minha candidatura, e ao povo que em mim depositava suas esperanças. Como me calar diante das infâmias, ainda por cima partidas de um representante oficial do governo? [...] Em 1961, ao passar o governo ao meu sucessor, eleito em pleito livre, sabia que ele, por ser meu adversário, iria promover sindicâncias e

inquéritos contra mim, a exemplo do que fizera em São Paulo. Absolutamente convencido de que procedera com a maior correção e rigor, não influí no processo eleitoral, nem exerci qualquer pressão, entregando ao vencedor do pleito a faixa presidencial e aguardando as sindicâncias contra o meu governo. E que foi apurado nessas sindicâncias? O marechal Estêvão Taurino de Resende, que chamou a si essas sindicâncias e inquéritos, recentemente afirmou, em entrevista coletiva à imprensa, que nada encontrou por que pudesse responsabilizar-me.

A 30 de junho de 1964, a emoção misturada com uma dose de amargura: em Lisboa, sua filha Márcia casa-se com Bê Barbará. Na véspera, a cerimônia civil. A família se hospedara no Hotel Tivoli, na avenida da Liberdade. O calor da gente é grande, ali ele recebera, em histórica visita realizada a Portugal, ainda como presidente, em 1959, uma das maiores manifestações que os portugueses haviam prestado a qualquer outro estadista do mundo.

O casamento realizou-se na igreja de Santa Isabel, e Márcia teve como padrinhos Adolpho e Lucy Bloch, Odete Gomes de Lemos, Luís Gonzaga da Gama Filho e o ex-embaixador Hugo Gouthier. O hotel foi transformado por um dia em sua casa. Recepcionou alguns amigos íntimos e empilhou em seu quarto 15 mil telegramas vindos do Brasil. A alegria foi muita, mas em nenhum momento JK esqueceu que estava no exílio, longe de sua terra, de sua casa. Sempre imaginara o casamento de Márcia em outro ambiente, em outro clima. Por isso mesmo, os amigos que viajaram para Lisboa, seus admiradores de Portugal tudo fizeram para que JK tivesse realmente um grande dia.

Ao final da recepção, cantaram o *Peixe vivo* — uma surpresa para JK. Era uma espécie de hino pessoal, marca musical de seu nascente mito. O compasso alegre daquela melodia simples, nascida anonimamente no velho Tijuco dos tempos coloniais, estava incorporada à sua imagem, trazia-lhe de volta seus tempos de menino, o deslumbramento da primeira vez que a ouviu, os seresteiros descendo as ladeiras da Crupiara, violões iluminados pelo luar. Ao som daquela música ele sempre sentia "um pulo no coração". Naquele dia, porém, os acordes ingênuos do *Peixe vivo* deram-lhe um nó no peito, que ele procurou disfarçar da melhor maneira, somente os olhos — um pouco brilhantes demais — traindo o que lhe ia dentro.

Depois daqueles duros meses de ansiedade e tristeza, ao viver aquele momento de alegria para qualquer pai, ele sentiu vontade de chorar — mas se conteve. Não teria direito, sequer, ao pranto. E foi naquele instante que assumiu a enormidade de sua missão: suportar a adversidade com altivez, merecendo a grandeza que a História havia reservado à sua condição humana.

Cumprida aquela etapa, JK precisava pensar em se estabelecer no exterior. Sofreria sempre a nostalgia de sua terra — e ele se surpreendia com a crueldade do exílio. Sempre gostara de viajar, adorava deslocar-se pelo mundo, ver gentes, cidades, entrar em contato com realidades estranhas e exóticas. Mas — confessaria em suas cartas — "uma coisa é viajar com o bilhete de volta no bolso, bastando ir ao aeroporto e em menos de 12 horas estar novamente em casa". Outra era a incerteza de não saber até quando suportaria aquela distância, aquela solidão que o esperava por tempo não definido e com a qual nunca se habituaria. O inverno se aproximava e ele sofria com aquele céu coberto de nuvens, sem sol, sem estrelas à noite.

Na véspera de sua partida do Rio, em reunião com amigos, fora discutida a sua sobrevivência no exterior. Alguns lhe sugeriram que retornasse à medicina. Em jovem, ele fizera um curso de urologia em Paris, poderia dedicar alguns meses a um estágio de atualização na mesma cidade e mais tarde abrir um consultório, podendo ostentar um *curriculum* que os franceses respeitariam: interno do Hospital Cochin, da equipe do dr. Maurice Chevassu. Não era má ideia, mas faltava-lhe motivação interior para retornar à medicina. Fora seu sonho de jovem, a ela se dedicara com a mesma paixão que o acompanharia em todas as atividades de sua vida pública. Poderia voltar a vestir o avental, atualizar-se com a especialização em que se formara, contratar dois ou três assistentes brilhantes — e teria resolvido um problema que agora o preocupava. Contudo, a solução lhe soaria falsa. Ele abandonara a medicina quando, ainda prefeito de Belo Horizonte, percebeu que não podia se dividir em duas personalidades distintas e, em certo sentido, antagônicas. A ser médico outra vez, teria de ser um grande médico, e não um simples funcionário da medicina, clinicando rotineiramente, para ganhar e conservar uma clientela tardia, emergencial. Não era de seu feitio aceitar uma solução dessas. Só saberia fazer as coisas a seu modo: com entusiasmo, paixão.

Outros amigos lhe propuseram uma representação comercial, poderia abrir um escritório em Nova York, ali tratando dos interesses de uma das empresas do grupo Klabin. Também essa não seria a sugestão aceita, quase que pelos mesmos motivos. Sentir-se-ia deslocado na atividade comercial, embora tivesse facilidade de contatar pessoas, motivar negócios.

Surge, então, e mais uma vez, a atuação de Adolpho Bloch, que de agora em diante seria presente em seu destino: JK deveria ser o cronista de sua própria obra. Depois de ter construído Brasília, ele deveria se dedicar agora à redação de suas memórias. Adolpho colocava-se a seu dispor, JK escolheria um amigo que o ajudasse, podia ser Francisco de Assis Barbosa, que já lhe escrevera uma biografia, mas a interrompera quando JK ainda estava no poder, podia ser Josué Montello ou Pedro Bloch, enfim, que o presidente escolhesse alguém que pudesse coligir dados, documentos, fazer pesquisas que a ele, no exílio, seriam impossíveis.

A sugestão foi aceita, há muito Juscelino vinha pensando em redigir suas memórias. Seria, evidentemente, um investimento para o futuro; para o presente ele dispunha de algumas rendas que dariam para manter um padrão confortável e digno no exílio. Os setores mais exaltados, no Brasil, atribuíam-lhe a sétima fortuna do mundo. Alguns políticos e jornalistas divulgavam essa versão irresponsável, que não resistia a qualquer prova. Quando começaram os rumores de sua cassação, ele dera procuração ao presidente do Senado, Auro de Moura Andrade, que não chegava a ser um de seus amigos mais íntimos, autorizando-o a fazer o levantamento total de todos os seus bens, contas bancárias no Brasil e — se fosse o caso — no exterior. Idêntica procuração dera ao advogado Sobral Pinto, que poderia apurar o volume, procedência e destinação de seus bens. Por conta própria, já diversas comissões oficiais, oficiosas e clandestinas haviam aberto devassas em sua vida particular, a fim de levantar a fabulosa fortuna construída em seus anos de poder.

Depois do impacto das primeiras acusações, que lhe doeram fortemente, ele chegava a achar graça dessa astronômica fortuna que o tornava um potentado. Ao mudar-se para Paris, ocupando um apartamento no Boulevard Lannes, 65, ele decidiu de uma vez por todas que não mais abriria sua alma ao sofrimento vindo por esse lado. Era ridículo que se mortificasse dia a dia, provando que não era um milionário, muito menos um homem de fortuna.

Tinha seus bens, é claro, situava-se numa faixa confortável da alta classe média, como tantos outros ex-funcionários graduados do governo. Mas fortuna, mesmo, essa ficava creditada à irrecuperável maledicência dos frustrados, que viram morrer quase na indigência diversos administradores que movimentaram milhões em suas vidas públicas e nada tinham a deixar aos seus, nem mesmo recursos para o tratamento final: João Alberto Lins e Barros, Artur de Souza Costa, Getúlio Vargas — esse chegou a morrer endividado, pois não conseguira liquidar integralmente a compra de sua fazenda, depois de vinte anos no poder.

Em Paris, o primeiro inverno de exílio. O Natal. Em carta a Carlos Murilo, ele desabafaria: "É triste o Natal do exílio, nesta cidade mergulhada nas sombras do inverno, em cujo céu não verei uma estrela." E ao primo, a quem queria como filho, confessa: "Tenho medo do enfarte e, sobretudo, do derrame cerebral que me tornaria incapaz. Não quero morrer no exílio."

Parte de seu tempo é dedicada à leitura de jornais e livros, parte à intensa correspondência com os amigos distantes, muitos deles sofrendo perseguições por serem notoriamente ligados a ele.

Do Brasil, os amigos lhe mandam notícias. Discutia-se, nos escalões do governo, a prorrogação do mandato de Castelo Branco, com os argumentos costumeiros, que JK conhecia de sobra, pois eram os mesmos que lhe haviam dado, em 1960, para que alterasse a Constituição a seu favor. Continuidade administrativa, coincidência de mandatos, a paz da família brasileira, a conjuntura econômico-financeira não suportaria as procelas de uma campanha eleitoral — enfim, nenhum argumento novo. Ele os repelira a todos, baseado no seu juramento à Constituição. Tinha prazo legal para deixar o poder — e isso lhe bastava para cortar qualquer insinuação de continuísmo. Mas Castelo oferecia uma resistência mole às sereias que o envolviam. Assustado com o rumo dos acontecimentos, finalmente Carlos Lacerda despertaria para a realidade, da qual se afastara pelo antecipado delírio do poder: prorrogado o mandato de Castelo, não haveria eleição em 1965 e, como diria o próprio Lacerda, "uma revolução que se esconde do povo é quartelada" (apud Viana Filho, 1975). Lacerda assim respondia a Magalhães Pinto e ao general Costa e Silva que, a 14 de julho de 1964, já aventavam a ideia continuísta. Depois de se terem livrado da candidatura de JK, e constatada a minoria lacerdista no esquema do movimento armado, os novos donos do poder não iriam entregá-lo na bandeja, de mão beijada, a qualquer outro grupo que no poder já não estivesse fixado.

Muitas surpresas viriam, inclusive para Magalhães Pinto, mas chegara a hora e a vez de Lacerda. Com três meses de antecedência, um cronista do *Correio da Manhã* havia escrito que Lacerda cometera a maior burrice de sua vida, colaborando num movimento que o faria uma vítima inevitável.* Mas Lacerda só perceberia tarde demais o golpe que levara. Na verdade, só o percebeu quando se tornou vitoriosa a marcha da tese continuísta e, quase que simultaneamente, delineou-se a derrota de seu candidato à sucessão na Guanabara. As duas tenazes se conjugaram, independentemente entre si, para espremê-lo e expulsá-lo do sistema. Conta Luís Viana Filho, em estilo que lembra *O conde de Abranhos*, de Eça de Queirós, que "vencido na tentativa de incluir no Ato (o no 2) um dispositivo antecipando para 31 de janeiro de 1966 o término do mandato presidencial, Castelo seria irredutível no propósito de entregar a presidência em 15 de março de 1967". Ele jurara transmitir o poder em 1966 ao seu sucessor eleito pelo povo em 1965. Mas Luís Viana Filho acrescenta um comentário encomiástico que lembra o de Z. Zagallo do romance de Eça: "Era a nota de grandeza que costumava pôr em suas decisões" (Viana Filho, 1975, p. 354).

Quanto à sucessão na Guanabara e em Minas, bem, a lenha foi mais dura para o governo. Em Minas, derrubaram a candidatura de Sebastião Paes de Almeida, alegando "abusos de ordem econômica" no processo eleitoral. De qualquer forma, emergiu a candidatura de Israel Pinheiro, e o governo foi obrigado a aceitá-la, já na certeza de que não haveria chance para o candidato lançado pelos grupos tidos como revolucionários. Na Guanabara, que Lacerda chegara a julgar um feudo particular, a sucessão seria mais dramática. Num comício em Bangu, a favor de seu candidato, Lacerda teve um troço e foi retirado de campo, lívido, exangue, a boca aberta pela dispneia de circunstância. Durante o comício, ele recebera as últimas pesquisas de opinião que davam o seu candidato, Flexa Ribeiro, derrotado por seu adversário.

Era hora de distribuir culpas — e Lacerda, como sempre, seria generoso nesses momentos. Inicialmente, ele se fixara na candidatura de um de seus

---

* Carlos Heitor Cony: *O ato e o fato*, Civilização Brasileira, 1964. (N. do A.)

secretários não muito expressivo, Cravo Peixoto, cujo mérito principal seria a docilidade com que se deixaria governar por ele e por seu vice, Rafael de Almeida Magalhães. Mas Cravo Peixoto, além de não ter votos, não tinha saúde. O nome procurado, Carlos Flexa Ribeiro, seria viável em termos normais, um professor de arte, educador, homem de bem, mas sem grande penetração eleitoral. Sabendo disso, Lacerda passou a exigir do governo central um apoio mais ostensivo a seu candidato. Mas era impossível deter a oposição que se armara contra o regime na Guanabara.

A princípio, o primeiro candidato oposicionista seria o engenheiro Hélio de Almeida, que fora ministro da Viação em tempos de João Goulart. Foi feita uma lei especial contra Hélio de Almeida, tornando-o inelegível na base do "fica inelegível quem foi ministro de tanto a tanto"; a lei só faltou acrescentar a altura do candidato, os óculos, o tipo sanguíneo e a carteira de identidade.

Surgiu depois o nome do marechal Teixeira Lott, que chegou a dar susto ao próprio Castelo Branco. Felizmente, para ambos os lados, o marechal Lott era mesmo ruim de urna, atrapalhou-se tanto que foi fácil afastá-lo da luta, pois seu domicílio eleitoral era em Teresópolis — antes da fusão, ele só poderia se habilitar a prefeito ou vereador da cidade que chamam de serrana.

Em maio de 1965, o genro de JK, Bê Barbará, voltou de Paris com uma carta endereçada a seus amigos e correligionários. Escrita à distância dos acontecimentos, ela trazia a voz de comando e da boa estratégia eleitoral. JK pedia que votassem em Israel Pinheiro para governador de Minas e em Francisco Negrão de Lima para governador da Guanabara. Não deu outra. Ambos seriam eleitos, sendo que Negrão por esmagadora maioria de votos.

Antes mesmo da eleição, a 3 de outubro de 1965, ficara mais ou menos assentado, nos escalões do movimento armado, que, em caso de vitória de Israel e Negrão, a posse poderia ser negada, seguindo-se a intervenção federal nos dois estados. Além disso, havia os desinformados de sempre, que acreditavam exaltadamente ter o povo a seu lado e que os "subversivos e corruptos ligados a Kubitschek eram coisa do passado". O desvario de Lacerda não chegava a tanto. Sabia que as urnas iam dar uma surra eleitoral não apenas nele, mas naquilo que ele ainda representava. A única tática que lhe ocorreu foi a de renunciar, dias antes, ao mandato de governador da Guanabara, um gesto impulsivo e inútil, pois estava em fim de mandato, e na verdade não renunciava a nada, a não ser ao incômodo de assistir de corpo presente à vitória do adversário.

Em seu lugar, e em seu estilo, o vice Rafael chegou a ser eleito pela Assembleia para a missão de sacrifício de dar posse a Negrão, mas num vezo muito próprio da UDN, que considerava a coisa pública uma propriedade particular dos udenistas, só eles dignos de exercerem o poder, o vice cometeu a grossura civil e cívica de se ausentar no momento mais sério de seu minimandato: o de transmitir o cargo. No fundo, ele pensou que cometendo aquela incivilidade ficaria moralmente com o cargo para sempre — outra mania, por sinal, dos udenistas de sempre.

Em Paris, JK não tinha dúvida sobre a vitória de Israel e Negrão, embora soubesse, por experiência própria, que, numa realidade politicamente tumultuada como a do Brasil, vencer uma eleição é apenas a primeira etapa de um longo processo. No caso dele, foram precisos dois movimentos militares e o afastamento de dois presidentes da República provisórios que se negavam a admitir a vitória do eleito nas urnas.

Juscelino esboçou um plano que confessou a alguns amigos: no dia 3 de outubro, domingo, enquanto o povo brasileiro estivesse votando em 11 estados para a renovação do mandato dos governadores, ele prepararia as malas e voltaria para o Brasil. Chegaria na manhã do dia 4, as primeiras urnas seriam abertas ao meio-dia; desse modo, ele não poderia ser acusado de ter influído pessoalmente a favor ou contra qualquer candidato. Nem sequer poderia ser acusado de ter vindo emocionar o povo, sua presença só seria sentida depois de lacrada a última e antes de ser aberta a primeira urnas. Nesse espaço de ninguém, ele chegaria. Como sempre, os amigos mais cautelosos o aconselham a não voltar. A situação é problemática, embora certa a vitória de Negrão e Israel. A presença de JK, no Brasil, na melhor das hipóteses daria um pretexto ao governo de cancelar as eleições, os anulá-las, ou, ainda, de negar posse aos eleitos.

Mas Juscelino não podia mais reprimir a ânsia de voltar. Não tinha qualquer propósito revanchista, nem o mérito da vitória de Negrão e Israel seria exclusividade sua. Não se tratava de um retorno triunfal, na base da *vendetta* política. Era mesmo um sentimento de impaciência (um dos traços de sua personalidade, que lhe custou alguns problemas dispensáveis), de pressa em voltar para casa, sentir o contato do povo, dos amigos, da comida, o ar, o cheiro de sua gente. Politicamente, talvez tenha sido um erro o seu retorno em hora razoavelmente imprópria, embora, sob o ponto de vista humano, o seu desejo de voltar fosse mais do que compreensível.

Comentando esse momento, anos mais tarde, ele diria que o sentimento de retornar ao Brasil foi mais forte do que tudo, do que todas as conveniências. Sabia que poderia desencadear uma nova crise, pois os apetites e os melindres se concentrariam em sua pessoa. "Foi uma razão mais forte do que a razão" — diria ele. "Eu imaginava que haveria problemas, confiava em que a maioria deles poderia ser contornada politicamente." A eleição de Negrão e Israel restaurava a confiança do povo no processo democrático, era um apelo de esperança, uma senha de liberdade. Ele não viria lamber a vitória — como muitos pensavam. Apenas, o exílio tornara-se mais e mais insuportável. Aproximava-se novo inverno. Ele se imaginou em Paris, enfrentando aquela garoa fria, a neve rala, úmida, suja e derretida nas calçadas, o céu áspero, de chumbo, baixando sobre os tetos — não.

A um amigo ele confessaria, dias mais tarde, quando se encontrava no cipoal de IPMs abertos contra ele, que a possibilidade da volta ao Brasil foi superior a qualquer cálculo de natureza política.

> Eu estava engasgado pelo exílio. Fiz as malas sem esquecer as recomendações dos amigos que me pediam prudência, que ficasse mais uns dias em Paris, esperando o desenrolar dos acontecimentos. Mas eu vivia um drama pessoal. A possibilidade de passar um novo inverno no exílio era apavorante. Eu nunca sentira o terror antes. Em nenhuma situação de minha vida fui assaltado por esse sentimento, que é pior do que o medo, mais devastador do que o pânico. Era o terror, mesmo. A alternativa, que tinha então, era voltar ou ficar — e, se ficasse, dificilmente eu dominaria esse terror que se apoderara de mim. Sou um homem de fé, católico praticante. Dei provas, inúmeras vezes, de coragem pessoal e moral. Mas naquele momento eu não teria forças para vencer o drama que vivia. Era voltar ao Brasil ou meter uma bala no peito.

Juscelino regressou de sua primeira etapa de exílio. Na manhã de 4 de novembro, ele acenava de seu carro, à frente de um cortejo de automóveis que buzinavam pelas ruas do Rio. O povo se concentrava nas calçadas, para aplaudi-lo. Juscelino ria — os brasileiros bem conheciam o riso e o gesto, momentaneamente reintegrados à moldura da terra. Quem o viu, naquele instante de fugaz triunfo, não sabia que em seu bolso havia um papel timbrado do Ministério da Guerra, intimando-o a comparecer, naquele mesmo dia, às 14 horas, no quartel da PE, para responder a um Inquérito Policial Militar — o primeiro de um longo massacre.

Capítulo 9

O massacre dos IPMs

4 DE OUTUBRO DE 1965 — Quando a porta do *Château de Sully* se abriu e o comissário de bordo autorizou a descida dos passageiros, JK viu, lá embaixo, ao pé da escada, um oficial da Aeronáutica grudado ao último degrau. Se fosse simples cautela tomada pelo comando da base do Galeão, que encarregaria um de seus oficiais de assistir ao desembarque, o militar estaria ao lado da escada, e não ali, como a impedir que o passageiro da Air France pisasse o chão do Brasil. Tão logo desceu o primeiro degrau — com dona Sarah à frente — ele viu que nas sacadas do antigo aeroporto uma multidão esperava por ele. E era, em parte, por isso que voltava: para estar com sua gente. Por um instante, esqueceu tudo, as apreensões dos 16 meses de exílio, as dificuldades que enfrentaria com aquele retorno. Sim, valera a pena, mais dois, três degraus e pisaria outra vez o seu chão.

O oficial recuou apenas um passo e continuou a barrar-lhe o caminho. JK estendeu-lhe a mão, cordialmente, não o conhecia, mas o gesto de estender a mão era comum nele. Além do mais, fora chefe supremo das Forças Armadas de seu país, sabia que os regulamentos davam-lhe o direito civil (não mais hierárquico) de estender a mão a um oficial do Brasil — que em sua folha de assentamentos deveria ter, de algum modo, uma promoção, um elogio, um ato administrativo assinado por ele na qualidade de presidente da República.

O oficial cumprimentou-o à paisana, tirando o quepe da cabeça, mas evitando a mão estendida: normalmente, os militares batem continência em casos assim, mesmo sem obrigação regulamentar. Mas o oficial tinha missão pouco agradável a cumprir. Estendeu-lhe a intimação firmada pelo coronel Ferdinando de Carvalho, que presidia um Inquérito Policial Militar sobre as atividades dos comunistas no Brasil. O próprio oficial comunicou-lhe verbalmente que estava intimado a comparecer no dia seguinte ao quartel da Polícia Especial do Exército, na rua Barão de Mesquita, para o primeiro depoimento.

Ao lado, dona Sarah ouve a intimação. Apesar das muitas cartas trocadas com os amigos daqui, dos telefonemas recebidos, ninguém havia levantado aquela hipótese que anunciava um tratamento severo demais para quem voltava à pátria. Tão logo o oficial se afastou, outro militar se aproximou e repetiu a cena, intimando-o para outro IPM, este sobre as atividades do Instituto Superior de Estudos Brasileiros (Iseb). A intimação vinha assinada pelo coronel Joaquim Victorino Portella Ferreira Alves e marcava o primeiro depoimento para aquele mesmo dia, às 14 horas.

Juscelino deu-se por intimado. Comunicou aos oficiais que iria para casa, em Ipanema, mas que estaria presente na hora e local determinados pelas intimações. Ladeado pelos dois militares, ele se afasta do avião e se dirige à alfândega, onde os amigos e parentes o esperam, emocionados e apreensivos. Acompanhando o lance a distância, eles tiveram a impressão de que JK havia sido preso no momento em que voltava a pisar o chão do Brasil. Essa sensação só se dissipou quando o viram nos braços de suas filhas. E a alegria foi tanta que todos — inclusive JK — esqueceram as intimações, a enorme cadeia de pressões armada contra um homem desarmado física e espiritualmente, que desejava apenas voltar para casa.

No saguão do aeroporto, uma outra presença é notada: Negrão de Lima interrompera o descanso pós-eleitoral num sítio de Jacarepaguá e viera cumprimentar o amigo e chefe. Ainda no Galeão, as emissoras de rádio começavam a divulgar os primeiros resultados da eleição da véspera. A primeira urna aberta no estádio do Maracanã dava vantagem para Negrão, aquele tipo de vantagem que, de estalo, anuncia o vencedor.

Em Minas, também as urnas começam a ser abertas, vitória fácil para Israel Pinheiro. Qualquer político experimentado conhece a sentença: "Quando as urnas começam a falar mal, falam mal até o fim." A recíproca, no caso, é verdadeira.

Juscelino é chamado pelos genros, um carro o espera. Ficara tacitamente combinado entre a família e as autoridades da base aérea do Galeão que não haveria aglomerações, nenhuma possibilidade de comício, nada que pudesse transformar a chegada de JK numa manifestação velada ou ostensiva contra o governo e o regime. Os resultados da eleição bastavam (e bastavam até demais) para abrir a crise que desaguaria no Ato Institucional no 2.

Foi dose. Dose para o governo do marechal Castelo Branco, que enfrentou concretamente o seu primeiro e definitivo teste em relação às suas bases. A chegada de Juscelino Kubitschek poderia ser absorvida pelo sistema, por mais apoteótica que tenha sido. Os estrategistas da situação já haviam esboçado uma linha de ação para neutralizar o impacto causado pelo retorno do mais popular dos exilados pelo movimento de 1964. A sucessão de IPMs a que ele responderia tinha dupla finalidade: a primeira, a de tentar mostrar o grau de envolvimento de JK com a subversão que teria sido a causa da deposição de João Goulart. Por mais absurdo que possa parecer, havia militares e civis ligados à nova classe que acreditavam nesse envolvimento, que para uns configurava um criptocomunista, para outros um comunista e, para os demais, um elemento necessariamente nocivo que só poderia trazer intranquilidade à família brasileira. Esse leque de acusações seria aberto e condicionaria os cinco tipos de IPMs a que JK responderia a partir do dia de seu retorno. A segunda finalidade dos interrogatórios era a de assustar e cansar o próprio JK, humilhando-o, tornando a sua vida impossível no Brasil.

Se falharam na primeira hipótese, na segunda obtiveram sucesso. Curiosamente, porém, as forças do regime ainda se autoestimavam poderosas e capazes de atrair a simpatia do povo. Também se equivocaram: o governo que emergira do movimento militar de 1964 não estava tão forte, seriam necessários outros movimentos dentro do movimento, até que fosse obtido o grau exato de força suficiente para compensar a perda de popularidade e de respeito internacional. Até o final da tarde de 4 de outubro de 1965, o governo — e suas estruturas afins — ainda acreditava que o povo, saneado de subversivos e corruptos, teria mantido aquele clima de frente única contra o caos dos tempos de Goulart, expresso sobretudo nas duas grandes Marchas com Deus pela Democracia. Mas os resultados das eleições da véspera, embora cobrissem 11 estados, nos dois mais importantes — Minas e Guanabara — mostravam que a massa dos eleitores continuava dissociada dos reclamos morais, ideológicos e cívicos do movimento de 64.

A eleição de Negrão de Lima e Israel Pinheiro, que se tornaria nítida ao final do primeiro dia das apurações, indicava que "eles voltavam". Para ser exato: eles *também* voltavam — pois Negrão e Israel eram vistos e tidos como pessoas ligadas a JK, criaturas do criador. Embora possuíssem méritos próprios, nem Negrão nem Israel obtiveram a consagração do eleitorado por aquilo que representavam pessoalmente. Para resumir: nos dois estados mais importantes, a eleição teve caráter plebiscitário (contra ou a favor do movimento de 64) — e à noite daquele mesmo dia, na Vila Militar, um grupo de oficiais deu nome aos bois, chamando Castelo Branco de "molenga".

Culparam o marechal por ter guardado, com a ajuda de Mílton Campos e de outros poucos liberais que haviam subido ao poder, alguns segmentos e muitas aderências de situação antiga.

O movimento militar de 64 rachava.

Dando caráter prático à insatisfação dos militares, que aceitaram com orgulho a classificação de "linha dura", e dos escalões civis mais ligados ao lacerdismo, estouraram diversas conspirações contra a posse de Negrão e Israel. No pressuposto de que seria relativamente fácil anular as eleições e indicar interventores para a Guanabara e Minas Gerais, o foco das agitações nos meios militares voltou-se contra o governo central, contestando abertamente o próprio poder de Castelo Branco.

Na manhã do dia 5, já o ministro da Guerra, general Artur da Costa e Silva, sabia que chegara a sua hora e vez: possuía todas as condições objetivas e subjetivas para vibrar um golpe contra Castelo, ou não vibrar golpe algum, ou ainda impedir que vibrassem qualquer golpe. Tornava-se condestável do regime, colocando o presidente sob sua tutela.

No dia 6, a situação se definia. Cioso de sua autoridade, e convencido de que não cometera erro no plano político ou militar, Castelo Branco insistiria no cumprimento do compromisso assumido com o eleitorado — o último, por sinal, a ser cumprido por largo espaço de tempo. Os próprios militares que eram devotos de Castelo não o conheciam suficientemente: ignoravam, nele, esse formalismo legal que teve graves lapsos acidentais (a cassação de JK, a prorrogação do próprio mandato e outros), mas que, em essência, colocavam e elevavam sua personalidade política acima de sua personalidade de militar profissional.

Para falar tudo: Castelo não era exatamente o gorila que alguns elementos mais radicais exigiam para a situação. Em foro íntimo, talvez o próprio Castelo admitisse a sua temeridade ao assegurar a eleição direta para governadores de 1965. No fundo, porém, ele também sofrera as distorções do otimismo *revolucionário*, distorções essas que não eram exclusividade dele nem do governo, mas de largas parcelas das Forças Armadas — para não dizer de *todas* as forças que haviam se agrupado para depor o governo de João Goulart. Não sem razão, na antevéspera da eleição, o *staff* do candidato lacerdista ao governo da Guanabara mostrava-se otimista, apesar de o próprio Lacerda ter baixado à enfermaria da Fábrica de Bangu, sabendo que ia perder nas urnas. Mas os homens de abril de 1964 acreditavam sinceramente que o eleitorado repudiaria a demagogia dos corruptos e a agitação dos subversivos.

O que se passou nos quatro primeiros dias após as eleições ficou mais ou menos enevoado, em parte pela habilidade — talvez a matreirice — de Costa e Silva, que era astuto em horas que exigiam definição. Fora astuto ao assumir o Ministério da Guerra e o comando militar do movimento de 64, invocando sua condição de general mais antigo no almanaque. Quando percebera que não havia clima para a sua eleição à presidência da República, não forçara a mão, esperando que nova rodada se armasse na mesa do pôquer — na qual, aliás, era experiente. Agora, com a Vila Militar em ebulição, com a jovem oficialidade querendo sair às ruas para prender Negrão de Lima na marra, ele aproveitou sua *finest hour*: garantiu o poder de Castelo sem exigir nada na ocasião, mas abrindo caminho para a inevitabilidade de sua própria candidatura.

A partir do dia 6 de outubro, Castelo continuou presidente, formalmente na plenitude do poder — mas a sombra do seu ministro da Guerra crescia e se confundia com a sombra de seu sucessor, antecipando um problema que o amarguraria dali em diante.

Evidente que Castelo não pretendia se eternizar no poder. Seria "maravilhoso" demais — para lembrar a frase que Mazzilli dissera, por ocasião da crise de 1961. Mas também, que diabo, talvez tivesse direito a um mandato normal de cinco anos, que poderia ser negociado em bases honestas, limpas, embora Lacerda não tenha achado nada limpa aquela prorrogação de mandato. O que é certo, também, é que Costa e Silva seria um dos últimos nomes em que Castelo se concentraria na hora de administrar sua sucessão. Ele preferia um nome civil afinado com o movimento de 64 e chegou a fazer a lista dos papáveis, incluindo nela algumas opções militares como o general Rodrigo Otávio. Mas sua predileção ostensiva era Bilac Pinto, o tipo de lacerdista sem Lacerda que mais se ajustava ao logotipo que Castelo desenhava para a presidência da nação de seus sonhos.

A crise de outubro de 1965 varria todo o projeto político que ele tentara alinhavar. Para conter a Vila Militar do Rio (foco principal da irritação causada pela vitória de Negrão e Israel), Castelo Branco sentiu que a sua sobrevivência no poder, sem arranhões mais profundos, só seria possível se editasse novo ato institucional. Negociou até os limites de sua dignidade pessoal e presidencial. E de outubro até o final de dezembro de 1965 contou com o apoio incondicional (mas tático) de seu ministro da Guerra. Nesse clima dramático de luta pela integridade do poder, Castelo praticamente ignorou o que se passava no quartel da Polícia Especial da rua Barão de Mesquita — e quando interferiu pessoalmente no massacre a que submetiam o ex-presidente Juscelino Kubitschek, tomou ou deixou que tomassem em seu nome uma das mais imperdoáveis atitudes de seu governo.

Ao chegar a seu apartamento na avenida Vieira Souto, JK mal teve tempo de abraçar os amigos que o procuraram. Apesar das pressões e restrições do momento, muitos de seus companheiros continuaram fiéis e não escondiam suas relações com aquele que caíra em desgraça. Ele se lembrava, por exemplo, da atitude do ex-deputado Milton Reis: no aeroporto, por ocasião do seu desembarque, tivera a coragem de altercar com os militares que o afastavam do povo. E havia Renato Azeredo, uma fidelidade de todas as horas, Osvaldo Maia Penido, Aníbal Teixeira, Victor Nunes Leal, Josué Montello, Sette Câmara — seria impossível contar as dedicações que se conservavam a seu lado. A mais importante, porém, estava nas ruas do Rio e do Brasil: o povo. Em frente a seu edifício, a multidão não se arredava, enfrentando o policiamento montado para impedir aquele tipo de comício silencioso. Pouco depois do meio-dia ele vai cumprir uma promessa na igreja de São Judas Tadeu, no Cosme Velho. Almoça rapidamente, comidas caseiras, com gosto de torresmo, gosto de Minas. Às 14 horas se dirige para a PE, na Tijuca, acompanhado de amigos que não o abandonam.

Não tivera tempo, sequer, de pensar no que ia depor. Lera apressadamente as duas intimações recebidas no Galeão, uma sobre o Partido Comunista, outra sobre o Instituto Superior de Estudos Brasileiros (Iseb). A caminho para o IPM, ele nem sabia ao certo qual dos dois o esperava naquele dia. De qualquer forma, tanto fazia: nada tinha a esconder ou a temer. Seu advogado, Heráclito Sobral Pinto, sentia-se mais indignado do que ele. Em Paris, ao embarcar para o Rio, ele dissera à imprensa francesa que o Brasil era um país generoso e grande, mesmo assim, "temia apenas que alguns setores movessem perseguições minúsculas". Pois aí estava uma delas. O coronel Joaquim Portella, que o intimara para depor no próprio dia da chegada, presidia um IPM absurdo que tivera, como primeiro responsável, o também absurdo coronel Gérson de Pina.

Trocado em miúdos, esse IPM partia da suposição de que o Iseb era a réplica civil da Escola Superior de Guerra, uma entidade controlada e financiada por comunistas para debilitar a democracia brasileira. Um antro de subversivos de vários matizes. Criado no governo Café Filho, inicialmente o Iseb não ganhara projeção cultural e política. No governo JK, através do Ministério da Educação, foram injetados novos recursos e reestruturados seus objetivos, que o tornaram, na prática, um centro de estudos políticos e sociais comprometidos com a linha básica de seu governo, ou seja, o desenvolvimento.

Esse primeiro depoimento demorou três horas. Aqueles que responderam a esse tipo de inquérito conhecem o ritual e sabem que todos se parecem na inutilidade — e justamente essa inutilidade é que acaba irritando o depoente. Com exceções raríssimas, os encarregados dos IPMs nada sabiam a respeito do que interrogavam ou pretendiam apurar. Recebiam a tarefa como "missão a cumprir". E a cumpriam no limite de suas possibilidades — que eram poucas — e no âmbito das denúncias e preconceitos da época — que eram muitos.

A postura dos militares era, em geral, de forçada cordialidade e esforçado respeito, que mal escondiam o constrangimento de interrogarem sociólogos, cientistas, economistas, professores universitários, artistas, escritores e jornalistas sobre assuntos que mal entendiam ou não entendiam nada.

No caso específico de JK, um dos desejos que o acompanhou até a morte foi o de ver, divulgados, os depoimentos que prestou nos diversos IPMs a que respondeu. De resto, quase todos os que passaram por um IPM tiveram e têm o mesmo desejo.

Uma das finalidades desses inquéritos era intimidar, calar ou, simplesmente, chatear os depoentes. Sobretudo no caso de JK. Com variantes de temperamento, os encarregados de cada IPM o submeteram à tortura de suportar interrogatórios de sete, oito e até nove horas, como no caso do inquérito sobre o Partido Comunista, que tinha a presidi-lo o então coronel Ferdinando de Carvalho, um dos poucos que se empolgou pelo assunto e se tornou *expert* em comunismo.

Mas o que tinha JK a ver com o Partido Comunista, o Iseb ou a imprensa comunista, que gerou outro IPM específico? No caso do Iseb, não havia sequer materialidade que justificasse qualquer interrogatório. Para um presidente que construíra Brasília, que movimentara e mobilizara o país e a sociedade em diversas e efetivas frentes de trabalho, era impossível saber o que o conferencista tal em dia tal havia dito sobre tal problema nacional ou internacional. A estrutura administrativa do instituto estava ligada aos departamentos competentes de um ministério, seus recursos e atividades constavam de orçamentos e relatórios fiscalizados rotineiramente pelos escalões responsáveis. Quanto à parte ideológica, o Iseb era comprometido com uma visão progressista e aberta da realidade brasileira. Um de seus momentos mais importantes — se não o mais importante — fora a conferência ali pronunciada por Jean-Paul Sartre. Mas explicar a um coronel saído da tropa a posição, o peso e o sentido do engajamento de Sartre no panorama cultural da época era mais do que impraticável: era inútil.

Quanto ao IPM do Partido Comunista — o que mais custou a JK em horas de depoimentos —, limitou-se mais ou menos a apurar que o PCB, colocado na ilegalidade desde 1947, continuava a existir e a apoiar eventuais candidatos que disputavam eleições. O próprio coronel Ferdinando de Carvalho conta, em entrevista ao autor, como nasceu a ideia de colocar JK entre os indiciados. A 1o de outubro de 1965 fora chamado pelo general Afonso de Albuquerque Lima, então chefe do Estado-Maior do I Exército, que lhe ordenou enquadrar JK no IPM que apurava as atividades do PCB. No mesmo dia, ou no dia seguinte, fora procurado pelo jornalista Hélio Fernandes, que lhe encareceu a necessidade de apurar as ligações de JK com os comunistas.

O coronel não permitiu a presença de advogados durante os interrogatórios, mas a medida lhe parecia legal, pois "um IPM não julga, apenas investiga". Vários e demorados, esses interrogatórios transcorreram — segundo o coronel — em clima cordial, mantendo JK muita "elegância e dignidade durante os mesmos". Em meados de outubro, depois de horas e horas de depoimentos, JK se declarou muito cansado, pois respondia a outros IPMs simultaneamente e o maior suplício "era ficar sentado durante tanto tempo". As perguntas feitas pelo coronel visavam a apurar a qualidade e a quantidade da participação dos comunistas em seu governo e em sua eleição presidencial. Havia a convicção generalizada, por parte dos militares, de que Tancredo Neves e Negrão de Lima, articuladores de sua campanha eleitoral em 1955, tinham firmado compromisso com o PCB, em Itatiaia. Os comunistas prometiam não hostilizar nem a campanha nem o governo JK em troca de um pagamento em dinheiro, relativamente pequeno, talvez 200 ou 250 mil cruzeiros.

Esse fato não foi confirmado nem por JK nem pelos acontecimentos posteriores. Em todo caso, os militares já sabiam que outros candidatos em épocas diversas também haviam recebido a mesma acusação, citando-se os exemplos de Mílton Campos, em Minas, e Virgílio Távora, no Ceará, que teriam aceitado acordo equivalente.

Tantos anos depois, Ferdinando de Carvalho lembra que JK mostrava-se intransigente quando as perguntas procuravam incriminar outras pessoas, preferindo manter silêncio quando a questão era formulada na base do sim ou não. O ponto alto do interrogatório — ainda segundo o coronel — foi uma espécie de cilada contra JK. Perguntado se durante o seu governo recebera alguma vez o líder do PCB, Luiz Carlos Prestes, Juscelino negou veementemente: nunca recebera em palácio ou em sua residência o chefe dos comunistas brasileiros. O coronel então lhe mostrou uma foto em que Prestes aparecia numa manifestação diante do palácio, por ocasião do rompimento com o Fundo Monetário Internacional. Cada qual com a sua verdade: o rompimento com o FMI durante o governo de JK não tivera qualquer conotação ideológica. Mesmo assim, os comunistas aderiram a uma espécie de passeata em solidariedade ao governo naquele episódio.

Outra armadilha, que procurava embaraçar JK, foi sobre o V Congresso do PCB realizado no Rio. Segundo o coronel Ferdinando de Carvalho, a polícia carioca recebera ordens para guardar uma área de um quilômetro de raio, a fim de garantir a concentração dos comunistas num dos prédios da Cinelândia (ex-Teatro Glória). A resposta de JK foi simples: o problema era de escalões inferiores; como presidente da República não podia se investir das funções de esbirro, seu governo não hostilizara nenhum tipo de concentração.

JK não tinha condições para negar a realização desse V Congresso, pois os comunistas sempre fizeram suas assembleias sob todos os governos, mas dele não tomara conhecimento nem oficial nem oficioso. Evidente que durante os cinco anos de seu mandato os comunistas fatalmente se reuniram diversas vezes e em diversos lugares. Provavelmente, em 1965, os comunistas já deviam ter realizado outras reuniões em vários lugares, sem que com isso o presidente Castelo Branco pudesse ser acusado de colaboração ou omissão.

A partir do quinto interrogatório, JK começou a mostrar sinais de exaustão, e o coronel não ficou surpreendido quando recebeu o recado de que ele não compareceria a novo depoimento, pois estava com problemas de saúde. Ao todo, em menos de duas semanas, JK já havia enfrentado sessenta horas de IPMs. No dia 14 de outubro tivera um diálogo áspero com o coronel Joaquim Portella, que presidia o IPM relativo ao Iseb. E respondia a outros dois IPMs, presididos pelo coronel Oswaldo Ferraro de Carvalho (sobre o próprio JK) e pelo major Kléber Benecker (sobre a imprensa comunista).

Sabedor de que JK não iria à sessão do dia 26 de outubro, Ferdinando de Carvalho foi ao Ministério da Guerra e consultou o general Ururahy Terra, que comandava o I Exército. O general só deliberava depois de ouvir o ministro, pediu que o coronel fosse falar com Costa e Silva. Este foi categórico: "Não mande junta médica nenhuma examinar JK." Mesmo assim, o coronel decidiu enviar uma junta ao apartamento de JK, pois os regulamentos dos IPMs lhe davam esse direito.

O médico particular de Juscelino, dr. Aloysio Salles, havia atestado um ligeiro distúrbio circulatório em seu paciente, motivado pela tensão de tantos interrogatórios. A junta médica enviada pelo Exército fez um eletrocardiograma de JK e constatou o pequeno acidente, que poderia ter um desdobramento imprevisível. Foi dada licença de 15 dias para a recuperação do indiciado, finda a qual JK encaminhou uma consulta ao coronel: desejava sair do país e queria saber se haveria algum problema legal. Ferdinando de Carvalho respondeu que como presidente do IPM não poderia impedir a sua saída do país, mas tinha o direito de convocá-lo por edital quantas vezes fossem necessárias para a total apuração dos fatos sob sua investigação.

O IPM sobre o Partido Comunista produziu um calhamaço de 157 volumes e incriminou o óbvio: o Comitê Central e alguns comitês estaduais. A opinião do coronel sobre JK, em 1981, pode assim ser resumida: "Foi um brasileiro com as qualidades e os defeitos de nossa gente. Vítima dos acontecimentos e das tramas políticas de uma certa época da vida nacional."

Pelo IPM relativo ao PCB pode-se julgar, aproximadamente, os demais.

O governo, em sua cúpula, enfrentava grave crise de autoridade, gastando suas energias na elaboração do Ato Institucional no 2, o qual teve vários textos e redatores, sendo afinal editado a 27 de outubro de 1965. Foi o preço que Castelo Branco pagou para continuar no governo e no poder, pois sem o AI-2 provavelmente haveria um governo sem poder. Em sua parte principal, o novo ato extinguia os partidos políticos que vinham desde a redemocratização de 1945. Alterava uma vez mais o instrumental de leis do país, consolidando aquilo que os estrategistas do governo classificavam de "ideais do movimento militar de 1964". Dois meses depois, Costa e Silva chamou a seu gabinete o deputado coronel Costa Cavalcanti, comunicando-lhe a decisão de ser candidato à sucessão de Castelo e liberando-o para qualquer declaração a respeito do assunto. Costa Cavalcanti pensou duas vezes e decidiu não assumir a responsabilidade de lançar tal candidatura.

A tarefa foi desempenhada pelo deputado Anísio Rocha, criando simultaneamente um fato esperado e novo para o governo. Castelo, até então, ainda julgava possível controlar o seu ministro da Guerra. O AI-2 fora-lhe arrancado na base da pressão militar. Através desse novo ato, pensara retomar o comando da situação, mas, além de candidato, Costa e Silva lançou-lhe um repto, pouco antes de embarcar para uma viagem ao exterior. "Saio ministro e volto ministro" — declarara ele.

Preocupado, Castelo chamou o senador Daniel Krieger, amigo comum dos dois militares. Quis saber o que havia por trás daquilo tudo. Krieger explicou o que pôde e Castelo comentou: "Esse problema é sanável, basta darmos ao Costa e Silva melhores assessores." O mesmo podia dizer Costa e Silva em relação a Castelo. A partir de janeiro de 1966, o presidente ficou mudo em relação ao problema sucessório. Conhecia os bastidores da vida militar o suficiente para não tentar a derrubada de seu ministro da Guerra. Somente Geisel, anos mais tarde, conseguiria esse tipo de proeza. Os tempos seriam outros.

Apesar das preocupações criadas pela redação do AI-2, a candidatura de Costa e Silva, a posse de Negrão de Lima e Israel Pinheiro, o governo foi obrigado a tomar conhecimento do que se passava nos porões do regime, ou seja, no quartel da PE do Rio de Janeiro. A 5 de outubro, o advogado Sobral Pinto envia a Castelo Branco um telegrama que posteriormente faria parte de seu pedido de *habeas corpus* junto ao Supremo Tribunal Federal, a fim de livrar JK do constrangimento ilegal a que estava sendo submetido. O telegrama de Sobral Pinto é um dos mais importantes documentos da época:

> Receba os meus cumprimentos respeitosos. Formulo apelo patriótico, sereno e nobre ao chefe das Forças Armadas da República brasileira no sentido de fazer cessar, imediatamente, procedimento irregular dos coronéis encarregados de IPMs que, a pretexto de fixar responsabilidades criminais inexistentes, praticam atos que estão transformando a vida do ex-presidente da República Juscelino Kubitschek de Oliveira num verdadeiro inferno, por haver, como é de seu direito legítimo e constitucional, retornado à sua pátria. Atente V. Ex.ª para o fato de ter sido o sr. Juscelino Kubitschek de Oliveira presidente da República, tal como V. Ex.ª o é hoje, havendo, portanto, ostentado o título de Superior Hierárquico dos Coronéis que atualmente o incomodam. Atos desrespeitosos que atingem presentemente o sr. Juscelino Kubitschek de Oliveira, antes de ferirem a sua pessoa, desprestigiam o cargo de presidente da República por ele exercido. Não pode V. Ex.ª esquecer ter sido eleito pelo Congresso Nacional, com a colaboração leal e sincera do chefe incontestável do PSD, seu sucessor na chefia do Estado brasileiro. A roda da fortuna é caprichosa. Amanhã V. Ex.ª poderá sofrer atentados e desrespeitos iguais aos que está sofrendo, neste instante, o criador de Brasília e o construtor da Belém-Brasília, esteios e portadores da civilização ao território interior, até então abandonado e esquecido. Denuncio a V. Ex.ª, como Primeiro Magistrado da Nação, este procedimento intolerável: mal o ex-presidente da República desce as escadas do avião, é imediatamente intimado por coronéis, seus antigos subordinados, a comparecer, nesse dia, cinco horas depois, ante um desses coronéis, para sofrer, durante horas, um interrogatório insignificante. Idêntica intimação recebe, nessa mesma ocasião, para comparecer às oito horas do dia seguinte a outro interrogatório, que se prolonga por horas, também feito por outro coronel antigo subordinado seu. Na noite desse mesmo

dia de retorno à pátria, o ex-presidente da República é novamente intimado para comparecer, na manhã de hoje, à presença deste segundo coronel, a fim de sofrer novo interrogatório insignificante e improcedente. Enquanto isso, o primeiro coronel divulga na imprensa matutina nota declarando que vai interrogar durante dez dias seguidos o ex-presidente da República, permitindo-se afirmar que o ex-chefe de Estado pode ser preso a seu requerimento pelo comandante do I Exército, o que representa atentado à Constituição Federal, afronta ao Supremo Tribunal Federal e desrespeito à prerrogativa do poder supremo da nação que a pessoa do ex-presidente possui, mesmo quando fora da função. Estou certo de que V. Ex.a, informado destes graves acontecimentos que ora denuncio, porá termo a tais arbítrios, que ferem e desprestigiam a autoridade do chefe supremo das Forças Armadas da nação. Queira aceitar as homenagens do seu compatriota esperançado, Sobral Pinto.

A resposta de Castelo Branco foi dada através do chefe de sua Casa Civil, Luís Viana Filho, e, evidentemente, não honra nem a um nem a outro.

Havendo recebido, ontem à noite, o seu telegrama referente ao tratamento que tem sido dado ao ex-presidente Juscelino Kubitschek, incumbiu-me S. Ex.a de esclarecer ao eminente advogado o seguinte: o sr. Juscelino Kubitschek, embora tendo exercido o comando supremo das Forças Armadas, nos termos da Constituição não está incluído na hierarquia militar; acrescendo que o fato de ter os direitos políticos suspensos, conforme punição imposta de acordo com a legislação vigente, não lhe poderá outorgar regalias e privilégios. Nessas condições, a convocação para depor na medida considerada necessária é absolutamente legal, devendo processar-se de acordo com as normas a que estão sujeitos todos os brasileiros. Quanto aos caprichos da roda da fortuna, que todos sabem versátil, o sr. presidente da República, além de submeter-se à sua proverbial fiscalização, pede sempre a Deus que o ajude a não roubar o povo nem trair a segurança da nação. Atenciosas saudações. Luís Viana Filho.

O telegrama-resposta é outro documento da época. O estilo lembra, uma vez mais, o personagem de Eça de Queirós, o secretário Z. Zagallo, que tentou pintar a grandeza de seu amo e senhor, o conde de Abranhos, e o fez de modo tão desastrado que retratou um patife. A alusão de roubar o povo é mancha que enodoa os dois — Castelo e seu chefe da Casa Civil.

Até então, os IPMs a que JK respondia se relacionavam a possíveis movimentos tidos como subversivos. Com seu telegrama-resposta, Castelo Branco e Luís Viana Filho abrem o ciclo mais irresponsável e truculento das acusações feitas ao ex-presidente: o da corrupção. No fundo, tinham motivos pessoais e políticos para isso. A acusação de atividades subversivas não havia impressionado o povo, que continuava aclamando JK em todos os lugares por onde passava — e que continuaria a aclamá-lo até depois de sua morte. Tampouco os fatos apurados revelavam importância. Tornavam-se ridículos os IPMs, desmoralizados em si próprios. Atolado pelas dificuldades do momento, às voltas com a redação do AI-2 e a ameaça da candidatura Costa e Silva, que rachava o movimento militar de 64 em duas vertentes para sempre irreconciliáveis, Castelo Branco e Luís Viana Filho deram a senha para a nova campanha contra JK, esquecidos que, antes deles, Jânio Quadros tentara envolver o seu antecessor na mesma malha — e nada conseguira provar, nem abalar a estima que o povo dedicava ao presidente que, ao contrário de Castelo Branco, fora eleito em jogo amplamente democrático.

Respondendo a Castelo Branco, o advogado Sobral Pinto refutou a indignidade da acusação. E impetrou *habeas corpus* ao STF, invocando a ilegalidade do constrangimento imposto a seu constituinte. Mas havia na resposta de Castelo Branco-Luís Viana Filho uma frase verdadeira e cruel: "As normas a que estão sujeitos todos os brasileiros." Essas mesmas normas fizeram Sobral Pinto aconselhar JK a viajar, pois "não teria condições de agir legalmente em caso de uma violência". E acrescentava: "Não há mais tribunais, nem Justiça, nem leis no país."

Pressionado de um lado pelo rigor dos IPMs, que no fundo nada apuravam nem pareciam querer apurar, bastando-se cada qual com a discutível glória de humilhar um ex-presidente da República, de outro pela saúde abalada após tantas horas de interrogatórios insignificantes, JK aceitou o conselho de Sobral Pinto. A edição do AI-2 aumentara o arbítrio, reduzira a quase nada os direitos de qualquer cidadão: eram as tais *normas a que estavam sujeitos todos os brasileiros*. O AI-5, mais tarde, levaria às últimas consequências essa radicalização do regime instaurado em 1964. Entre as medidas adotadas pelo segundo ato institucional, constava a anulação do foro especial que baseara o pedido de *habeas corpus* formulado por Sobral Pinto. Mais uma vez, o governo legislava especificamente para um caso individual, cassando todas as possibilidades de defesa àqueles que condenara.

Os 15 dias de licença que obtivera haviam se esgotado. Quando informara ao coronel Ferdinando de Carvalho que não poderia comparecer ao interrogatório por motivo de saúde, e recebera em sua casa a junta médica enviada pelo I Exército, uma patrulha militar ficara nas imediações do Castelinho, a fim de prendê-lo na ocasião, caso o parecer dos médicos negasse a existência de qualquer problema cardíaco. Segundo alguns, a patrulha fora enviada pelo major Kléber Benecker, segundo outros, pelo coronel Oswaldo Ferraro de Carvalho, mas é possível que nenhum desses militares tenha assumido tal atitude, cabendo a responsabilidade da violência a grupos "sinceros, porém radicais" que naquele tempo já tentavam operar acima e à margem da autoridade constituída.

De qualquer forma, a prisão era iminente, e, além da prisão, o agravo físico que poderia surgir inesperadamente, vindo da paixão política, da treva.

Ao saber que JK tencionava viajar, o cerco se tornou mais forte. Para sair do país, JK precisava, dentro das *normas a que estavam sujeitos todos os brasileiros*, de um visto especial no passaporte. A intermediação de Magalhães Pinto e Adolpho Bloch junto aos escalões do governo levou Castelo Branco a autorizar a saída. Pessoalmente, Castelo também vivia um drama delicado. Ao contrário do que o seu biógrafo diz dele, a consciência legalista o atormentava cada vez mais, buscando uma legitimidade inatingível: a que tinha não lhe bastava. Preocupado com a sua imagem na história, Castelo Branco teria agido de outro modo — se as circunstâncias o permitissem.

No caso de JK, tão logo inteirado do problema, autorizou a sua viagem. Se dependesse dos funcionários de terceiro escalão, o visto se tornaria impossível. Obter tal documento constituía dispensável vexame e onerosa barganha a que obrigavam todos os brasileiros caídos em desgraça junto ao governo.

A 9 de novembro de 1965, num Coronado da Varig, Juscelino embarca para Nova York. A seu lado, como sempre, dona Sarah. As filhas ficaram na sacada do aeroporto, acenando para o pai que mergulhava no segundo e mais sofrido exílio.

Capítulo 10

Exílio outra vez: a Frente Ampla

10 DE NOVEMBRO DE 1965 — Com escala em Miami, Juscelino chega a Nova York por volta do meio-dia. Ao contrário da vez anterior, quando desembarcara em Madri, iniciando o primeiro exílio, ele sabia, dolorosamente sabia que a situação interna no Brasil adotara um comportamento estranho, um estilo que desfigurava o próprio caráter do povo. Compreendera (era um político e sabia que cavalo na chuva é para se molhar) a sua cassação, a decorrente necessidade de asilar-se no exterior a fim de dar tempo a que os ódios cessassem e a poeira quietasse, normalizando as instituições e acalmando as exaltações que haviam explodido com a queda de João Goulart. Depois de retornar à pátria, desarmado física e espiritualmente, sem outro poder que não o de sua popularidade, disposto a viver em paz, ele sofrera na carne um tratamento impiedoso, talvez inédito na história do Brasil. Dom Pedro I fora obrigado a renunciar anos depois de ter dado a Independência, dom Pedro II fora deposto e morrera no exílio, mas nem o primeiro nem o segundo haviam sofrido aquele tipo de violência. No regime republicano, o exilado mais ostensivo seria Washington Luís: ao voltar para o Brasil receberia as homenagens do país redemocratizado e viveria em paz a sua vida, com absoluta dignidade.

Ao descer no aeroporto J. F. Kennedy, JK ainda não tivera tempo nem espaço para meditar sobre os últimos acontecimentos. Não podia aceitar, em termos políticos ou humanos, aquele massacre dos IPMs, inúteis, ridículos, que funcionavam apenas para o público específico que se alimentava no ódio — necessitado de rações e não de razões que o cevassem naquele clima de inquisição, de vingança, de machidão estéril que levava a nada. Aos jornalistas que o foram receber, ele falou claramente: "Viajei para não ser preso. O que está se passando no Brasil é de grave importância para a América Latina. Os últimos decretos do governo, sobretudo o Ato Institucional no 2, liquidam toda a expressão democrática. Preciso pensar no que aconteceu. Meu exílio pode durar um mês ou vinte anos. Não saberei viver assim."

A explosão de seu temperamento, a única tornada pública no exterior, tinha justificativa. Ele não saberia suportar o inverno de Nova York, pior do que o de Paris, aquele vento gelado que corre pelas ruas e avenidas, formando um xadrez invisível, desolador. Teria agora, pela frente, os dias monótonos de hotel, a neve se acumulando nas calçadas, cobrindo os carros, a gigantesca cidade transformada — para ele, homem do trópico — em imenso iglu, feito de aço e frio. A depressão é grande e JK só encontra alívio quando começa a escrever, cada vez mais, a seus amigos. E quando esgota a correspondência do dia, continua na escrivaninha de seu quarto de hotel, colocando no papel, nem sempre com método, mas com espontânea forma literária, os sentimentos, presságios, mistura de passado e futuro, buscando um sentido para a solidão, a esperança sem sentido. Carta ao dr. Aloysio Salles, datada de Nova York, pouco antes do seu segundo Natal no exílio:

> Meu caro Aloysio: eu disse em vários discursos que não compreendia a expressão pátria como um pedaço de terra, separada de outros pedaços por fronteiras geográficas ou imagináveis. Pátria, para mim, é sobretudo o conjunto de amigos que a gente vai conquistando ao longo de uma vida, no fim da qual eles constituem o maior e mais rico patrimônio. Daí a invenção dos gregos estabelecendo o ostracismo como o maior castigo para os inimigos. Ostracismo, exílio ou o que nome tenha, é a mesma coisa que arrancar uma árvore com todas as raízes e levá-la para ambiente diferente. É a mesma coisa que matá-la. São essas as sensações que sinto ao me ver arrancado do solo brasileiro e atirado para uma região onde sei que minhas raízes jamais penetrarão. Falta aqui a seiva que as podia

alimentar e que só pode jorrar de corações amigos, aos quais estou ligado. E dentro destes está você, meu caro Aloysio. [...] Ainda que fosse o mais temível bandido deste mundo, já teria quitado todas as minhas culpas. Fatigado, como vim, tenho de recorrer ao meu minguado estoque de reservas de paciência para ajudar Sarah. Interrogo-me frequentemente para saber por que tal temporal desabou sobre nós. [...] Tivesse eu recursos e já o teria instalado aqui, no melhor hotel, com os vencimentos que quisesses, para tê-lo ao meu lado.

E no dia do Natal, acabrunhado pela saudade, escreveu um texto que enviou à sua irmã Naná, e, em cópias, a seus amigos mais chegados, dos quais "sentia uma falta desgraçada":

O dia de Natal amanheceu cruel. São duas horas da tarde e a noite já cobriu a cidade. Não se vê senão as luzes fosforescentes dos carros e anúncios. Ontem tive uma surpresa comigo mesmo. À noite, por volta de sete horas, senti uma solidão mortal. Não conseguia atender a telefonemas sem quebrar, a princípio, a emoção, porque esta me impedia de falar. Uma tristeza pesada, bruta e dolorosa invadiu-me. Por que está acontecendo tudo isto comigo? Nova York é uma cidade constituída de rinocerontes de aço. À noite há muita luz que sai dos olhos dos animais, mas que em nada altera o panorama de solidão que a cidade desperta.

A tristeza que sinto é a mesma que me acompanhava em Paris. Com uma diferença, porém. As ruas encantadoras daquela cidade, o romance que ronda as suas esquinas, as páginas de história que ficaram gravadas em cada paisagem deixam na gente uma sensação espiritual. Nova York só suporta a definição que lhe arranjei: Rinoceronte de Aço. É triste como um cemitério. Apesar do movimento nas ruas, da iluminação dos rinocerontes, da *feérie* da Broadway e da Quinta Avenida, as pessoas desfilam como fantasmas apressados, mudos, enroscados em capotes pretos que nos lembram uma imensa necrópole, cujas alamedas são secas, despidas de qualquer encanto. A natureza foi barrada nos limites da cidade e não teve licença para enfeitá-la com a graça das folhas ou das flores. Não há jardins. Não há árvores. O rinoceronte projeta para as alturas invisíveis do céu o desafio de seu corpo monstruoso. [...] Ontem, na véspera do Natal, tive um grande susto. Saí do meu escritório às 17 horas para ir ao aeroporto La Guardia. A noite era densa, fria, enigmática. No meio do caminho perdi a minha alma. Não sabia quem eu era e o que queria fazer. Os imensos rinocerontes me atacavam com a luz fulgurante de seus olhos que se multiplicavam aos milhões, dando-me a impressão de que estava sendo sacudido dentro de um mundo diferente. Voltei para o hotel desolado. Um telefonema do Bueno, secretário da embaixada, convidando-me para passar o Natal em companhia da família, restabeleceu a minha alma e eu vi que ainda não se operara completamente a minha transformação. Pensei comigo mesmo: amanhã embarco para Paris. Vou degelar-me e quebrar as engrenagens novas que a cidade está impondo ao meu organismo. Hoje, porém, já desisti. Um autor, com a sutileza do espírito francês, dizia que a política devora aqueles que não decifram os seus enigmas. Esta nova esfinge que o destino me encarregou de decifrar, esta cidade monstruosa, não me ofereceu ainda condições para decifrar os seus enigmas. [...] Não seria bem para um homem que enfrentou tantos temporais descer a desabafos que poderiam parecer fraqueza. Mas os dias de Natal foram cruéis. Senti que sou humano. Os meus nervos, que eu classificaria como fios de aço, estão envergando sob a força da tensão permanente. Venho do hotel para o escritório, do escritório para o hotel. O Rinoceronte de Aço me espreita e eu o examino cauteloso. Santa Helena para Napoleão devia ser o que o Rinoceronte é para mim e só não quero que ele me inspire as palavras que a pequena ilha ditou ao seu grande exilado, nas horas finais da agonia: "Eu, moribundo, sobre este rochedo, lego o opróbrio de minha morte à família real da Inglaterra."

Tenho ainda uma missão a cumprir, que não pode ser realizada agora. Tenho que refutar as infâmias com que procuram destruir-me. Não disponho de jornais, nem de outro meio para a minha defesa. Trabalho, exaustivamente, no livro [*se refere aos primeiros esboços de suas memórias, mais tarde editadas pela Bloch Editores], com esperança de lançá-lo brevemente [terminadas em 1969, as memórias de JK só puderam ser lançadas em 1974, mesmo assim sob condições].* Enquanto isso a vida vai passando. Cada dia que fica atrás é um passo que dou para a frente, para aquele porto imenso e nebuloso a que se referia o Tales. Não são considerações muito próprias para a semana que se convencionou chamar de *merry christmas and happy new year*. São porém as surpresas do enigma que o Rinoceronte de Aço me apresenta. Vou deixá-lo por três dias por algum lugar em que veja o sol. Falta-me calor. Aquecendo-me, poderei decifrá-lo.

Ainda de Nova York, a 17 de fevereiro de 1966 (meses depois sua irmã morreria em Belo Horizonte), Juscelino escrevia para Naná:

> Tenho recebido tamanhos traumatismos que às vezes me esqueço que a você também os mesmos atingem, provocando dores e tristezas. Esses primeiros tempos de Nova York, aureolados pela desesperança de melhores perspectivas, agravaram o meu estado de espírito, e eu lhe escrevi várias vezes em termos que devem ter aumentado, também, os seus padecimentos íntimos. Não é razoável que eu proceda deste modo. [...] A norma constante da minha vida foi conquistar tudo com grande dificuldade. Você se lembra daquela tarde, na rua Sá Ferreira, em que, juntamente com o Negrão de Lima e com Sarah, nós acompanhávamos o resultado da votação da Comissão Executiva do PSD, no dia em que a minha candidatura foi lançada? Se refere à candidatura ao governo do estado de Minas Gerais, em 1950. Aquele empate constante entre mim e o Bias Fortes pôs meus nervos em exaltação, e a vitória que obtivemos naquela hora foi das maiores da minha vida, porque foi conquistada sobre mim mesmo. Soube controlar os meus impulsos, refreei as ambições legítimas e soube esperar com serenidade e grandeza o desempate que nos trouxe o sucesso.
> Para presidente da República a luta foi grande, mas aí eu tinha na mão o comando e o manejei com habilidade e coragem. Não

precisei de dominar-me tanto quanto para a escolha de governador, porque no plano federal eu me atirara como D'Artagnan a defender, não a minha candidatura, mas um princípio sagrado que eu encarnei, mercê de Deus, sem desfalecimento e com bravura. Ultrapassada a fase do meu governo, nova luta se desencadeou contra mim, desta vez selvagem e sem quartel. Não quiseram matar em mim o homem público. Foram além, tentando por todos os modos enterrar a minha honra dentro de um túmulo de calúnias. Mas não ficaram ainda satisfeitos com as arremetidas. No exílio, privado de tudo, rodeado apenas pela solidão que persegue o homem condenado a não voltar ao seu país, eles ainda continuam atirando as setas envenenadas de um ódio que amesquinha o Brasil. A minha passagem pelo Rio foi uma mistura de glória e de sofrimento. Quando não havia mais uma gota no cálice da amargura, puseram-me no avião e, de novo, me mandaram para a solidão deste segundo exílio. Já descrevi para vocês o que é Nova York. À medida que os dias passam, sinto que começo a dominar a agressividade da cidade vertical de aço. Não há um americano sequer que, lembrando-se da América Latina, não traga o meu nome como uma de suas principais figuras. Nas universidades me convidam com insistência, e se não fossem as obrigações comerciais a que procuro atender eu teria, em cada dia da semana, uma tribuna para falar à mocidade deste país. Alguns convites eu não posso recusar. Ontem passei o dia e a noite na Cornell University, a seis horas de Nova York. É uma das melhores dos Estados Unidos, contando com 17 mil alunos.

Diante de milhares de estudantes discuti os assuntos do Brasil, que agora estão na pauta das preocupações dos jovens deste país. Brasília, como sempre, o tema central, e a democracia é uma interrogação sempre presente ao espírito dos universitários. Voltei, esta madrugada, confortado. Várias vezes, de pé, num entusiasmo surpreendente, eles me aplaudiram com calor. Não fiz um ataque ou uma referência ao regime. Foi um dia inesquecível. O conforto que senti foi tão grande que dispensaria até os mil dólares que me pagaram pela conferência.

> Amanhã já estou comprometido com a Smith University, destinada à mocidade feminina, ambas reputadas das melhores dos Estados Unidos, pagando-me também esta última a mesma quantia que a outra. Aqui em Nova York os convites se multiplicam, e à medida que a notícia vai se propagando sobre o exilado de Manhattan, comovem-me as manifestações de apreço e a insistência dos convites para reuniões frequentes. Todas as cidades do mundo, por maiores que sejam, se reduzem em pouco tempo ao tamanho de qualquer aldeia. Há dias tomei parte no jantar de um grande banqueiro americano. Ali conheci inúmeras pessoas da alta sociedade nova-iorquina, entre as quais, Mrs. Vanderbilt. As mulheres deste país são muito diferentes daquelas da alta sociedade francesa. As de lá se preocupam mais com a política e, adeptas do humanismo, gostam de discutir a filosofia tradicional da França. Aqui nota-se, não só nos homens como nas mulheres, um desinteresse que a princípio surpreende. Depois a gente começa a compreender o espírito americano. Cada um tem sua tarefa. Preocupam-se com aquilo que estão fazendo. Se há um presidente para cuidar da nação, ele que o faça. Eles confiam na sua ação. Dentro dessa filosofia, o americano cuida muito do seu interesse e não se apaixona pelas discussões em que a política é o tema central. [...] Vou começando a sentir a alma americana. Há dois aspectos que eles apreciam e que constituem os fatores efetivos de sua preocupação: o dólar e a Constituição. Todo americano quer ser rico, todo americano quer ser livre.

No final da carta, alguns comentários sobre os negócios da firma que montou, em companhia de amigos estabelecidos em Portugal:

> Os negócios vêm de toda parte e, juntamente com os meus companheiros, estamos estudando projetos em Portugal, França, Guiana Inglesa, Grécia e alguns países da América Latina. Conto-lhe estas coisas, minha irmã, apenas para animá-la e diminuir o impacto das palavras de tristeza que tenho mandado. É verdade que, infelizmente, na maioria das horas de minha vida eu tenho a sensação de ser um sonâmbulo que, de olhos fechados, e com as mãos estendi-

das, procura alguma coisa que está à sua frente. O que procuro é a paisagem humana do meu país, cuja falta enche-me de uma tristeza que nem as atividades a que me referi conseguem atenuar.

E como despedida:

O exemplo de mamãe, dessa criatura de 92 anos que lutou sozinha para trazer você ao Júlio [JK se refere ao dr. Júlio Soares, seu cunhado, a quem considerava o seu maior amigo] e levar-me às culminâncias do meu país, está sempre presente na minha lembrança. Quero abraçá-la muito em breve. Aceite o grande, o afetuoso, o enorme beijo do seu irmão.

Foi a última vez que escreveu à sua irmã. A 9 de junho daquele ano (1966), Naná morreu e mais uma vez dois amigos se movimentaram a fim de que ele pudesse vir ao enterro. Magalhães Pinto e Adolpho Bloch conseguiram o compromisso do governo de que JK não seria molestado em sua curta passagem pelo Rio e Belo Horizonte. Foram tomadas as providências a fim de que não houvesse nenhum tipo de manifestação, além do enterro marcado para o dia 10. Juscelino chegou ao Rio e no Galeão mesmo, sem poder abraçar suas filhas, embarcou num táxi aéreo para Belo Horizonte, a tempo de assistir ao sepultamento da irmã.

Naná residira na mesma casa de sua mãe. Ocupava o pavimento de baixo, morando dona Júlia no segundo andar. De idade avançada, dona Júlia era mantida à distância dos acontecimentos. Estranhou aquela gente em torno dela, mas não suspeitou da morte da filha nem da chegada do filho vindo do exílio. Julgava que Juscelino viajava muito, estava sempre em algum lugar do mundo, conhecia bem o seu Nonô, sabia-o movido "pelo bicho-carpinteiro"— expressão caída em desuso, mas que, em Diamantina, cinquenta anos atrás, significava um garoto inquieto, capaz de muitas artes.

No dia em que inaugurou Brasília, JK fez questão de levar sua mãe até a cidade que criara. Ela olhou tudo em silêncio, sem deslumbramento, sem sequer surpresa. No final, quando a festa acabou e a cidade mergulhou em sua primeira noite de capital federal, ela comentou para Naná: "Somente o Nonô podia fazer uma coisa dessas!"

Era a simplicidade de quem conhecia o filho, pelo qual se sacrificara desde que ficara viúva. Juscelino lembra em suas memórias (1974) que, para custear os estudos das duas crianças, ela passara por um período de quase fome. Sabendo que Naná e Nonô precisavam de alimentação sadia, cortou o seu próprio prato. Enquanto os filhos, muito pequenos ainda, comiam, ela tomava uma xícara de café com leite e explicava: "Era por causa do estômago." Vendera a sua única joia, lembrança de noivado, para ajudar na compra da primeira passagem de trem que levaria JK a Belo Horizonte, a fim de prestar concurso para telegrafista.

Aos 92 anos, a família mantinha-a afastada dos jornais, das notícias que não eram boas. Ela não soubera da cassação de JK, nem de seu exílio. Manter a própria mãe na ignorância da realidade era um suplício suplementar que castigava o filho, sobretudo naquela hora em que morria Naná, a menina que crescera com ele, que ao casar-se deu-lhe um novo irmão na pessoa de Júlio Soares. Quando o caixão da irmã baixou à terra — vermelha terra de Minas —, Juscelino se esforçou para evitar o soluço. À noite, sozinho outra vez, aí sim. O sonâmbulo que tateava a sombra em busca de sua gente sentia-se estranhamente órfão — órfão de um amor que o acompanhara desde a infância.

No escuro da noite, chorou tudo o que tinha direito.

Depois da missa de sétimo dia (ele aceitou o conselho de amigos que lhe pediram para que não fosse à igreja, pois a situação nos meios militares voltara a estar tensa com a sua presença no Brasil), JK veio ao Rio, em escala de retorno. Precisava cumprir outra importante missão pessoal: conhecer a neta, Anna Christina, primeira filha de Márcia, que nascera a 1o de junho. Era a oportunidade de fazer rápida visita às filhas. Pressionado pela imprensa, ele explicou que assumira o compromisso de não fazer qualquer pronunciamento, o *sursis* fora concedido sob pesadas condições, precisava voltar logo aos Estados Unidos, passaria apenas dois ou três dias em companhia da filha que acabara de lhe dar uma neta. Mesmo assim, almoçando no apartamento de Márcia, em Copacabana, fez questão de responder à pergunta sobre um encontro que tivera com Carlos Lacerda em Lisboa: "Não. Não tive encontro algum. Tudo não passou de uma coincidência. Estivemos hospedados no mesmo hotel, no mesmo andar. Mas não trocamos uma palavra sequer." Na realidade, somente meses depois os dois políticos teriam o primeiro encontro para a formação da Frente Ampla.

A 13 de junho retornou aos Estados Unidos, sozinho desta vez, pois dona Sarah precisaria ficar ao lado de Márcia naqueles primeiros dias após o parto. Estranhamente, depois de ter passado emoções tão cruas, ele não estava deprimido: perdera a irmã, ganhara mais uma neta (antes de Anna Christina, já tivera os netos Jussarah e João César, filhos de Maria Estela), sua vida sofria o impacto de sentimentos contraditórios, começava a se fixar em Lisboa, a notícia da morte de Naná o apanhara em viagem de Portugal para os Estados Unidos, se interessava pelos negócios, a desolação causada pelo rinoceronte de aço fora atenuada pelo encanto, pelo carinho que sempre sentira por Lisboa. Mesmo assim, incomodava-o o fato de ficar sozinho uns tempos, sem a companhia de Sarah. Bem verdade que seus amigos, sempre que o sabiam em solidão total, davam um jeito de enviar alguém que lhe ficasse ao lado: o coronel Afonso Heliodoro, cuja dedicação era integral, atravessaria o oceano, a fim de tornar o seu exílio menos dramático.

Pouco mais de um mês, JK escreve a Adolpho Bloch uma carta que já revela a mudança de seu humor: "Ontem (14 de julho) organizamos aqui em Lisboa uma sociedade encarregada de construir 2 mil apartamentos. Terei atividade para muitos meses e um rendimento que me ajudará a aguentar as despesas e as longas horas de solidão deste interminável exílio. Dentro de alguns dias voltarei a Nova York. Em setembro iniciarei novo circuito de conferências."

Curiosamente, o grande injustiçado pelo movimento militar de 64 iniciava um processo de absorção, sofria por estar longe do país, mas sabia que alguma coisa em breve aconteceria. Considerava sua carreira política encerrada: chegara ao cume, lutara pela reeleição, sofrera o golpe do novo regime, seu temperamento nunca foi de chorar sobre o leite derramado; começava, insensivelmente, a "virar a página" de sua vida, fatalismo que o acompanhava há tempos, resíduo de vagas heranças ciganas. Justo nesse momento, recebe um estranhíssimo recado vindo do Rio: através de um amigo comum, o ex-deputado Renato Archer, Juscelino era perguntado se concordava em receber Carlos Lacerda para uma conversa. Conversa de trabalho. Trabalho que poderia dar certo, e, mesmo que não desse, valeria a pena ser tentado.

Verdade seja dita: o primeiro encontro entre os dois adversários foi mais fácil do que todos supunham. Olhando os acontecimentos a distância, percebe-se que ambos tinham muita coisa em comum, mas, sobretudo, eram realmente marcados pela paixão pública e pelo senso de liderança. Se a Frente Ampla terminou melancolicamente, deveu-se à reação que provocou no governo e — talvez, em grau mais elevado — à divergência das bases, que não aceitaram a união da cúpula. Enquanto Juscelino imprimia à sua vida no exílio um ritmo cada vez mais dinâmico, enquanto Jango, no Uruguai, voltara a ser o que sempre fora, um estancieiro bem-sucedido, Carlos Lacerda ficara no vácuo, na posse de direitos políticos que não lhe davam direito nem à política (que deixara de haver em seu escalão civil) nem a mais nada, a não ser ruminar a frustração de não ser aquilo que podia ter sido. Desde os primeiros dias após o movimento militar, ele se desinteressara pelo governo da Guanabara, achava tudo menor, insignificante, sonhando com atuação maior no âmbito federal. Como diria em seu *Depoimento* (1977), "é duro a gente se preparar a vida inteira para exercer uma função e na última hora ser impedido de fazê-lo". Ele se sentia preparado para a presidência da República — e seus admiradores pensavam o mesmo.

Assim como o erro básico de Juscelino, no processo frustrado de sua reeleição, fora a atitude tomada na casa de Joaquim Ramos, quando se comprometeu a votar em Castelo, que lhe prometia manter o jogo democrático, o erro de Lacerda fora um pouco antes, no próprio 1o de abril de 1964, quando desfez sua resistência no Palácio Guanabara contra o governo de João Goulart e não avaliou as muitas e contraditórias vertentes que se aproveitavam da situação, inclusive de sua própria resistência. O fato é que, em meados de 1966, Lacerda é um fantasma no cenário nacional, respeitado pelo governo — desde que se mantenha afastado do poder. Ao contrário de Juscelino, que reagia às provocações, mas nunca radicalizava, deixando sempre uma ponte para a reconciliação, Lacerda era um canhão que vomitava todo o seu estoque de fogo mais por impulso do que por cálculo ou necessidade. Seu rompimento com Castelo Branco foi mais doloroso do que o de Jânio. "Castelo é mais feio por dentro do que por fora" — dissera ele, quando se consumara a prorrogação do mandato do primeiro presidente pós-64. "Anjo da rua Conde Lage" — alusão meio enigmática já no tempo em que foi feita, mas que se devia entender como pejorativa, pois na citada rua funcionaram, em remotíssimos tempos, alguns bordéis de baixa extração.

Sem ter o que fazer com a sua cólera, sem saber como e para onde canalizar suas iras, Lacerda aceitou com entusiasmo a ideia da Frente Ampla. Tomadas as medidas de praxe, a 19 de novembro de 1966 encontraram-se em Lisboa as duas potências civis da política nacional, uma delas cassada e exilada, a outra nem cassada ainda nem exilada, por isso mais sofrida e desorientada. Há versões de ambas as partes sobre o encontro. Lacerda, em seu *Depoimento* (1977), diz que tudo correu com normalidade, em clima de absoluta cordialidade. Foram feitas pouquíssimas alusões ao passado de lutas de um contra o outro. Lacerda atacara Juscelino implacavelmente, antes, durante e depois do seu governo, usara de todos os seus truques para levá-lo ao desespero ou a uma crise mais grave. Quanto a JK, se limitara a uma tentativa frustrada de punir Carlos Lacerda, então deputado, que teria revelado uns códigos secretos do Itamaraty a propósito de episódio menor em que ninguém acreditava seriamente. A tarefa de obter licença da Câmara para o processo ficara a cargo das lideranças interessadas. Lacerda defendeu-se com brilho e a Câmara negou o pedido. Foi uma das raras (e pequenas) derrotas de JK no âmbito parlamentar. Alguns políticos ainda tentaram convencer JK a virar a mesa, mas Juscelino limitou-se a declarar: "Cumprirei a lei. Lacerda não será processado."

E em vez de virar a mesa, virava a página. Em Lisboa, no apartamento que montara (aos poucos, JK tomara pavor pela vida permanente em hotéis), Lacerda foi recebido por dona Sarah, "que me tratou com extrema amabilidade sempre que nos encontrávamos" — diz ele em seu depoimento. Depois surgiu JK — e Lacerda deixou esta impressão: "Combater Juscelino até que era fácil. O difícil era não ser atraído pela sua simpatia. Foi a pessoa mais simpática do seu tempo, o político mais simpático da história do Brasil."

Para a revista *Manchete*, Juscelino escreveria, dias depois, um texto em que narra esse primeiro encontro em Lisboa:

> Às dez horas da manhã em ponto, Lacerda estava no apartamento que preparo em Lisboa para cumprir o resto do meu exílio. Cumprimentamo-nos naturalmente. Recordou que me vira pela última vez em 1953, em Belo Horizonte, no Palácio da Liberdade. Recordei-me que o nosso último encontro havia sido em Petrópolis, mais tarde, promovido por amigo comum. A conversa girou, inicialmente, sobre os acontecimentos internacionais daquela semana e sobre minhas impressões colhidas a respeito dos Estados Unidos, neste rush em que o tenho cruzado de ponta a ponta. Estávamos

tão à vontade como se nos encontrássemos todas as semanas. Afinal, disse ao governador: "Vamos agora ao tema de nosso encontro." Lacerda passou a relatar uma série de episódios ligados aos últimos acontecimentos do Brasil, dispensando-me o tratamento de senhor e mantendo a conversa em tom cordial. Quase tudo o que ele falou são fatos que nós conhecemos. Narrou-me o convite que recebeu para ser embaixador na ONU.

A princípio, não descobriu nenhuma malícia no convite. Mas, logo depois, compreendeu tudo. À medida que Lacerda falava, eu ia sentindo que dentro dele, tão agudo quanto em mim, existia o germe de uma profunda decepção pelo que sucedia no Brasil. Os nossos temperamentos são diferentes e nos parecemos tanto quanto uma planície, forrada de verde, se assemelha à boca de um vulcão que vomita lavas candentes. Já vivi o bastante para saber que os êxitos nos dão uma felicidade que não percebemos no momento e só mais tarde poderemos apreciar devidamente. O sofrimento, porém, marca com seu veneno a duração de cada hora e de cada dia. O governador Lacerda teve triunfos, muitos dos quais, entretanto, se misturaram à amargura de uma destruição. Estavam ali, na sala da residência do meu longo exílio, dois homens cujas lideranças haviam percorrido caminhos bem opostos. Como iríamos nos entender falando linguagens tão diferentes? Disse-lhe que, no meu entender, o que o Brasil mais precisava era de paz.

O futuro chefe do Brasil precisava possuir pelo menos um glóbulo vermelho do sangue de Lincoln para poder compreender e aplicar a filosofia que o presidente americano expressou ao fim da Guerra Civil. Pensando no ódio que dividia o país, ele disse: "Se não me colocar como uma muralha entre os ódios que dividem esta nação, ela perecerá." Por muito menos querem fazer do Brasil uma terra de ódios e de ressentimento. Precisávamos pregar a paz e não o ressentimento. Esta a única linguagem que me faria superar qualquer divergência para, somando o que tivéssemos de prestígio popular, lançarmos a grande ideia da Pacificação Nacional.

Não houve discussão. Lacerda já trazia a mesma ideia. Impunha-se, pois, virar a página e sepultar o passado. A concepção dos

Grandes, definida por Churchill, segundo o qual os que se prendem ao passado perdem o futuro, estava à nossa frente para nos guiar. Esta foi a filosofia do nosso encontro. Não há originalidade. O perdão exige mais grandeza do que o ódio. Demos o exemplo. Duas horas apenas bastaram para firmarmos a tese central de nossos esforços para o futuro: paz. Dentro desse conceito não verei obstáculos que me impeçam de fazer alianças. É uma bandeira que a nação precisa. Sei que a incompreensão vai rodear o nosso acampamento. Acabarão, porém, por aceitar a grave decisão que não temi adotar. O que importam Lacerda ou Juscelino Kubitschek, se o objetivo a conquistar é a felicidade do povo brasileiro?

Creio que demos um grande exemplo de coragem, passando por cima de mágoas e estendendo a mão ao adversário de ontem. Perseguido e vilipendiado, era a única coisa que eu podia fazer longe de minha pátria. Continuei fiel aos ideais pelos quais sempre lutei.

Em adendo, Juscelino enviou algumas linhas a Adolpho Bloch:

A surpresa em Lisboa foi espetacular. Lacerda também goza de popularidade em Portugal. Os portugueses acharam "uma delícia" o acontecimento. Ao meio-dia e meia o meu apartamento estava cheio de jornalistas. A sala de jantar repleta. Tivemos de interromper a conversa para recebê-los. Obrigaram-nos a tirar fotos, abraçados. Havia alegria geral. Lacerda e eu, cercados por eles, parecíamos dois generais que houvessem assinado um tratado de paz depois de longa guerra. Saímos para almoçar no Tavares. A mesma estupefação: muitos portugueses não acreditavam no que viam. Depois voltamos ao meu apartamento. Lacerda redigiria uma nota. O assédio da imprensa impedia que fizéssemos um documento mais caprichado. Tiravam as laudas da mesa, à medida que Lacerda as escrevia, sem tempo para melhor correção. Poderíamos ter produzido um documento mais bem elaborado mas foi impossível naquele ambiente. Sabíamos que aquele texto seria lido em quase todo o mundo livre. Sugeri alguns reparos que Lacerda aceitou prontamente. Mais tarde, ele me diria que eu continuava um homem do PSD. Eu não podia nem queria aproveitar aquela oportunidade para ferir ninguém. Quando a reunião terminou, e os jornalistas se retiraram, estávamos cansados mas felizes. Comentei: "Jogamos a bomba. Esperemos, agora, pela explosão."

Com variantes de estilo e pitoresca, a narração que Lacerda faz do mesmo encontro é idêntica. Quanto à *explosão*, o chamado Pacto de Lisboa teve duas: uma imediata, que deixou não apenas o governo atônito, mas lacerdistas, juscelinistas e janguistas preocupados e até insatisfeitos. A segunda explosão foi mais tarde, com a edição do AI-5, a prisão de Lacerda e Juscelino.

O primeiro passo fora dado. Sabendo que JK teria de permanecer no exterior por mais algum tempo, Lacerda assumiu a articulação do movimento. Voltava, em muitos sentidos, a seu leito natural: o da oposição. Apenas, seus aliados, agora, eram outros, gente que ele não conhecia, ou conhecia mal, gente que ele desprezara e que o desprezara em igual medida. Era, contudo, seu único e inevitável caminho: unir os escalões marginalizados pelo movimento de 1964, as lideranças civis que haviam sobrado, vale dizer, JK, João Goulart e ele.

Num primeiro estágio, chegou a pensar em atrair Jânio Quadros, mas não deu pé: Jânio tinha ideias próprias, não era homem de frentes e, na verdade, apesar de curtir confinamentos e perseguições, ele sentia que as linhas básicas do regime se aproximavam de suas ideias em torno de um executivo forte, poderoso mesmo, que promovesse a austeridade, o combate à inflação, ficando o desenvolvimento para um segundo e adiável tempo. Era, mais ou menos, o que o governo de Castelo Branco fazia, embora a austeridade se limitasse a alguns poucos membros do poder, mais afinados com o comportamento pessoal do próprio Castelo.

Chegando ao Rio, Lacerda procurou elementos que o levassem a Jango, em Montevidéu. Começou a conversar com todos os grupos, inclusive os comunistas e as esquerdas, que, em sua maioria, aceitaram a ideia básica da Frente Ampla, embora Miguel Arraes e Leonel Brizola, que comandavam a distância alguns setores, tivessem vetado o movimento em torno de Lacerda. Numa reunião ecumênica, em que havia intelectuais comunistas, deputados do PSD mineiro, militares que haviam tomado posições de força contra João Goulart, líderes sindicais tidos e havidos como pelegos, enfim, numa babilônia cívica ao gosto da época (a esquerda festiva promovia, a seu modo, babilônias iguais em torno de filmes, peças teatrais e canções de protesto), Lacerda deu a palavra a um coronel que era tido como expoente da linha dura. O militar, deslocado no ambiente, não fez discurso. Limitou-se a levantar um dos pés e mostrar a sola de seu sapato: estava furada. E comentou: "Enquanto eu, coronel da ativa, depois de 25 anos de duro trabalho, ando de sapato furado, tenho colegas mais novos que já estão morando na avenida Vieira Souto." Nenhum teatrólogo, cineasta ou compositor de música popular fez obra inspirada no sapato furado do coronel. Daria samba.

Numa das idas e vindas do ex-deputado José Gomes Talarico a Montevidéu (era preso todas as semanas pelo crime de ter ou não ter ido a Montevidéu), veio o sinal verde para a viagem de Lacerda. O encontro com Jango foi mais ou menos idêntico ao de JK, embora mais difícil para Lacerda. Ambos reformularam os pontos de vista que tinham um sobre o outro. Assinaram um pequeno manifesto, também redigido por Lacerda, e que era mais ou menos idêntico ao de Lisboa.

O fato novo, no encontro em Montevidéu, foi a previsão lançada por Lacerda a respeito da oposição que a Frente Ampla já estava provocando nas bases de cada qual. Juscelino se obrigara a escrever cartas e mais cartas a seus amigos, explicando o que se passara. Na área juscelinista, havia reparos, espantos, mas não chegara a haver rompimentos. Com Lacerda, as coisas se encaminhavam mal. Ele guardava um trauma antigo. Tendo pertencido à Juventude Comunista, com o seu desligamento daquele movimento (controlado pelo PCB) recebeu o peso dos estatutos partidários que proibiam, sob pena de expulsão, que os militantes falassem com os ex-membros. Lacerda confessou, diversas vezes, que sofreu o diabo com esse tipo de castigo que vigoraria até bem pouco na *práxis* dos comunistas brasileiros. Agora, ao fazer a aliança com Jango, muitos de seus devotos recusaram-lhe não apenas o incenso, mas o próprio cumprimento em público. Lacerda citava o exemplo da viúva do major Vaz (morto no episódio da rua Toneleros, em 1954). Descobria que a paixão da política menor juntava no mesmo saco tanto os comunistas *ancien régime* como os lacerdistas de todos os regimes que haviam gravitado em torno de sua liderança anticomunista.

Citando o seu caso pessoal, Lacerda advertia o ex-presidente para o mesmo sofrimento. Jango respondeu que já sabia: seu cunhado Leonel Brizola fora o primeiro a acusá-lo de ter feito aliança com "o assassino de Vargas e das liberdades públicas do povo brasileiro".

A Frente Ampla teve vida curta e atribulada. Ao contrário de alguns jovens que foram canonizados pela Igreja, que viveram pouco, mas encheram um tempo múltiplo, a Frente foi *consumata in brevis, explevit tempora minima*. Limitou-se, concretamente, a um comício na região do ABC paulista. Não mereceu velório. De qualquer forma, a Frente Ampla deveria servir de exemplo para todos os políticos que trocam o imediato pelo permanente. JK, Lacerda e Jango provaram, um pouco tarde, o óbvio: a humanidade pode ser melhor desde que cada homem procure, no outro, o melhor.

Capítulo 11

AI-5: tempo de trevas

31 DE MARÇO DE 1967 — Inaugurava-se no Brasil um tipo novo e complicado de poder: o marechal Humberto de Alencar Castelo Branco entregava a presidência da República ao também marechal Artur da Costa e Silva. Em cerimônias análogas, nos próximos anos, o posto hierárquico baixaria para o de general de exército (quatro estrelas), pois os marechais, seguindo o exemplo dos rinocerontes e dos pinguins, entravam em fase de extinção desde que o próprio Castelo Branco abolira o posto na pirâmide funcional. No fundo, uma filigrana dos regulamentos militares que atingia a presidência da República, incorporada ao posto máximo da carreira. O poder de fato continuaria com o Alto-Comando Militar que, em regime de baixa rotatividade, designaria de tempos em tempos um de seus membros para a missão de governar o país.

Com surpreendentes variações de temperamento, estilo, indumentária, hábitos pessoais, saúde e gramática, o Brasil seria administrado por um sistema centrado e concentrado naquilo que se convencionou chamar de "ideário de 1964", cuja peculiaridade era não ter ideia alguma, tirante um conjunto de conceitos, preconceitos e preceitos que impedissem a nação de mergulhar no caos comunista e na orgia da corrupção. Estabelecido o adversário — comunismo e corrupção —, fixou-se a tática que melhor combateria o monstro de duas cabeças. Somente os militares teriam condições e motivações para unir, reunir, gerir, intervir, decidir e assumir todas as operações do Estado e da sociedade. Entre Castelo Branco e Costa e Silva existiam divergências fundamentais de formação e participação, mas ambos concordavam no essencial: o importante é que não surgissem reações que pudessem ameaçar ou abalar a *pax castrensis* imposta ao país.

Em Lisboa, meses antes, o pacto firmado entre Juscelino Kubitschek e Carlos Lacerda constituía o primeiro e mais forte indício de que o adversário superara a natural fase do *salve-se quem puder* e começava a se arrumar estrategicamente no terreno. Até então, as reações provocadas pelo movimento militar de 1964 haviam ficado (e permanecido) dispersas em posições mais ou menos isoladas, emocionais em alguns casos, radicais em outros, pulverizadas em grupos heterogêneos que procuravam, na base da confusão e do bofetão, uma composição em torno de um esquema ideológico. Intelectuais de diversas origens e atividades, mais tarde os estudantes — esses foram os primeiros adversários que se descobriram no combate ostensivo ao movimento de 64. Em 1965, na eleição para governadores de Minas e da Guanabara, surgiria a constatação de que um chassi ideológico não bastaria para criar um eficiente denominador comum que empolgasse o povo e pressionasse o poder. Em termos de realidade brasileira, era necessária a união da sociedade civil em torno de suas lideranças mais óbvias, ainda que fisiológicas. Nesse sentido, o Pacto de Lisboa estourou realmente como o primeiro petardo concreto lançado contra o núcleo militar que constituía o fundamento do poder.

Do ponto de vista do governo, era importante, antes de mais nada, impedir que ao debate político fosse dado o tom de uma luta entre civis e militares. As coordenadas teriam de permanecer as mesmas, ou seja, de um lado o segmento sadio da nação, centrado nas Forças Armadas, de outro os subversivos e corruptos. Fora dessa dicotomia, não haveria salvação para o governo que assumira a condição de delegado das "forças vivas da nacionalidade", tidas como infensas à corrupção e à subversão.

Por isso mesmo, havia nos arquivos dos principais estrategistas do Ministério da Guerra e do Serviço Nacional de Informações (SNI) um determinado número de nutridas pastas contendo os regulamentos e a rotina a serem seguidos em caso de emergência. Nessas pastas, estavam os dossiês sobre os presumíveis podres das principais lideranças, que incluíam desde negociatas nem sempre provadas até episódios particulares de adultérios, relações com pederastas e outros pecados menores da humana espécie. Tal como a rotina do Pentágono e do Kremlin para o caso de um ataque nuclear, essas pastas não eram para ser usadas, serviriam apenas como elemento de intimidação ou, conforme a situação, de barganha.

Explica-se: a maior parte das lideranças civis estava cassada ou exilada, não mais inquietava. As duas únicas que haviam ficado no Brasil viviam sob controle: Lacerda e Magalhães Pinto. Apesar de pertencerem ao mesmo partido (UDN) e de terem se unido na luta comum contra o governo de João Goulart, eram dois temperamentos diversos que não se juntariam jamais, pois ambos não escondiam o desejo (lícito por sinal) de serem presidente da República. "É mais fácil Lacerda fazer acordo com Jango ou com o cadáver de Vargas do que se unir a Magalhães Pinto!", afirmara um teórico da situação, em outubro de 1965, sem saber que estava exercendo distraidamente o raríssimo mister de profeta.

O Pacto de Lisboa deixou atônitos os principais estrategistas políticos do governo, que não temiam as inconsequentes explosões dos estudantes, o complicado desabafo dos intelectuais — e julgavam que os descontentes com a situação ficariam nessas duas faixas tidas como menores da sociedade. A aliança entre JK e Lacerda estourou como uma violação das regras que, mesmo durante as guerras, costumam ser respeitadas por ambos os lados. Era sinal de que "valia tudo" — para usar a expressão de outro estrategista do governo.

JK e Lacerda juntos, falando a mesma linguagem, exigindo a mesma redemocratização do regime — era dose. A dupla logo se transformaria em trio: Jango aderiu ao movimento e também lançou manifesto juntamente com Lacerda. Formava-se a coligação do PSD, UDN e PTB que nunca chegara a se concretizar antes de 1964. E mais: além das siglas (que já estavam abolidas e caídas por gravidade em natural desgraça), era a aliança de três lideranças de peso no cenário nacional. Independentemente de qualquer conotação partidária, JK, Lacerda e Jango formariam no varejo (e no barato) 90% do eleitorado potencial da nação. Realmente, era dose.

O regime não se surpreenderia com uma aliança entre Jango e JK, ambos no exílio, ambos coligados na vida política nacional. Mas Lacerda era fato absurdamente novo: podia-se admitir tudo em Lacerda, principalmente depois que lhe fora cortada a possibilidade com que sonhara durante toda a sua carreira: a de governar o Brasil. Mas era impossível prever que um dia ele estenderia a mão aos inimigos, não a inimigos circunstanciais da véspera, mas a inimigos estruturais, históricos, em alguns casos atávicos.

Nos arquivos do SNI não havia, assim, um envelope específico e letal para anular ou calar o ex-governador da Guanabara. Nem para Jango: esse, era até mais fácil contê-lo, pois seria preso por qualquer cabo de polícia em qualquer parte do território nacional. Havia uma dúzia de mandados de captura e prisão para o presidente deposto pelo movimento de 1964.

Assim, o problema maior era mesmo JK, por sinal, a liderança civil mais popular ainda. A tática empregada em 1965, através do massacre dos IPMs, dera apenas um resultado de força, obrigando-o a regressar ao exílio. Do ponto de vista conceitual, não alterara a imagem que o povo tinha de JK. Pelo contrário: além de injustiçado, ele ganhara a disputada coroa do martírio que muitos políticos perseguem às vezes sem sucesso. JK continuava a ser o brasileiro de maior prestígio dentro e fora do país. Seu nome tinha trânsito nacional e internacional superior ao de qualquer dos homens do governo e da situação. Era necessário, portanto, destruí-lo definitivamente através do chumbo grosso de uma pesada campanha que provaria a sua corrupção.

Poucos dias depois do Pacto de Lisboa, a juíza Maria Rita Soares de Andrade, da 5a Vara da Justiça Federal, decretaria a prisão preventiva de Juscelino Kubitschek de Oliveira baseada no Artigo 312 do Código Penal, que previa uma pena de até 12 anos para o réu. A base do processo era uma sindicância do Conselho Nacional de Segurança que apurara irregularidades na aquisição de material para o Hospital Distrital de Brasília.

A acusação não era nova: nos primeiros dias do governo Jânio Quadros, uma comissão de inquérito tentara provar a mesma suspeita, na qual JK seria coautor de um crime praticado por funcionários de quinto escalão. Mas a comissão acabou desistindo e arquivando o processo. Tratava-se da aquisição de material para o primeiro (e durante muitos anos o único) hospital de uma cidade que já abrigava mais de 500 mil habitantes. A urgência e a necessidade desse material eram notórias na época. Mas os inquisidores invocaram a teoria da existência de "similares nacionais" que poderiam ser fabricados no Brasil.

Simultaneamente, o professor Alcino Salazar, então procurador-geral da República, arrolara outros crimes de corrupção que JK teria cometido e, baseado neles, pediera o sequestro dos bens do ex-presidente. Esses crimes seriam variados, passando por irregularidades na construção da ponte Brasil-Paraguai, uma casa em forma de JK no citado país vizinho, a posse irregular de um apartamento na avenida Vieira Souto, em Ipanema (Rio), quatro mansões no lago — na realidade, quatro terrenos à margem do Paranoá, em Brasília, que JK recebera de presente nos últimos dias de seu mandato, aquisição feita por subscrição pública noticiada e elogiada pelos jornais de todo o Brasil.

Entre as acusações, figurava uma que mostra não apenas a mesquinharia, mas a burrice de seus prebostes: JK era responsabilizado pela importação de algumas toneladas de feijão podre. Uma crise qualquer no abastecimento obrigara o órgão responsável (também quinto escalão do governo) a importar o produto — prática que seria adotada comum e constantemente pelas autoridades depois de 1964. No episódio, houvera demora na entrega do feijão, parte dele se estragara durante a viagem, o órgão competente tomaria as medidas de praxe anulando a transação — mas a acusação ficaria anexada num processo especial aberto pelo Conselho de Segurança Nacional, que dez anos depois cuidaria da segurança nacional em termos de feijão podre — *something is rotten*.

Estranhamente, o peso da retaliação que JK passaria a sofrer teve efeito surpreendente e contrário: ele não recuou, nem se abateu pela depressão que por diversas vezes o atacara, mais em seu campo afetivo e psicológico. Espicaçado pelos ataques à sua honra, e sabendo-se novamente útil ao retorno da democracia através do pacto firmado com Lacerda e Jango, JK sacudiu o torpor que o atacava e começou a tomar decisões próprias, sem ouvir os conselhos de moderação ou recuo. Estava em jogo, agora, de um lado a sua honra pessoal, de outro a liberdade de sua pátria. Duas bandeiras que bastavam para que se armasse cavaleiro e viesse lutar na arena do adversário.

Da vez anterior, a luta se amesquinhara diante de coronéis que presidiam os IPMs, em salas trancadas, cheirando a poeira, a suor de cavalo ou de tropa. As acusações nem eram acusações: simples suspeitas de favorecimento a comunistas, a grupos ideologicamente marcados pelo anátema do regime. Não valia a pena sofrer nem se desgastar para provar que não soubera da aula de um comunista no Liceu de Artes e Ofícios sobre o significado do Dia da Bandeira, ou da tese mimeografada (não havia ainda o xerox) sobre os golpes de Estado à luz do Dezoito Brumário. Agora não. Tinha duas causas pelas quais valeria a pena lutar. Se necessário — disse ele em carta a um amigo —, morrer.

* * *

A 9 de abril de 1967, JK desembarca no Galeão, vindo de Miami. Veio de surpresa, com a mulher e o genro Barbará, trazendo a filha Márcia em maca, coberta por um lençol, recém-operada numa clínica de Houston. A esperá-lo, apenas a filha Maria Estela e o genro Rodrigo Lopes. Era um momento de apreensão para a família, o pequeno clã reunido para a recuperação mais rápida de Márcia, que sofria desde a infância de um problema na coluna.

Apesar de tudo, aquele era o seu retorno definitivo à pátria. Dera um basta ao exílio, virara a página. Sabia o que enfrentaria: os processos, a luta para provar, em tribunais adversos, a probidade de sua vida, de sua administração. De outro lado, havia a necessidade de levar adiante o compromisso básico da Frente Ampla: a redemocratização do país.

As perspectivas eram sombrias, mas preferia a guerra em campo aberto à demolição surda de seu passado e, em certo sentido, de seu mito. O governo revidava a audácia da Frente Ampla fazendo severo cerco em torno de sua liberdade. A qualquer hora poderia ser preso como peculatário. Era o pior que lhe podia acontecer. E, diante do pior, a solução não era o desespero, mas a altivez. Seus advogados começaram a desmantelar, um a um, os labirintos criados pelo Conselho de Segurança Nacional, destinados a provar um enriquecimento ilícito e inexistente. A imprensa mais comprometida com o governo continuava a acusá-lo de ser a sétima fortuna do mundo. E esta inexistente fortuna tivera origem numa ponte que ligava o Brasil ao Paraguai. Dela teriam provido os recursos para a construção de um prédio na Vieira Souto — um prédio que não era dele, no qual usava apenas um apartamento, pago com um aluguel que constava de sua declaração de renda e da declaração de rendas da firma proprietária.

O arquiteto Oscar Niemeyer é chamado a depor: sim, ele fizera um projeto a pedido do engenheiro Marco Paulo Rabelo, um de seus clientes desde os tempos de Brasília. Um dos sócios de Marco Paulo era João Alfredo Castilho, construtor da ponte — para as autoridades aí se situava o vínculo da negociata. Os dois, Marco Paulo e Castilho, teriam construído o prédio para JK. Uma das provas era pueril: a firma que se formara para a edificação do prédio chamava-se Ciamar, devia ser um anagrama de Márcia, nome da filha mais velha de JK. Um motorista havia declarado, em cartório, que em determinado dia levara dona Sarah para visitar as obras do prédio — outra evidência da negociata. Mas as datas, as cifras, a própria vida se encarregaram de desfazer a acusação: com dia certo para deixar o governo, JK precisava se instalar em algum lugar. Através de Sebastião Paes de Almeida, que fora um de seus ministros, soubera da construção daquele prédio, em frente ao mar. Ficara estabelecido que um dos apartamentos poderia ser alugado ao ex-presidente, em bases normais de qualquer operação semelhante: a única vantagem teriam sido algumas adaptações sugeridas pelo futuro inquilino na planta original de um dos apartamentos. Foi isso, por sinal, que Oscar Niemeyer declarou aos que o interrogaram. E era essa, sobretudo, a verdade final dos fatos.

Juscelino sabia que bastaria a sua retirada da Frente Ampla e os processos seriam arquivados na Justiça. Era a lei de talião em versão político-militar do Brasil pós-64. Quase todas as semanas chegava um meirinho à sua porta, com intimações para prestar declarações. Com a ajuda de advogados em Minas, Brasília e Rio, JK enfrentou a batalha até o dia em que foi intimado a comparecer à Delegacia Regional da Polícia Federal, a 11 de setembro de 1967, véspera de seu aniversário. Era a tentativa governamental de impedir as manifestações de praxe que os seus amigos promoviam a cada 12 de setembro. Na intimação, o general-delegado Luiz Carlos Reis de Freitas dizia que JK deveria prestar "esclarecimentos no interesse da Justiça".

JK toma a decisão de ir à delegacia, mas aproveita a oportunidade para lançar um manifesto:

> A nação é testemunha do meu comportamento em face à atual situação brasileira. Há cerca de três anos venho sendo vítima de violências e perseguições armadas, com o propósito de tentar justificar perante o povo a cassação dos meus direitos políticos. Fiel a uma tradição de equilíbrio e tolerância que sempre pautou meus atos, suportei com grande sacrifício humilhações incompatíveis pelo menos com o respeito que deve receber um ex-chefe de Estado. Enquanto vivi no exílio, razões não me faltaram para comentar a atuação política do meu país. Não obstante, fiel a uma diretriz que a mim mesmo me impus, soube dominar naturais ressentimentos, só mostrando os aspectos positivos do Brasil nas centenas de conferências que pronunciei nas universidades dos Estados Unidos e da

Europa. Entendi que somente assim contribuiria para evitar pretextos de maiores provações para o povo brasileiro. Só por isso compareci a todos os órgãos criados para investigar os atos do meu governo, da minha vida pública e até das minhas atividades particulares.

Com o advento do atual governo, ressurgiu em nosso país a esperança do completo restabelecimento da ordem política e jurídica, tendo em vista, sobretudo, os pronunciamentos que a esse respeito foram feitos pelo presidente da República [o presidente Costa e Silva havia declarado que o lugar dos brasileiros era o Brasil e quem não tinha nada a temer da Justiça deveria voltar ao país], reconhecendo a imperiosa necessidade do congraçamento da família brasileira. Com o evidente e único objetivo de cooperar para este esforço e sempre infenso a qualquer ressentimento, fiz declarações no exterior apelando invariavelmente para a pacificação nacional. E, aqui no Brasil, após meu regresso, sempre inspirado pelo desejo de contribuir para a paz, mantive-me em silêncio. Tenho, pois, a consciência de que hoje, como no passado, nunca faltei ao imperativo de promover o entendimento do povo brasileiro. Não vejo razões, assim, para que desencadeiem contra mim medidas vexatórias que a minha posição de ex-chefe de Estado por si só repele. E desde que não querem respeitar essa condição que pertence mais ao Brasil do que a mim mesmo, resolvi aqui comparecer por deferência às autoridades. Mas, segundo me faculta a lei, decidi não responder às indagações que me fossem feitas. O silêncio é a única arma de protesto de que disponho.

Mais uma vez, o governo sentiu que não podia ser esse o caminho para colocar JK na defensiva ou no hipotético terceiro exílio que muitos julgavam inexorável. Ele reagia bravamente, pagando para ver. As acusações eram muitas, as pressões maiores — mas JK decidira ir até o fim. Enquanto se defendia, ele continuava os contatos com Lacerda, que por sua vez fazia outros contatos em busca de uma frente que fosse cada vez mais ampla. O governo recuara taticamente, continuando a dar andamento aos processos contra JK, mas sem deles obter resultado, nem mesmo o de atemorizar um homem que a si mesmo se definira: "Deus poupou-me o sentimento do medo."

Em maio de 1968, quase um ano depois de seu regresso definitivo, o Supremo Tribunal Federal negou por unanimidade o sequestro do imóvel situado na avenida Vieira Souto, 206. O voto do ministro-relator, Adalício Nogueira, baseou-se na doutrina de que os indícios não são provas — base irremovível de qualquer tipo de justiça. E a grossa papelada encaminhada ao tribunal pela Procuradoria-Geral da República não apresentava fatos, mas suposições, hipóteses, o disse me disse comadresco que cerca a vida de quase todos, sobretudo daqueles que desempenham cargo público.

Ao morrer, em 1976, JK teve divulgado o seu testamento: provou o que todos os seus amigos sabiam: ao longo de uma vida de 74 anos, dos quais mais de 50 trabalhando em atividades bem remuneradas da administração pública, ele construíra um patrimônio compatível com as funções que exercera: nem de longe uma fortuna, muito menos a sétima do mundo. Patrimônio relativamente pequeno, constituído de um apartamento no Rio, uma pequena fazenda (da qual devia financiamentos de máquinas e fertilizantes), alguns títulos de ações, letras a serem resgatadas por antigos sócios da Denasa — empresa que fundara com genros —, enfim, um patrimônio que o situava na alta classe média, infinitamente longe de uma abastança que nunca tivera.

Mas esses fatos já eram sabidos em 1965, desde que começaram as acusações de improbidade a seu governo. Não sem razão, o arquiteto Oscar Niemeyer, em carta aos jornais naquele ano, estranhara que suas declarações a respeito do prédio da Vieira Souto tivessem sido truncadas no próprio Serviço Federal de Segurança Pública (SFSP).

> Estes os esclarecimentos que desejo fazer publicamente sobre minhas declarações no SFSP, declarações que fiz questão de terminar com as seguintes palavras: "Nos sete anos de trabalho em Brasília, guardo do ex-presidente Juscelino Kubitschek apenas a lembrança de um homem cheio de entusiasmo, desejoso de fazer qualquer coisa importante para este país."

Se de um lado o governo tentava acuar JK e outros líderes da Frente Ampla — que constituía um perigo em potencial —, de outro o próprio governo sentia-se cada vez mais acuado pela opinião pública. Dispondo de estreitíssima faixa de representação, o povo sempre que podia se manifestava contra o governo, combatendo-o não em determinado setor, mas num todo institucional. Os estudantes do Rio e de outras capitais promoviam passeatas cada vez maiores. Um estudante morto no antigo restaurante da UNE, no Calabouço, teve o cadáver devidamente chorado: seu enterro parou o Rio. E durante as quatro ou cinco horas de seu velório no prédio onde funcionava a Assembleia Legislativa do Estado da Guanabara (Palácio Pedro Ernesto), o clima nas ruas era o mesmo dos tempos de Jango, só que mais irado, e mais justo.

O governo Costa e Silva herdara do anterior o mesmo grau de impopularidade na área econômico-financeira. Certo que o novo presidente era mais acessível do que seu antecessor, que se vangloriava de "nunca ter cortejado a popularidade", Costa e Silva parecia ser homem simples, talvez simplório, de arroubos emocionais, emotivo, terra a terra. Não fazia o gênero da tecnocracia olímpica, embora continuasse a prestigiar os tecnocratas que invadiam a vida pública, assessorando com números, diagramas, organogramas, estatísticas e jargão os militares que detinham o poder.

No anedotário dos primeiros dias do movimento de 64, ninguém desmentiu a sua primeira intervenção na primeira reunião ministerial do governo Castelo Branco. Fora dada a palavra a Roberto Campos, que dirigiria o planejamento econômico-financeiro do país a partir da constatação — evidente para qualquer leigo — de que tudo ia mal. Os demais ministros ouviam atentos a fala de Roberto Campos, menos Costa e Silva, que se mexia na cadeira, inquieto e perplexo com aquelas cifras, aquelas previsões razoavelmente apocalípticas. Em dado momento, o ministro da Guerra não se conteve e perguntou: "Senhor ministro, eu queria saber quanto vai custar o quilo de feijão."

Conta o próprio Roberto Campos, em entrevista ao autor (Londres, julho de 1981), que dias mais tarde o presidente Castelo Branco pediu-lhe que fosse ao Ministério da Guerra, em companhia de Octávio Gouveia de Bulhões e Mário Henrique Simonsen, a fim de explicar ao ministro os planos do governo no setor da economia e das finanças. Diz Roberto Campos que os três falaram mais de uma hora, o ministro balançava a cabeça, incapaz de entender o que estavam conversando, insistindo apenas em que os militares ganhavam pouco e estavam sofrendo com as medidas restritivas impostas à economia brasileira. O planejamento de Roberto Campos era quase radical, na base da formação de capitais para um país que se propunha a trilhar o caminho do capitalismo. Mas Costa e Silva não tinha formação de estadista, muito menos de economista.

Era homem de rompantes. Conta Carlos Chagas (1970), que foi seu secretário de Imprensa e amigo fiel, um episódio em Petrópolis, por ocasião de uma solenidade no Batalhão Dom Pedro II. Em seu discurso, Costa e Silva afirmou que a vida era transitória, estavam ali os militares prestando homenagem ao imperador que havia sido deposto e exilado por um golpe militar. E afirmou, "Amanhã, talvez estejamos prestando uma homenagem igual a Juscelino Kubitschek". Houve pasmo no meio dos oficiais. O mal-estar era tão visível que Costa e Silva percebeu a gafe. E a corrigiu a seu modo. "Sim, uma homenagem a Juscelino, mas Regimento João Goulart nunca, Regimento Leonel Brizola nunca!" Recebeu os aplausos da oficialidade que ficara tensa por alguns segundos.

Ao contrário de Castelo, que compunha um tipo de anacoreta leigo, Costa e Silva cultivava pequenos vícios humanos: gostava de corridas de cavalo, de jogo, de uísque (não se tratava de um Góes Monteiro, mas era chegado a um bom copo, quando ia aos quartéis pedia um uísque de presidente, "não essa porcaria que servem aos oficiais"). Ainda ao contrário de Castelo, não fazia questão de parecer culto. Suas gafes foram inúmeras, mas compunham um ser humano ao gosto do brasileiro médio. Carlos Chagas narra, em seu livro, que em viagem internacional Costa e Silva fizera escala na Tailândia, onde o primeiro-ministro local promovera uma recepção em sua homenagem. Nas conversas informais, Costa e Silva aproximou-se de um grupo que, em inglês, comentava que Brasil e Tailândia tinham problemas sociais parecidos. Costa e Silva entendeu *products* em vez de *problems*, e saiu-se com esse comentário, bilíngue à sua maneira: "*Yes, yes, abacaxi, manga, mamão...*"*

Com esse temperamento, ele ia levando o barco da maneira que podia. Chamara para gerir as finanças um quase desconhecido professor de São Paulo, que fora secretário do governo paulista e o impressionara numa exposição realizada no Rio, ao tempo em que era candidato único à presidência da República e precisava formar um ministério. Antônio Delfim Netto, mais jovem e um pouco mais gordo, fora brilhante nas suas considerações, e Costa e Silva

---

* Em viagem aérea para Miami, o general Costa e Silva foi à cabine do piloto perguntar onde o avião estava. O piloto informou que estava ainda no Ceará, a 10 mil metros de altitude. Espantado, o general comentou: "Eu sabia que o Brasil era grande, mas não sabia que era tão alto!" Verídica ou não, a anedota revela a mentalidade dos militares que tomaram o poder em 1964. (N. do A.)

se fixara nele, tornando-o o homem forte no setor e legando-o ao governo Médici que se seguiu.

Nem por isso (ou talvez por isso mesmo) a situação era boa em termos de pacificação nacional. Os frutos da compressão econômica não haviam aparecido ainda, os tempos do chamado *milagre* estavam relativamente longe, o que estava perto, nas ruas, no Congresso, na imprensa, era o descontentamento contra o governo e o regime.

Em setembro de 1968, dias antes da festa da Independência, o deputado carioca Márcio Moreira Alves fizera na Câmara pequeno discurso no pinga-fogo da sessão, discurso que pouca gente ouviu ou dele tomou conhecimento. Mesmo assim, armou-se o confronto com o Congresso. Pedida a licença para processar o deputado, os congressistas sentiram-se prestigiados pela opinião pública e negaram o pedido do governo. O próprio Marcito narra o fato:

> O rápido período de coincidência entre a minha vida e a vida política do Brasil encerra-se às três da tarde de 12 de dezembro de 1968, quando trezentos parlamentares irromperam no aplauso à própria temeridade em terminar longos anos de humilhações... O presidente anunciou o resultado final: "141 senhores deputados aprovaram a proposta, 216 rejeitaram a proposta. Há 12 votos em branco. A proposta está rejeitada." O fim da frase sumiu. Alguém começou a cantar o Hino Nacional nas galerias... (Alves, 1974)

O pretexto fora dado, na bandeja. No dia seguinte, 13, uma sexta-feira, o governo codificou e editou o Ato Institucional no 5 — que instaurava, de fato, a ditadura sem qualquer disfarce liberal. Os militares assumiam a plenitude e a responsabilidade da situação, acabando com o pouco que restava das liberdades públicas e individuais. Suspensão do *habeas corpus*, fechamento do Congresso, censura total na imprensa, prisões. Quatro anos e meio depois do movimento militar de 1964, a classe militar que tomara o poder em nome do combate ao comunismo e à corrupção sentia que não dispunha de força bastante para conseguir os fins que a fizeram romper com a legalidade e instalar outro tipo de legalidade.

Devidamente analisados por estudiosos de dentro e fora, os tempos do AI-5 já receberam configuração histórica exata: o país mergulhava no arbítrio total. A única garantia, segundo frase atribuída ao liberal Pedro Aleixo, vice-presidente de Costa e Silva, era discutível: o arsenal de força seria administrado por um homem como Costa e Silva, que não era exatamente um truculento. Mas, a partir dos escalões intermediários, a truculência foi o resultado imediato daqueles que achavam os subversivos "mais assanhados do que nos tempos de Goulart".

O alvo preferencial dos estrategistas do AI-5 seria a Frente Ampla, o esboço da reação civil ao esquema militar que se apoderara do governo. Bem verdade que, como movimento legal, a frente não mais existia, pois fora fechada meses antes, a 5 de abril de 1968, por portaria do ministro da Justiça Luís Antônio da Gama e Silva, o mesmo a quem se atribuía o entusiasmo mais decisivo para a redação e edição do AI-5.

Mas, além da letra, havia o espírito da Frente Ampla, fantasma que rondava o governo, ameaçando-o. E havia os políticos da Frente Ampla, os estudantes que paralisavam o Rio — ainda capital de fato do país naqueles anos —, obedecendo a lideranças que tendiam cada vez mais à radicalização. O episódio na Câmara, provocado inicialmente por um discurso que o próprio autor não considerava importante (como jornalista, a atuação de Marcito fora muito mais contundente, denunciando torturas e torturados em jornal e livro), servira de senha para uma limpeza do terreno.

Os militares não eram mais os funcionários ingênuos que encaravam a legalidade como superstição ou dever. Para levar até o fim a experiência revolucionária, dar ao Brasil uma feição conforme os ensinamentos da Escola Superior de Guerra, não se podia tolerar um regime híbrido, de liberdades públicas como a da imprensa e a do Congresso. Mais: até 1964, os inimigos da paz brasileira se situavam na subversão ou na corrupção. O governo militar se desgastara em imagem e eficiência, tentando punir parcialmente os adversários. Essa lição fora aprendida: um general gritou durante um jantar em homenagem ao presidente da República: "Não tergiversaremos com os nossos inimigos!"

O verbo é de gosto castrense, a ação nem tanto, mas naquele dia e naquela hora era esse o espírito do corpo militar: caçada implacável aos inimigos da família brasileira. Foram muitos os presos do AI-5. Nas primeiras horas, foram detidos e encaminhados a diferentes quartéis os líderes da Frente Ampla. Carlos Lacerda foi apanhado em casa e levado para o quartel da Polícia Militar na rua Frei Caneca. Juscelino Kubitschek, que na véspera havia recebido no Maranhão a homenagem de um banquete do governador José Sarney, tinha voltado ao Rio para assistir à formatura do filho de um amigo no Teatro Municipal. À saída, um pequeno grupo de oficiais o deteve e o levou para o 3o Regimento de Infantaria, em São Gonçalo, no então estado do Rio.

Sobre os jornais e emissoras de rádio e televisão caiu a censura. Nada se sabia de nada. Tudo se tornava possível. Oito oficiais foram ao Leme buscar o autor deste trabalho. Levado ao Batalhão de Guardas, em São Cristóvão, explicaram-lhe que o comandante do I Exército desejava falar com ele. Era noite, mais de 11 horas. "A essa hora?", perguntei. Chegando ao quartel, assustei-me com a tropa embarcada em camburões. "Mas para que tanta força? Ninguém vai fazer guerra contra vocês..." Um oficial, muito moço, levando-me para a cela, onde já estava o jornalista Joel Silveira, explicou-me: "Esse pessoal aí de fora vai ter hoje muito trabalho..." "Que tipo de trabalho?", indaguei. E o jovem oficial, mais satisfeito do que orgulhoso, informou: "Vamos fuzilar o Juscelino e o Lacerda..." Antes de fechar esse parêntesis pessoal: durante quarenta dias pensei exatamente nisso: sem qualquer informação lá de fora, acreditei que realmente havia um *paredón* em qualquer parte e que JK, Lacerda e outros inimigos da família brasileira já tivessem sido fuzilados. Felizmente, mesmo para um ateu, Deus é mais brasileiro do que muitos brasileiros.

Todos os presos ficaram incomunicáveis, sem direito a notícias de fora. Nem receber parentes, muito menos advogados. No quartel de São Gonçalo, onde permaneceria quase um mês, Juscelino encontrou razões para não desesperar. Como qualquer preso, tinha a consciência de que a sua atuação política era mais do que nunca um *fato*. Isso aguenta qualquer preso político em qualquer prisão. Mesmo assim, tratava-se de homem de 66 anos, que nos últimos tempos sofrera amargas experiências pessoais. Um corpo traumatizado pela tensão. Sabendo disso, dona Sarah, repetindo o gesto de inúmeras mulheres, mães e filhas, procurou furar o cerco apelando para o famoso jeito brasileiro que, diga-se a bem da verdade, funciona até mesmo em hora de crises. Sabendo que Marcos Tamoyo, ex-secretário do governo Lacerda, era amigo do comandante do I Exército, autoridade que emprestara seu nome e poder a todas as prisões efetuadas no Rio, dona Sarah foi à casa do engenheiro e fez um apelo dramático: ela nem sequer sabia onde Juscelino estava. E o marido sofria, há muito, de diabete. Precisava de medicação adequada e fiscalização médica semanal. O próprio Tamoyo narra, em carta ao autor, a sua intermediação. Disse ele a dona Sarah:

Conheço realmente o comandante do I Exército, general Sizeno, velho companheiro de meu pai e meu amigo pessoal. Vou tentar explicar a ele a situação e volto a lhe falar. [...] Mais tarde, liguei para o general Sizeno e contei que dona Sarah me havia procurado e o que me pedira. Com sua enorme capacidade de compreensão e seu grande coração, Sizeno apenas respondeu: "Amanhã, às nove horas, mande dona Sarah procurar o coronel Portella, no I Exército, que vai conduzi-la ao sr. Juscelino Kubitschek." Liguei para dona Sarah, dando-lhe a notícia, e ela me disse que se apresentaria no dia seguinte ao coronel Portella. À tarde do mesmo dia, telefonou-me para contar que estivera com JK e lhe dera os remédios. Fora muito bem recebida, tanto pelo coronel Portella como pelo comandante do quartel.

Além de dona Sarah, também o médico particular de Juscelino, dr. Aloysio Salles, foi autorizado a visitar seu paciente. Conta o dr. Aloysio que encontrou JK sentado numa cadeira, apoiado nas costas da mesma. Parecia ler uma frase escrita em letras garrafais num dos muros do quartel. Sua cama estava desfeita, objetos de uso pessoal espalhados pelo pequeno quarto que lhe servia de cela. O médico examinou o preso. Depois, conversou com o comandante, fazendo ver o risco que o ex-presidente corria, podendo seu estado de saúde deteriorar-se imprevistamente. Dias mais tarde, JK sairia do quartel, mas continuaria preso, por mais um mês, em sua residência, com guardas embalados à porta impedindo visitas. Com data de 9 de janeiro de 1969, uma junta médica assinou atestado confirmando que JK era portador de "a) arteriosclerose coronariana; b) hipertensão arterial; c) diabete; d) gota; e) infecção urinária recidivante pós-operatória; f) rotura traumática do tendão de aquiles esquerdo (em período de imobilização, após tratamento cirúrgico); g) síndrome de depressão psíquica". E o laudo conclui: "Para seu adequado tratamento, julgamos absolutamente inconveniente a situação de reclusão em que se encontra." Além do dr. Aloysio Salles, assinaram o atestado os médicos Oswaldo Pinheiro Campos, Décio de Souza e Ruy Goyanna.

Apesar do laudo, foi necessária nova ida de dona Sarah a Marcos Tamoyo, e deste ao general Sizeno Sarmento. "Tamoyo", disse o general, "este problema foge à minha alçada. É da competência do presidente Costa e Silva. Onde poderei encontrá-lo amanhã para dizer o que o presidente decidiu?"

Tamoyo marca o dia seguinte e o general lhe telefona, comunicando-lhe que Costa e Silva dava licença para JK se ausentar do país, a fim de fazer o tratamento do diabete que colocava em risco a sua vida. O especialista que cuidava dessa doença estava em Nova York e não podia vir ao Rio porque tinha compromissos por mais dois meses. Pouco antes de embarcar, JK escreveu a Marcos Tamoyo a carta mais bonita desse período. Como documento de um homem e de uma época, vale a transcrição de alguns trechos:

> Meu caro Tamoyo: A minha vida tem sido uma avenida povoada de todas as surpresas. Plantei com entusiasmo. Como o semeador da Bíblia, esperava que as sementes desabrochassem em flores e frutos. Não sucedeu completamente assim. Tive e tenho compensações que me emocionam e confortam. Ao lado, porém, das pétalas nasceram muitos cardos e espinhos. E o trecho do caminho que percorro agora está exatamente queimando e perfurando meus pés. Homem de nenhum padrinho e de muitos afilhados aguardava os acontecimentos com a paciência que Deus me deu. Quando presidente, costumava dizer que se Jó deixasse as páginas da Bíblia e viesse ficar a meu lado, no fim de uma semana partiria, agradecendo-me as lições que receberia. Para todos os lados que olho só vejo solidão e deserto. Poucos tiveram ânimo de atravessar as areias para me estenderem a mão. Não foram mais do que dois ou três. E, por coincidência, foram pessoas que se aproximaram de mim muito recentemente. Na hora do deserto você não trepidou em atravessar as areias, e a mão que me estendeu, ontem, me permitiu a reconciliação com o homem. Vou em busca de um pouco de saúde. Não precisam recomendar-me que não faça declarações. Foi esta a constante invariável de minha presença no exterior. Antes e acima de tudo o Brasil. Homem voltado para a paz, só desejo que esta se consolide no país. Ninguém precisa temer as minhas ações. Atingi uma altura na vida em que apaguei o fogo das paixões. E o que havia de estrutural no meu sentimento, representado pelo desejo de paz e conciliação, cada vez se consolida com a força das convicções imutáveis.

Capítulo 12

O contemporâneo do futuro

12 DE SETEMBRO DE 1974

Faço hoje, incrivelmente, 72 anos. Sinto-me espiritualmente com a idade de 30. Nenhuma ferrugem na alma, nem na vontade. As decepções e os sofrimentos da revolução não conseguiram quebrar a fibra íntima. Sinto-me ainda capaz de grandes aventuras, tais como Brasília. Esta graça Deus conferiu-me. Se não me permite ver o mundo num halo de esperança, também não o fechou nas trevas da desilusão. Compreendo os homens. São seres que não atingiram ainda o status profetizado por Teilhard de Chardin — a igualdade com Deus. Estão numa escalada que exigirá ainda milênios ou bilênios para chegarem ao aperfeiçoamento. Sei portanto perdoar as falhas. De vez em quando uma ingratidão mais forte desequilibra a nossa crença. Com o tempo a refazemos. [...] O dia foi absorvido por visitas. A notícia da presença de JK já circulou pelo sertão. Até de 800 quilômetros vem gente me ver. Graças a Deus tenho este privilégio. [...] A casa se encheu. Foi uma inauguração feliz — estaria eu alegre?

O trecho (e a dúvida) pertencem ao diário que Juscelino Kubitschek, a partir de 1970, começou a escrever. Simples esboços de datas, impressões, pequenos fatos do quotidiano que ia registrando com pressa, sem a forma definitiva e cuidadosa a que se habituara. Mais tarde — pensava ele — esses apontamentos serviriam para ajudá-lo a escrever o último volume de suas memórias.

A citação de Teilhard de Chardin se explica. Em 1973, JK fizera um cursilho, espécie de retiro espiritual que a Opus Dei patrocinara em todo o mundo. Consistia na formação de pequenos grupos heterogêneos que durante uma semana viviam em comunidade, repartindo o mesmo dormitório ascético, o mesmo refeitório frugal, só se dividindo por ocasião das palestras — onde prevaleciam as informações culturais de cada cursilhista. Juscelino fora aconselhado por amigos e, no fundo, sentia que a experiência encontrava nele uma certa nostalgia dos tempos de seminário, quando fazia habitualmente os retiros regulamentares. Agora, depois de ter vivido toda uma vida, a intimidade com o mundo espiritual, o diálogo com a própria alma, parecia-lhe interessante. Foi durante o cursilho que começou a ler Teilhard de Chardin, autor muito em moda nos anos 1960. Mas Juscelino jamais seria um místico, muito menos um asceta. Daqueles dias de reclusão ficou-lhe, contudo, a ambivalência espiritual que justifica a interrogação final do trecho citado: estava feliz, mas estaria alegre? O certo, talvez, fosse o contrário: estava alegre, mas estaria feliz?

Naquele 12 de setembro de 1974 ele podia estar feliz e alegre. Inaugurava a casa na Fazendinha JK, 300 alqueires de terra em Luziânia, a 18 quilômetros de Brasília. Ao se despedir dos jornalistas, na véspera de entregar o governo da República a seu sucessor, JK respondeu prontamente à pergunta: "O que deseja ser depois de ter sido presidente?" "Fazendeiro em Goiás" — afirmara Juscelino. Muitas águas porém se passaram em sua vida, na vida nacional, adiando aquele projeto. A esperança de retornar ao poder em 1965, a cassação do mandato de senador e dos direitos políticos em 1964, o longo exílio que tanto o maltratou, os inquéritos, a prisão, as calúnias, a ingratidão — enfim, como qualquer homem surpreendido pela reflexão, ele sentia que o destino armara suas tendas para fundar, nele, a *città dolente*. Mas havia, em seu temperamento inquieto, um sangue buliçoso demais para aceitar apaticamente o sofrimento, a depressão. E, de repente, mesmo sem informação ou sem motivo, ele dava a volta por cima e se sentia alegre (ou feliz) por nada, pelo bom-dia recebido de um estranho, pelo sol que brilhava em cima da relva, por nada e por tudo. Ele mesmo não se compreendia, às vezes. Não nascera para o lamento, a autocomiseração. Por pior que estivessem a barra e o berro lá fora, dentro de si encontrava o pretexto para continuar ele mesmo.

Na fazendinha que comprara em 1973 e que agora inaugurava, havia a pequena elevação quebrando a monotonia do cerrado imenso que se estendia de horizonte a horizonte. Ali, ele gostava de assistir ao pôr do sol e ali pretendia erguer uma ermida dedicada a Santa Júlia, padroeira onomástica de sua mãe. À hora do *Angelus*, rezava as ave-marias, sozinho mesmo, ou em companhia de algum amigo mais íntimo. Sentia um pouco de tristeza a cada dia que morria.

Carta datada de anos mais tarde, 10 de agosto de 1976, 12 dias antes de sua morte:

> Meu querido Block: com a obstinação que foi sempre a peculiaridade do meu estilo de vida, estou aqui lutando para dominar o cerrado. Já me familiarizei com os espetos desta terra pobre, comida pelos cupins, pelas formigas, pela acidez, mas que renasce e produz quando a mão do homem lhe leva tratamento e carinho. É belo ver, ao lado da esterilidade do solo abandonado, surgir pela força do trabalho o verde animador que corresponde à germinação das sementes. Não imaginava que eu, um ser urbano, me adaptasse ao silêncio e à solidão dos vastos descampados. Encontro-me, há um mês, sem contato com o que se convencionou chamar de civilização. Desta não tenho saudade. O que traz tristeza, sobretudo à hora do recolhimento da tarde, é a falta dos amigos. Eles são parte da minha natureza e do meu próprio organismo, e não senti-los perto é como me privar de um braço ou de uma perna.

Ao voltar para casa, ele evitava acender a luz da sala onde se deitava no sofá. Tirava um cochilo antes do jantar. Ou ficava pensando — tinha agora muito tempo para pensar. E, sobretudo, no que pensar.

Com a edição do Ato Institucional nº 5, governo e regime oriundos do movimento militar de 1964 haviam obtido, afinal, a consolidação da força. Estranhamente, as ditaduras costumam ser impostas no primeiro momento, no calor do próprio golpe que lhes dá origem. Contudo, no caso brasileiro, a ditadura fora lenta e gradual: em 1964, diversos segmentos do estado de direito ainda continuaram, como a liberdade de imprensa, o instituto universal do *habeas corpus*. Em 1965, a faixa liberal diminuiu sensivelmente com a edição do AI-2, mas ainda assim continuavam flutuando alguns pedaços esparsos de legalidade no maremoto do arbítrio. Com o AI-5, em 1968, não sobrou nada do estado de direito.

Governo e sistema jogaram a sociedade no saco sem fundo da força. Até então, diversos escalões haviam tentado uma reação contra o poder assim instaurado. Intelectuais, estudantes e alguns setores do operariado procuraram, um pouco desordenadamente, esboçar a resistência. Mas à medida que tal resistência ganhava contornos mais nítidos, como em 1965, por ocasião da vitória eleitoral das oposições no Rio e em Minas, ou em 1968, com as manifestações estudantis que forçavam a abertura de um espaço que fizesse a sociedade respirar, o governo despejava o seu instrumental cada vez mais truculento. E a partir de 1968 a alternativa que restou aos que tentavam a reação era o silêncio ou a luta armada. Até que ponto o silêncio seria omissão ou adesão?

Somente os povos oprimidos passam por esse drama suplementar: o de procurar explicação para esses tempos de dor, de dúvida, de vergonhosa miséria individual, de miserável vergonha coletiva. Em todo caso, cada qual fez o que pôde, à sua maneira, dentro de suas limitações de temperamento e conveniência. A resistência rachara em filigranas táticas: a luta armada no campo ou na cidade? Entre o zero e um ponto infinito abriu-se o leque das opções para cada um.

Os mais jovens, mais afoitos ou mais desesperados (em raros casos, os mais inconscientes) procuraram a solução do confronto, o exemplo de Che Guevara mitificado e, em numerosos casos, adaptado ao curioso tipo de herói nacional que entrou no anedotário da época: o Guevara de salão, a Passionaria de botequim. Descontadas as caricaturas, mesmo assim foi grande o número de mártires. E, ao lado dos mártires, os perseguidos e humilhados, mortos-vivos que continuaram porque, entre outras coisas, continuar era uma forma de reagir. Foram muitos, enfim, e chamavam-se legião — como os demônios. Como os demônios, não dobraram a espinha e se obstinavam a negar o incenso aos demiurgos entronizados (até certo ponto eternizados) no poder.

O AI-5 fechou qualquer possibilidade de resistência natural e democrática àqueles que não concordavam com a nova ordem. Sequestros de diplomatas estrangeiros, assaltos a bancos para conseguir fundos de uma infundada luta armada que nunca se estabeleceu em termos concretos, o romantismo de muitos que procuravam uma solução pessoal para o desafio nacional, grupos de resistentes inspirados por ideologias diversas, fragmentados em alas e dissidências, enfim, por não ser da índole do brasileiro a solução de força, ou por incapacidade operacional e teórica dos líderes, o fato é que as tentativas que chegaram a ser organizadas — à custa de muita dor e às vezes de muito sangue — deram em nada, sobretudo quando encontraram nexo com o banditismo comum.

Os escalões mais responsáveis, inclusive os comunistas, ficaram à espera das famosas *condições objetivas* para a luta. O coágulo de sangue custou a ser absorvido pelo organismo da nação. Na emergência, o sistema adotou o comportamento que dele se esperava: endureceu no varejo e no atacado, levando o país à encruzilhada cujos caminhos — como mais tarde se constataria — não levavam a direção alguma. Um tempo cruel, ignominioso — e inútil.

Para Juscelino, a responsabilidade de manter uma atitude ao mesmo tempo firme e conciliatória era decorrente de sua formação pessoal e de sua trajetória política. Cassado, inquirido, preso, exilado — ele pagara o preço de ter sido o que foi: um democrata supersticioso de qualquer poder que não tivesse origem no povo. Afastado compulsoriamente da vida pública, tendo seus passos vigiados dia e noite, com seus bens colocados em sequestro para a intimidação final, ele desgastara o corpo na tensão daqueles anos terríveis.

Ao sair da prisão, em janeiro de 1969, tivera de ir buscar seu médico, nos Estados Unidos, a fim de manter sob controle a condição de diabético. E uma sucessão de problemas com a saúde esgotaria suas reservas físicas e financeiras: um tumor na próstata obrigou-o a nova internação, precisou pedir dinheiro emprestado a um banco a fim de poder viajar e custear o tratamento. Pouco antes de embarcar, com o título aprovado pela diretoria da casa de crédito, recebeu o recado de que o empréstimo fora cancelado. Os amigos, então, se cotizaram e arranjaram o dinheiro para cobrir a emergência. Mais tarde, um grave problema com a coluna e nova internação, dolorosa e demorada.

Mesmo assim, ele continuava sendo o que sempre fora: o homem cordial e disposto à conciliação que não lhe era pedida. Antes, tornavam-na proibida, a ele e à sociedade da qual fazia parte. As poucas vezes em que tratava do fato político, com amigos, ele mantinha a conduta habitual. Carta a Rubem Berardo, em janeiro de 1969, tão logo saía da prisão:

> Sei que a hora que estou vivendo é a mais difícil de quantas tenho experimentado. Valeu-me nela o conforto de alguns poucos amigos como você. As conversas que me relatou mostraram-me, felizmente, que a minha obstinação em pregar a Paz e o Perdão não é voz isolada neste país. No calor das modificações políticas nem sempre é fácil aos ocupantes do poder marcarem a temperatura que deve reinar na vida nacional. O Exército conta com a maior figura de estadista que o Brasil já possuiu. Caxias é igual a Lincoln, e quando proclama, como sempre o fazia após as refregas revolucionárias, que a paz era o supremo objetivo da Nação, estava traçando uma linha imperecível para o pensamento brasileiro.

Em abril de 1970, por ocasião do 10o aniversário da fundação de Brasília, os donos do poder conseguiram o absurdo de comemorar um fato histórico violentando a própria história. Durante anos, oficialmente a nova capital surgira do nada, em geração espontânea, lance de mágica que era proibido explicar ou comentar. Pior ainda: ele próprio não podia visitar a cidade que criara. Certa vez, no pequeno avião monomotor de um amigo, cruzara a cidade em direção a Anápolis. Por acaso, o pequeno aparelho apresentou falha mecânica e o piloto pediu autorização para descer em Brasília. A torre do aeroporto quis saber qual era o defeito e quem estava a bordo. Ao mencionarem o seu nome, ele ouviu, estarrecido, pelo rádio de bordo, que o avião deveria se deslocar para Luziânia, em cujo aeroporto poderia fazer o pouso de emergência.*

Somente a 7 de janeiro de 1972, também por acaso, ele conseguiria pisar o chão da cidade que fundara. Vinha de Luziânia, num velho caminhão Ford, em companhia de um amigo. Dirigia-se a Planaltina, começara a busca de um

---

* No documentário que o autor fez para a Rede Manchete de Televisão ("JK: a voz da história"), em 1984, há uma simulação do episódio que contou com a colaboração de pilotos e funcionários do aeroporto de Brasília. Uma cópia do documentário, em versão VHS, se encontra no Memorial JK, em Brasília.

pedaço de terra que pudesse comprar para realizar o desejo de ser fazendeiro em Goiás. Era ali que desejava viver o resto de seus dias, ali desejava morrer e ali ser enterrado: perto de sua cidade. Um temporal obrigou o motorista a entrar num desvio da estrada. Com nenhuma visibilidade, o caminhão penetrou no denso aguaceiro. De repente, a sombra de uma construção surgiu ao lado da estrada. Juscelino reconheceu: "É o Catetinho!" E embora o amigo o advertisse, lembrando a possibilidade de um incidente com as autoridades, JK saltou da boleia e enfrentou o temporal.

Ele narraria o fato ao jornalista Carlos Chagas: "Como sempre, os pingos d'água pareciam laranjas, atingindo a gente sem dó." De qualquer forma, o primeiro passo fora dado. Agora era continuar a visita à cidade, aproveitando o grande aliado — o temporal — que tornara as ruas mais desertas do que o habitual. Depois de sete anos, ele voltava. "Senti-me como um súdito romano das Gálias que pela primeira vez visita Roma. A Roma do primeiro século, com seus palácios de mármore, sua suntuosidade e sua consciência de centro do mundo civilizado." Dirigiu-se à catedral; não a conhecia ainda, só em maquete e em seu perfil exterior. Desceu o túnel de acesso: "Maravilhei-me. Nunca tinha visto a catedral completada." Isolado de todos, e ignoto, ele lambeu a cria e disse para si mesmo, em voz baixa: "Valeu a pena."

A "sétima fortuna do mundo" precisava trabalhar. Não por desfastio ou charme, mas para sobreviver e manter o padrão de vida a que se habituara desde 1940, quando fora nomeado prefeito da capital mineira e, ainda médico, dispondo de razoável clientela, conseguira comprar uma casa, confortável casa por sinal, em estilo moderno, a primeira com piscina em Belo Horizonte.

No exílio, ganhara o suficiente para se manter lá fora, inicialmente com as conferências que pronunciava em universidades e centros de estudo da América ou da Europa. Mais tarde, com participações em firmas que construíam casas e hotéis. Agora, estabelecido de novo em sua terra, não podia viver de sua poupança, comendo seu patrimônio relativamente modesto. Em associação com os genros Baldomero Barbará e Rodrigo Lopes, partiu para a fundação de uma financeira, a Denasa, estabelecida num pequeno escritório na avenida Nossa Senhora de Copacabana. Seus genros trabalhavam, anteriormente, no Banco Econômico do Rio de Janeiro, mas sofriam, de certo modo, as pressões da época. As autoridades financeiras e fiscais mantinham o banco de João Alfredo de Castilho sob severo controle, no pressuposto de que os genros de JK eram o prolongamento dos interesses familiares e pessoais do ex-presidente.

Para liberar o amigo do encargo, e para imprimir o seu próprio ritmo aos negócios, Juscelino tornou-se presidente do Conselho de Administração da Denasa. Pouco mais tarde, uma lei facultou às financeiras com capital de 5 milhões de cruzeiros a operação como banco de investimentos. Movimentando amigos, JK conseguiu a elevação do capital e a Denasa passou a funcionar na rua da Alfândega, onde JK assumiu integralmente a condição de empresário. Em outubro de 1971, assim definia ele o seu pensamento sobre a nova função na temática desenvolvimentista:

> Ao empresariado nacional estão sendo oferecidas condições muito favoráveis para realizar fusões e incorporações, de abrir o seu capital, de expandir seus mercados, de agrupar empreendimentos em torno de centros capazes de suprir recursos de investimento e de giro, oportunidades, enfim, de crescer com o País. Que os homens de empresa abandonem os critérios tradicionais de gestão e se libertem do medo de perder o controle de suas organizações, analisando e assimilando as vantagens do conceito moderno de empresa. Esta é, a meu ver, a grande decisão que se espera do empresariado nacional, para que ele assuma a função que lhe foi reservada nesse programa de desenvolvimento autônomo e baseado em recursos internos. Que ele ocupe efetivamente o seu lugar antes que o Estado o faça.

Ainda em 1971, um golpe: morre em Belo Horizonte sua mãe, dona Júlia. Aos 98 anos, ela representava para JK uma espécie de âncora, de estímulo, de pique: por pior que andassem as coisas, bastava o pensamento de que sua mãe ainda vivia, ainda torcia por ele, e tudo se arrumava interiormente, dando-lhe a garra para ir em frente. Em artigo para *Manchete*, JK relembra a influência que dona Júlia exercera em sua vida:

> Para ela, nunca deixei de ser o Nonô, o menino de Diamantina que ela havia educado com amor mas com severidade. A ascensão política do filho, embora lhe causasse orgulho, nunca teve força para

alterar-lhe os hábitos de modéstia e simplicidade. Nunca se hospedou em palácio e jamais entrou num automóvel presidencial. No dia 1o de maio ela fechou os olhos para sempre. Morreu tranquila e silenciosa, como sempre vivera. Assistíamos a um programa de televisão sobre Diamantina e, de súbito, ela se sentiu mal. Era o fim. Tive a oportunidade de estar presente, ao lado de meu cunhado Júlio Soares e de Sarah, e de poder segurar-lhe a mão quando a morte sobreveio. Um ramo de sempre-viva — flor nativa do velho Tejuco — foi colocado sobre seu peito. Deixou a vida, pois, como teria desejado: levando consigo um símbolo da cidade em que nasceu e que tanto amou.

Apesar de suas atividades na Denasa, Juscelino sentia-se cada vez mais atraído para o ofício de escrever. Em sua vida pública, a falta de tempo obrigava-o a seguir a rotina: discursos, mensagens e relatórios ficavam a cargo de auxiliares e amigos, como Augusto Frederico Schmidt, Josué Montello, José Sette Câmara, Pedro Calmon, Francisco de Assis Barbosa e Álvaro Lins. Durante os anos de exílio, habituara-se a escrever em regime de compulsão. Além de cartas e impressões esparsas de viagens, ele se impôs uma disciplina severa a fim de conseguir terminar suas memórias — tarefa que Adolpho Bloch cobrava-lhe com insistência. Ajudado por Caio de Freitas, que pesquisava e arrumava os apontamentos, ele ia dando forma definitiva ao texto, tendo entregue o original dos quatro volumes por ele redigidos em meados de 1969. Infelizmente, o governo da época não permitiu que os livros fossem impressos e distribuídos.

Somente em 1974, depois de muitas consultas e compromissos, foram editados o primeiro volume de suas memórias, *A experiência da humildade*, e um volume à parte, intitulado *Por que construí Brasília*, a condensação de sua trajetória pública encerrada com o *grand finale* da inauguração da nova capital. Foi, talvez, a sua última grande alegria: receber as provas que Adolpho Bloch lhe trazia, o caderno de fotos em rotogravura, as capas em arte-final e, um dia, o primeiro livro saído das máquinas, cheirando a tinta.

Pouco a pouco, se integrava na equipe de *Manchete*, a revista que crescera junto com Brasília, que acreditara no mesmo sonho e na mesma esperança. A fidelidade de Adolpho era esmagadora: enfrentara perigos, correra todos os riscos, mas nunca deixara o amigo sem o apoio de suas revistas, fosse para o que fosse. Ao saber do acidente de agosto de 1976, Carlos Lacerda foi procurar Adolpho e, tomando-lhe a mão, começou a fazer um discurso. Em dado momento, chorou.

Frequentando a sede de *Manchete* diariamente, JK começa a tomar gosto pelo jornalismo. Escreve pequenas resenhas de livros e recusa receber o vale da colaboração, até que um dos editores da revista impõe: "Se não receber, não colabora mais." JK então assina os vales, sempre na mesma tabela dos demais colaboradores. Escreve sobre os livros saídos na ocasião, faz crítica de *Os tambores de São Luís*, de Josué Montello. Ao morrer, levava consigo um exemplar de *Ó Jerusalém*, de Dominique Lapierre e Larry Collins. Havia prometido uma resenha para o próximo número de *Manchete*.

Convivendo cada vez mais com escritores, jornalistas e editores, surge seu último sonho: a Academia. Num primeiro passo, elegeu-se para a Academia Mineira de Letras, tomando posse a 3 de maio de 1975 e sendo saudado pelo cardeal Carlos Carmelo de Vasconcellos Motta. Pouco depois, morria no Rio o acadêmico Ivan Lins, da Academia Brasileira de Letras. Sentindo-se enfermo, ele havia recebido a visita de JK, ocasião em que manifestou a vontade de tê-lo como sucessor. Alguns acadêmicos souberam do fato e insistiram para que JK se candidatasse à vaga. Feitas as sondagens preliminares, o grupo de amigos do ex-presidente verificou que era viável a candidatura. À mesma vaga concorria o escritor goiano Bernardo Ellis, de reconhecidos méritos literários. Mas a Academia tem razões que somente a razão conhece: liderando um bloco que se opunha à eleição de JK, o presidente da Casa de Machado de Assis opunha forte resistência não à pessoa ou à pretensão de JK, mas à oportunidade de sua admissão à Academia.

Oficialmente, ficou estabelecida a alegação de que, nas eleições anteriores, alguns escritores haviam sido preteridos por nomes de notáveis. Na conceituação da época, Juscelino seria um *notável*, como Santos Dumont, Getúlio Vargas, Ataulfo de Paiva, Roberto Simonsen — seria longa a lista dos acadêmicos que não eram, tecnicamente, homens de letras, mas que haviam penetrado nos sagrados umbrais da imortalidade da avenida Presidente Wilson. Juscelino deveria esperar outra vaga, deixando a de Ivan Lins para Bernardo Ellis, homem modesto que não tinha outro patrimônio senão a sua condição de homem de letras. Veiculada essa versão, logo surgiria a razão.

Durante o seu quinquênio presidencial, JK dera à Academia o terreno vizinho, onde se situava o Tribunal Federal de Recursos, que se deslocara para Brasília. O presidente Austregésilo de Athayde, trabalhador infatigável, planejou a construção de enorme edifício que ficaria anexo ao da Academia. Ali funcionariam algumas dependências da própria Casa de Machado de Assis, mas diversos andares seriam destinados à renda, com a qual a Academia poderia exercer papel mais atuante no processo cultural do país. A Caixa Econômica Federal estudava um plano de financiamento à ABL, e o ingresso de Juscelino no chamado "nobre sodalício" poderia provocar, como represália do governo, o cancelamento de qualquer recurso para a construção de obra tão necessária ao desenvolvimento da Academia. Evidente que esta razão nunca seria encampada pelos acadêmicos que julgavam temerária a presença do ex--presidente da República no seio de uma entidade apolítica, acima e afora das paixões — como convém às academias. Mas foi a peça de sustentação para convencer os hesitantes.

Sem qualquer conotação com os interesses imobiliários da ABL, era certo que um grupo de acadêmicos jamais votaria em JK, por motivos outros, e, em alguns casos, respeitáveis. Critérios de exclusiva aferição literária, antigos ressentimentos da vida pública, antipatia pessoal pelo candidato — enfim, JK sabia que não teria votação unânime. Mas acreditava na possibilidade de uma boa votação — e esta lhe fora prometida. Mesmo assim, sabendo que dificilmente um candidato se elegeria tendo contra si a atuação do presidente da Casa, em meio de sua campanha JK endereçou-lhe a seguinte carta:

> Presidente Austregésilo de Athayde: talvez esta carta vá surpreendê--lo. Os amigos mais chegados a ignoram. E esta resolução lhe comunico em primeira mão. A esta altura de minha candidatura — que surgiu da sugestão espontânea e honrosa de muitos acadêmicos, amigos dos mais queridos, reforçada por um desejo do próprio Ivan Lins, o que foi levado a seu conhecimento — eu tenho esperança, digo mesmo, quase certeza de que estaria eleito. Os sufrágios prometidos dar-me-iam, pelo menos, esta convicção, sobretudo considerando que seus eminentes confrades só podem ter de mim uma simpatia afetuosa. No que dependeu de mim sempre os distingui como merecem, na linha da cordialidade, do respeito e da

consideração. Uma promessa deles a um homem como eu, afastado do poder, só poderia ser um compromisso selado pela bondade exclusiva de cada um. Senti, no entanto, desde a primeira hora, que a minha candidatura, após o seu veto, só vingaria criando situações de constrangimentos, o que jamais desejaria, uma vez que sempre procurei trazer aos ambientes que frequento uma aura de compreensão e de agradável convivência. Depois de ter tanto batalhado, conservo ainda inalterável a atração pela palavra em todas as suas expressões. Por isso, considero uma das aspirações legítimas para o coroamento de uma existência, em que ao lado de amarguras e lutas também floriram horas de conforto e glória, a Casa de Machado de Assis. Face, porém, à situação surgida, o acirramento de uma disputa seria inevitável, o que jamais desejei ou desejaria. Assim, por que insistir na porta da Academia, dividindo-a de modo que a eventualidade de um êxito trouxesse a insatisfação de alguns? É certo que, acostumado aos pleitos, sei que a maioria no plano democrático é a vitória. Nada mais, creio eu, precisarei dizer-lhe, quanto à minha resolução, mas serei explícito: não me candidatarei. Amigo atento, Juscelino Kubitschek.

A carta foi escrita por volta do meio-dia de 20 de junho de 1975. JK havia pedido, pela manhã, que Adolpho Bloch esperasse por ele para almoçarem juntos. Chegando atrasado, Juscelino só teve uma desculpa: mostrou a carta ao amigo. Ela revelava não apenas o motivo do atraso, mas o drama por que passara, um drama penoso, levando em conta as razões que o ditaram. Adolpho já sabia, então, que a eleição para a Academia tornara-se difícil, mas era íntimo o bastante para não concordar com aquela atitude. Lembrou ao amigo a repulsa que ambos tinham por qualquer tipo de renúncia que significasse abandono da luta. Os problemas deviam ser um estímulo para a vitória, não o toque de recolher diante da dificuldade. O exemplo mais notório era o caso da renúncia de Jânio Quadros — episódio que JK condenava.

Foi justamente por aí que a carta acabou não sendo enviada. Juscelino meditou mais um pouco, sabia que Adolpho funcionava, naquele momento, como sua própria consciência. Sempre desprezara a fraqueza diante da luta. Retirar-se, naquele momento, seria, acima de tudo, uma covardia, embora pudesse parecer um gesto magnânimo, ou, quem sabe, uma tática para a vitória final. A partir daquele dia, JK apelou para o peito e a coragem a fim de vencer aquela que seria a última eleição de sua vida, por sinal, a única que perderia.

Na *práxis* de uma eleição na ABL, há o recurso que possibilita aos acadêmicos votarem em um ou dois escrutínios num candidato, e nos restantes sufrágios em outros. De acordo com esse dispositivo, alguns acadêmicos haviam prometido que votariam em JK no primeiro e terceiro escrutínios, mas no segundo e quarto indicariam Bernardo Ellis para a vaga. No dia da eleição, 23 de outubro de 1975, a primeira rodada revelou um empate (19 x 19) e uma abstenção. Na segunda, vitória de JK por 19 a 18 votos e duas abstenções — o que mostrou a possibilidade de Juscelino ganhar a eleição cujo *quorum* era o de vinte votos. Para a ala contrária, ele se apresentava mais forte do que supunham. Havia envelopes que o indicariam a partir do terceiro escrutínio. E aí a surpresa: nessa terceira rodada, vitória de Ellis por vinte a 18 com uma abstenção. Os entendidos nos fastos acadêmicos estranharam tal resultado, que ficou por conta dos envelopes contendo votos dos imortais ausentes, como José Américo de Almeida, Menotti del Picchia e outros que se comprometeram a desdobrar seus sufrágios de acordo com os escrutínios.

Não houve acusação frontal de manipulação de envelopes, mas a suspeita de que, na pressa e na emoção do momento, o presidente Austregésilo de Athayde tivesse trocado as sobrecartas.

Esperando o resultado em casa de sua filha Maria Estela, em Botafogo, Juscelino recebeu o telefonema de Josué Montello que lhe dava a notícia final. JK desligou o telefone e disse para os amigos que o rodeavam: "Perdi. Vamos virar esta página!" Acenou para o pequeno conjunto musical que iria tocar na recepção que a família daria aos amigos. Sem entender o que se passava, o chefe do conjunto atacou, com júbilo, os acordes de *Peixe vivo*. JK apanhou Maria Estela e começou a dançar. No fim da noite era novamente um homem tranquilo, esquecido da adversidade. Dias depois, o presidente da Academia quis almoçar com ele. Marcaram um restaurante no centro do Rio, conversaram muito. JK percebeu que Austregésilo de Athayde desejava se referir ao episódio dos votos, mas impediu que o assunto tocasse naquele terreno. Ao saírem, tiveram de usar o elevador que serve ao salão das refeições. Um elevador pequeno, apertado, onde só cabem duas pessoas espremidas. Foi então que Juscelino colocou a mão no ombro de Athayde e disse-lhe: "Presidente, sou entendido em matéria de eleições. Quando se perde, não se deve perguntar por quê."

Meses mais tarde, os escritores de São Paulo tentaram uma espécie de reparação, elegendo-o Intelectual do Ano. JK compareceu à posse de Bernardo Ellis e estava disposto a se candidatar novamente, tão logo houvesse vaga com a qual tivesse afinidade pessoal ou intelectual.

Mas os fatos miúdos de sua vida começaram a crescer dentro dele, orientando suas preocupações para o dia a dia de pequenos e sucessivos aborrecimentos. Sua filha Márcia comunica-lhe que pretende se desquitar do marido, Bê Barbará. Além de genro e amigo, Bê era sócio na Denasa, e o desquite provocaria uma alteração radical em seus hábitos. Depois da partilha dos bens, JK deixa a presidência da Denasa e aceita o oferecimento de Adolpho Bloch, passando a dispor de confortável escritório no edifício de *Manchete*. Ali será o seu último local de trabalho. Integra-se, definitivamente, no sistema da sua nova casa, almoça todos os dias à beira da piscina, comentando os fatos do dia, os problemas das revistas, do preço do papel — enfim, é um companheiro que participa até mesmo dos aniversários que são comemorados nas redações, com discurso e bolo. Sua simplicidade nada tem de postiça. Apesar disso, aqueles que lhe são mais próximos sabem que ele sofre, não mais em sua vida pública, que praticamente se extinguiu há muito, mas em seu *front* pessoal, em sua retaguarda.

Superados os problemas advindos com o desquite da filha, ele se concentra em sua fazendinha. Apesar dos fertilizantes, a terra ácida do cerrado não promete retorno aos investimentos. Cada vez mais ele se desloca para Goiás, a fim de gerir pessoalmente as plantações, solicitar empréstimos bancários para comprar máquinas. Concentra-se na construção de um açude, a fim de represar águas — e não deixa de ser curioso ver aquele homem, que construíra as gigantescas barragens de Três Marias e Furnas, empenhado em dirigir o trator que vai movimentar a terra para erguer o pequeno açude que deverá saciar uma terra já morta pela sede milenar. Numa das idas ao Rio, verifica em sua correspondência que estudantes de todo o Brasil pedem que ele faça conferências sobre os problemas nacionais.

Muito tênues, mais um desejo nacional do que uma vontade do governo, começam a se abrir fiapos de luz na escuridão do regime presidido pelo AI-5. A crise do petróleo, em 1973, provocou uma reviravolta mundial, mas, no

Brasil, o problema tem o mérito de acabar com as fantasias de um milagre que não houve. A procura de novas fontes de energia é dramática e JK começa a pesquisar dados para as conferências, abordando a solução do xisto betuminoso e do incremento das hidrelétricas. Para ele, a energia nuclear seria uma faca de dois gumes, mas não era contrário à importação de *know-how* nuclear, necessário ao desenvolvimento tecnológico do país.

Em meados de 1976, decide passar longa temporada na fazenda. Inicia a construção da ermida de Santa Júlia — que não verá terminada. Encomenda a Ceschiatti, o escultor que fizera os anjos monumentais da catedral de Brasília, uma imagem da mártir romana. Ceschiatti não encontra nenhuma referência iconográfica daquela santa e Juscelino resolve o problema: envia ao escultor uma foto de sua mãe: "Faz igual a ela. Santa Júlia, para mim, é a minha mãe."

Seus hábitos, na fazenda, são mais íntimos, solitários. Ao cair da tarde, vai rezar o *Angelus* no local da futura ermida. Preocupa-se com a morte, com a possibilidade do fim. Aos sábados, leva os amigos para rezar o *Angelus*. Ele mesmo puxa as ave-marias. Certa tarde, recebe a visita do coronel Nélio Cerqueira, um espiritualista. Conversam sobre temas relacionados com a morte. E, em seu diário, abre espaço cada vez maior a temas relativos ao fim último de cada homem.

No início de agosto, o estranho recado de um militar cujo primeiro nome é Rosalvo. Depois de identificar-se, o oficial diz que a qualquer momento JK será chamado para manter contato com membros do governo. Juscelino não crê nessa possibilidade, embora conheça os problemas que o presidente Ernesto Geisel está atravessando. Esboça-se, abertamente, um confronto entre a linha do governo Geisel e a do ministro da Guerra, Sílvio Frota. As simpatias de JK são para a causa de Geisel, a quem envia um exemplar de suas memórias. Sabe que o general, apesar de seu estilo imperial, pretende normalizar o país. JK percebe o lento costurar de uma linha mais aberta para a política nacional. E, mesmo sem levar a sério o recado de Rosalvo, diz a seus amigos que só aceitará uma conversa em torno da união com Geisel.

No sábado, 7 de agosto, está conversando com amigos na fazenda. Diz que só há duas soluções para a crise brasileira: a abertura provocada por um golpe de força, que teria necessariamente um caráter esquerdista ou comunizante, ou a abertura gerida pelo próprio governo. Nessa eventualidade, a classe política deveria ter sensibilidade bastante para apoiar o governo no essencial, embora mantendo as características de cada grupo.

Em meio à conversa, chegam à fazenda diversos carros vindos de Brasília. São repórteres que desejam apurar a notícia que começou a ser veiculada ao cair da tarde: algumas versões davam JK como morto num acidente de estrada, outras versões falavam de um enfarte fulminante sofrido na própria fazenda. JK ri, manda servir cafezinhos, acha graça no boato. Mas, ao fim da noite, quando todos vão embora, ele sente um nó dentro do peito. E deixa registrada em seu diário uma premonição amarga sobre o fim que sente próximo.

A 17 de agosto uma alegria. Em Brasília, inaugura um novo escritório no Edifício Oscar Niemeyer, perto do Hotel Nacional. Uma sala modesta, onde receberá estudantes e amigos. À noite, hospedado em casa de Carlos Murilo, pede para dar uma volta pela cidade. Vai em silêncio, olhando as luzes da capital que criara, a silhueta dos edifícios, a coroa de concreto armado da catedral. De repente, como se estivesse saindo do sono ou do sonho, murmura baixinho para si mesmo: "Ei JK! Ei JK!"

Na quinta-feira, 19 de agosto, deixa a fazenda para ir a São Paulo, escalando uma noite em Brasília. De um lado, tem um convite para participar de uma reunião dos ex-governadores da Bacia do Prata, que inclui alguns políticos desativados como ele próprio. É um pretexto para rever amigos. De outro, deseja passar um fim de semana com Adolpho Bloch em São Paulo.

Hospeda-se em Brasília mais uma noite, como sempre em casa de seu primo Carlos Murilo, que guarda esta última recordação de JK na cidade que fundara:

> Ele não gostava de ficar sozinho. Ajudei-o a fazer a mala. Percebi que levava muita roupa para um simples fim de semana em São Paulo. Depois de tudo arrumado, ele se deitou e ficou a conversar. Fez um balanço de sua vida e disse: "Já fiz tudo o que tinha a fazer. Sou um homem realizado. Brasília aí está. É uma obra que ficará para sempre. O povo me trata com carinho. Mas sou realista. Meu tempo aqui na terra está acabando. Tenho o que de vida? Dois, três, cinco anos? Não gosto disso. A única coisa que eu queria agora era morrer. Não tenho temperamento para esperar as coisas. Meu últi-

mo desejo, realmente, seria ver o Brasil retornar à normalidade democrática. Mas isso vai demorar muito e eu quero ir embora."

No dia seguinte, 20, embarca para São Paulo, com bilhete de ida e volta. Como está desprevenido, seu primo Ildeu de Oliveira empresta-lhe 10 mil cruzeiros. Tem, como companheiro de viagem, o deputado Ulysses Guimarães, com quem conversa longamente. JK reafirma o seu ponto de vista: união em torno de Geisel, que lhe parece sincero e capaz de proceder à abertura no regime. O mau tempo obriga o avião a pousar em Viracopos, ele chega com duas horas de atraso ao almoço na Casa da Manchete, onde Adolpho e o autor deste trabalho o esperam. Está tenso, pede um uísque antes da refeição, come pouco, levanta-se duas vezes para tentar uma ligação com o Rio. Levo-o ao telefone, disco os números pedidos. Adolpho quer saber como será o próximo aniversário dele, a 12 de setembro. Normalmente, JK começava a comemorar dias antes, gostava de fazer anos. Mas agora ele não tem plano algum, mais tarde pensará no assunto.

Domingo, 22 de agosto, JK acorda cedo, pede que a cozinheira de *Manchete*, Elisabeth, faça-lhe os bifes bem fininhos para o desjejum. Depois, em companhia de Olavo Drummond, que vem se encontrar com ele, toma um carro de *Manchete* e vai à casa de Ademar de Barros Filho, onde almoça. Às quatro horas, se despede de todos, dizendo que retorna a Brasília de avião. O motorista o espera para levá-lo ao aeroporto. JK pergunta se ele pode levá-lo até o início da Via Dutra, km 2 da Rio-São Paulo. O motorista, que recebera ordens de Adolpho para servir o presidente, acha estranho o pedido, mas obedece. Ao atingir o quilômetro 2, vê o Opala de Geraldo Ribeiro, motorista de JK desde os tempos da Prefeitura de Belo Horizonte. Juscelino agradece, apanha sua mala, que Geraldo se apressa a tomar de suas mãos. Depois, o próprio JK recolhe seus outros papéis, uma pasta preta, um porta-folhas com algumas páginas de seu diário, um exemplar da última *Manchete*, com Jânio Quadros na capa. Por fim, apanha o livro *Ó Jerusalém*, que estava lendo para escrever uma resenha. Com passos firmes, ele se dirige ao Opala, Geraldo já arrumou o travesseiro na parte traseira, sabe que o presidente gostará de dormir durante a viagem.

A tarde é triste, feia, cai uma garoa fria, o céu está baixo, de chumbo. Antes de entrar no carro, JK acena para o motorista de *Manchete*. É o seu último aceno. Aquele aceno que os brasileiros tão bem conheciam e que ficaria perpetuado, em bronze, no alto de seu Memorial erguido em Brasília. Foi para um homem do povo esse último aceno, com gosto de adeus.

Duzentos quilômetros à frente, o impacto — e ele explodiria como uma estrela.

Segundo tempo

O Beijo da Morte

"*Em 1976, alguns órgãos, contrários à abertura promovida pelo presidente Geisel, buscavam soluções extralegais.*"
Armando Falcão, ministro da Justiça do governo Ernesto Geisel (1973-1979), em entrevista a *O Globo*.

Nota

Conforme expliquei em nota na primeira parte, embora o *Memorial do exílio*, publicado em 1982, não seja uma biografia autorizada, e sim a continuação do projeto editorial de uma autobiografia (*Meu caminho para Brasília*), o autor não podia evitar o compromisso de adotar os critérios estabelecidos por JK para a redação de suas memórias.

    Interrompido em 1976, ano de sua morte, o projeto inicial parara em 1961, quando da passagem do governo para seu sucessor. Ficara faltando toda uma sequência de problemas pessoais e políticos que ele desejava fosse escrita por mim, deixando-me apontamentos e trechos que escrevera ao longo dos sete anos que durou a redação final de suas memórias. Bem como o original do diário que ele vinha escrevendo, sendo que as páginas finais foram encontradas no carro do acidente que o matou. Páginas que deveriam ser acrescentadas ao restante do diário que ele deixara com sua secretária, Elisabeth Ramos, num dos arquivos que mantinha em seu último gabinete de trabalho, no 11o andar do Edifício Manchete, com a indicação escrita de próprio punho: "Para Adolpho Block".

    De posse do original, Adolpho me entregou o diário para que estudássemos a possibilidade de publicá-lo na sua revista em capítulos semanais. Examinamos o texto e verificamos que havia referências a fatos e circunstâncias que JK jamais divulgaria. Enviamos o original para dona Sarah, que evitou tomar conhecimento de seu conteúdo, bem como das quatro ou cinco páginas manchadas de sangue que se encontravam no carro acidentado.

Ao redigir o último livro das memórias de JK, praticamente nada aproveitei do diário que tinha à disposição. Sua esposa ainda vivia e me comprometi, com ela, suas filhas e com o próprio editor a não detalhar o relacionamento que JK mantinha com Lúcia Pedroso. Como não me considerava biógrafo, e sim colaborador do ex-presidente na redação de suas memórias, evitei escrever sobre a crise conjugal que marcaria os últimos anos de sua vida.

Bem mais tarde, e em parceria com Anna Lee, publicamos pela Editora Objetiva *O beijo da morte,* com as várias versões sobre a morte não apenas de JK, mas de João Goulart e Carlos Lacerda, líderes de uma Frente Ampla que tentaria a redemocratização do Brasil. O livro não é conspiratório nem conclusivo, mas um levantamento jornalístico das muitas hipóteses que circularam e ainda circulam sobre o desaparecimento dos três políticos que morreram no espaço de poucos meses. E que teriam sido vítimas da Operação Condor, como muitos outros políticos e militares da América Latina.

Daí resultou um *romance-reportagem*, que, no ano de sua publicação, ganharia um prêmio Jabuti dado pela Câmara Brasileira do Livro. Criamos, Anna Lee e eu, um repórter fictício que cai em desgraça profissional por causa da obsessão em descobrir a verdade sobre o desaparecimento dos três líderes. Este repórter imaginário (na realidade, é a combinação de alguns jornalistas reais que muito escreveram sobre o assunto) entrevistou vários personagens da época, no Rio, Brasília, Rio Grande do Sul, Uruguai e Argentina.

Nesta segunda parte de *JK e a ditadura*, transcreverei os trechos de *O beijo da morte* na parte referente ao fundador de Brasília, assim cobrindo as lacunas que propositadamente deixei na primeira parte.

Do *Diário do Repórter* — Não era a primeira vez que ouvia a versão que negava o acidente. Mas de tal forma a hipótese me parecera absurda, que não ligara para ela. Não estava de plantão naquele domingo mas fora convocado pelo diretor da redação, o jornal faria uma edição extra no dia seguinte, com a cobertura do acidente na Rio-São Paulo.

Fui destacado para ficar no Médico Legal, uma caminhonete da empresa deixou-me na avenida Mem de Sá, o trecho já estava tomado por carros da reportagem de diversas TVs, rádios e jornais.

Esperava-se a chegada do corpo de JK a qualquer momento, havia um assanhamento geral, cada um inventava uma história para driblar o cerco policial e poder entrar no IML.

Eu conhecia quase todos os colegas que ali estavam, mas fui o único que conseguiu se aproximar de um carro da revista *Manchete* que trazia dois diretores da revista. Todos sabíamos que, devido às ligações da revista com JK, eles teriam facilidade de entrar no Médico Legal. E não deu outra. Os policiais reconheceram os dois jornalistas, Murilo Melo Filho e Carlos Heitor Cony, que vinham com as instruções de dona Sarah Kubitschek a respeito do velório do marido. Ambos eram amigos pessoais de JK, Murilo fora o primeiro jornalista a dirigir uma sucursal durante a construção de Brasília, e com o fotógrafo

Jáder Neves, eram candangos que tinham acesso direto e imediato ao presidente da República durante as visitas que ele fazia às obras da cidade.

Cony não conhecera JK naquele tempo, mas após a cassação do ex-presidente fora colocado à sua disposição para auxiliá-lo na redação de suas memórias.

Os dois jornalistas de *Manchete* não tiveram dificuldade em entrar no IML, mas antes, Cony se comprometeu a me passar informações. Ele trabalhava para uma revista semanal, eu para um jornal diário: não éramos concorrentes.

Hora e meia após, eles saíam do IML, Cony convidou-me a entrar no carro de *Manchete*. Pela primeira vez mencionou uma dúvida que na hora julguei absurda: JK fora vítima de um acidente ou de um atentado?

— Como?

Ele ficou embaraçado, era evidente que não devia ter dito aquilo. Apertei-o como pude e ele limitou-se a contar o que se passara lá dentro.

— Dona Sarah pediu a mim e ao Murilo que viéssemos ao Médico Legal procurar o genro dela, Rodrigo Lopes, que ali estava, em nome da família, esperando o corpo chegar de Resende. Encontrei o Rodrigo muito abatido, numa sala da diretoria do Instituto, com alguns médicos e funcionários em volta. Dirigi-me a ele, dei o recado de dona Sarah, que desejava o velório não mais no Museu de Arte Moderna, mas no edifício de *Manchete*. Enquanto falava com Rodrigo, ele fora interrompido por um homem que parecia estar desempenhando, com desembaraço, as funções de dono do defunto.

E continuou:

— Era o dr. Guilherme Romano, um dos amigos mais íntimos do general Golbery da Costa e Silva, criador do Serviço Nacional de Informações e, posteriormente, chefe da Casa Civil da Presidência da República nos governos Geisel e Figueiredo. O general era considerado a eminência parda do regime militar pelos dois lados: situação e oposição.

"Guilherme Romano o socorria em seus muitos episódios de saúde comprometida por uma complicada doença nos olhos. Não ambicionava cargos nem uma posição oficial na estrutura visível do Estado. Mas ganhara grande prestígio pelo seu acesso ao general que era tido como o feiticeiro do governo, o homem que manobrava nas sombras e ao qual era atribuído o lado substantivo de todas as medidas, boas ou más, criadas e impostas pelo Movimento de 1964.

"Ele entrou na conversa que eu mantinha com Rodrigo Lopes, perguntou o que estava havendo, suspeitando que minha presença ali, ao lado de Murilo, dois homens de *Manchete*, que era de fato a segunda casa de JK em seus últimos anos de vida, representava uma mudança nas ordens recebidas de dona Sarah. Abalada com a morte do marido, ela o encarregara de representar a família, inicialmente junto à Delegacia de Resende, em cuja jurisdição ocorreu o acidente, mais tarde no Médico-Legal, no Rio, onde o corpo seria liberado para o sepultamento.

"Repeti para Guilherme Romano o recado de dona Sarah, que decidira fazer o velório no saguão da revista onde JK mantinha seu último gabinete de trabalho e, durante os anos de ostracismo, dera-lhe abrigo e cobertura. Gentilmente, Guilherme Romano voltou-se para Rodrigo, dizendo que nada tinha a contestar ou acrescentar à ordem da viúva.

"Naquele instante, olhei bem para o dr. Romano e tive vontade de perguntar-lhe o que estava fazendo ali, já que pessoas da família poderiam estar cuidando de tudo, como o marido de Maria Estela, o genro sempre leal a JK. Nada disse, não havia clima para isso. Na ocasião, fiquei sabendo também que o dr. Romano estivera na Delegacia de Resende, recolhera os pertences de JK que estavam no carro acidentado: um relógio Rolex, de ouro; uma pequena maleta com roupas; o livro *Ó Jerusalém*, de Dominique Lapierre e Larry Collins, na edição francesa; o exemplar de *Manchete* daquela semana, com a foto de Jânio Quadros na capa; e algumas poucas páginas do diário que JK vinha escrevendo desde 1972, relativo aos últimos dias que havia passado em Luziânia (Goiás). O restante do diário está em seu gabinete, em *Manchete*, com sua secretária Elisabeth Ramos, suas anotações terminam em junho deste ano, quando foi para sua fazenda, próxima a Brasília."

— Bem — disse eu —, só isso de novidade? E como foi o acidente?

— Acidente? Sim, acidente...

Cony tinha alguma coisa na cabeça e disse-lhe isso. Haveria lugar para alguma dúvida?

Ele titubeou. Quase falou qualquer coisa, preferiu ficar em silêncio. Somente algum tempo depois, me perguntou:

— Você não acha estranho que o dr. Guilherme Romano, homem notoriamente ligado ao general Golbery, ao SNI, tenha sido o primeiro a aparecer no local do acidente?

— Você suspeita de alguma coisa? — respondi com outra pergunta.

— Não suspeito de nada. Apenas achei estranha a presença de um homem tão ligado ao sistema, no setor das informações e do controle da opinião pública, num acidente em que morreria um dos políticos que mais preocupavam o regime... o mais vigiado...

Mais tarde, e progressivamente, muita gente estranharia a presença de Guilherme Romano nos momentos seguintes ao acidente.

* * *

Pouco depois, Cony publicaria em *Manchete* o seu primeiro artigo sobre o assunto:

> Foi um choque que me percorreu o corpo: semana passada, apanhei o exemplar de *O Globo* que a empregada trouxera e li, na primeira página, que as autoridades argentinas tencionavam pedir a exumação do corpo de João Goulart, pois havia suspeitas a respeito de sua morte. A razão do choque tem um motivo: desde agosto de 1976, há exatamente seis anos, que a dúvida me persegue.
>
> O acidente que matou Juscelino Kubitschek na tarde de 22 de agosto daquele ano, numa estranhíssima viagem pela Rio-São Paulo, teria sido casual ou proposital? Vamos aos fatos:
>
> Pouco depois da morte de JK, fui procurado pelo ex-deputado Max da Costa Santos, que na época dirigia a Editora Paz e Terra. Exaltado, falando aos arrancos, Max desejava que eu abandonasse tudo e fosse pesquisar os detalhes do acidente que matara Juscelino.
>
> Ele estava possuído pela sua verdade: tinha a certeza de que o acidente fora forjado, tal como o desastre que matara, meses antes, a costureira Zuzu Angel, mãe de Stuart Angel, assassinado nos tempos mais negros da repressão. Disse a Max que também havia suspeitado daquela morte, sobretudo porque, duas semanas antes do acidente na Rio-São Paulo, correra a notícia de que JK havia morrido na estrada que liga Luziânia a Brasília, em circunstâncias quase idênticas às do desastre sofrido por Zuzu Angel. Lembro-me bem daquele dia: Adolpho Bloch me telefonara, dizendo que acon-

tecera uma tragédia com JK, já havia reservado um táxi aéreo e pedia que eu o acompanhasse a Brasília. Fui para a casa do Adolpho e lá acertamos que o mais prudente seria mandar alguém da nossa sucursal, na capital federal, até a fazenda de JK, inteirar-se da verdade. Se fosse o caso, viajaríamos naquela noite mesmo para Brasília. Felizmente, a notícia foi desmentida. Mesmo assim estranhamos que o boato tivesse circulado em diferentes locais, à mesma hora, como que obedecendo a um plano infernal.

Duas semanas depois, o telefone tocou e Rodrigo Lopes, genro de JK, perguntou a Adolpho se ele sabia de alguma notícia sobre JK. A primeira reação de Adolpho foi de exaltação: parassem com aquelas brincadeiras, JK tinha ido de São Paulo para Brasília, estava com o bilhete de volta no bolso, na véspera, o próprio Adolpho quisera trazer JK ao Rio e ele se recusara. Aliás, o comportamento de JK naquele último fim de semana fora muito estranho. Nem para seus melhores amigos, como Carlos Murilo, Ildeu de Oliveira, nem para sua família, declarara a intenção de vir ao Rio. No entanto, colocara seu motorista, Geraldo Ribeiro, em *stand by* no km 2 da Rio-São Paulo, para a possibilidade de uma viagem ao Rio. Almoçou com amigos e deles se despediu dizendo que ia para Brasília. O motorista de *Manchete* que estava à sua disposição tinha ordens para levá-lo ao aeroporto, onde JK tomaria o avião para Brasília. Estranhamente, JK pediu que o motorista o levasse ao km 2 da Rio-São Paulo. Duzentos quilômetros adiante ocorreu o acidente fatal que o matou, quando seu carro foi imprensado entre um ônibus, em tráfego regular pela rodovia, e um outro carro que, depois de ter acompanhado o Opala de JK por alguns quilômetros, decidiu ultrapassá-lo, justamente no momento em que Geraldo Ribeiro deu sinal de que iria ultrapassar o ônibus. Nesse instante, o carro que vinha atrás do Opala também fez a ultrapassagem, ao fazê-lo, fechou mais adiante o carro do JK, obrigando Geraldo a fechar por sua vez o ônibus, cuja velocidade seria a oficial da época, ou seja, 80km por hora.

Para realizar a ultrapassagem com segurança, evidente que Geraldo aumentou sua velocidade até os 100 ou 110. No justo instante da ultrapassagem, ao se sentir fechado por outro carro que desenvolvia maior velocidade, não teve alternativa senão a de jogar o Opala para o lado da pista onde o ônibus trafegava. Com o pequeno choque, quase um raspão, o carro de JK foi violentamente lançado para a contramão, onde uma carreta consumou o desastre.

Dito assim, tudo pode parecer coincidência. Mas, na época, estava em moda forjar acidentes de estrada, sendo muitos os que suspeitam do desastre de Zuzu Angel numa das pontes de São Conrado. A hipótese é uma simples hipótese, mas, ainda na mesma época, houve um acidente, na Grécia, em que um adversário do regime dos coronéis morreu em circunstâncias misteriosas. Alexos Panagulis, deputado da oposição, foi vítima de uma emboscada nas ruas de Atenas: jogado contra uma garagem, seu carro espatifou-se. Panagulis teve enterro de herói nacional. O fato está narrado no livro de Oriana Fallaci (*Um Homem*, Editora Record), e através do relato não contestado da jornalista italiana, ficamos sabendo que, antes do acidente fatal, por duas outras vezes o carro de Panagulis fora currado em situações mais ou menos análogas às ocorridas em nossa doméstica Via Dutra.

Bem, quando vi Max da Costa Santos exaltado, pedindo que eu abandonasse tudo para me dedicar àquela tarefa (ele chegou a me perguntar quanto eu ganhava, estava disposto a me oferecer o dobro e havia feito o mesmo convite a outros jornalistas), pensei e pesei todas as circunstâncias que envolviam a morte de JK, mas não topei a tarefa. Disse-lhe que tinha estado no Instituto Médico Legal, não vira o corpo (aliás, pouquíssimos viram o corpo de JK depois do acidente), mas algumas pessoas ligadas à família haviam feito sindicâncias, incluindo o mesmo roteiro do Opala, na esperança de encontrar alguma pista que desmentisse a versão oficial.

Ao terminar uma série de artigos sobre os últimos anos de JK, coloquei o ponto final da narrativa no momento em que Juscelino se despede do motorista da revista e entra no Opala dirigido por Geraldo Ribeiro, seu motorista desde os tempos de Belo Horizonte. Resisti à tentação de detalhar o desastre, pois a dúvida persiste: acidente ou crime?

Quanto à morte de JK, configurada a hipótese do acidente forjado, restaria saber como fora ele atraído àquela cilada. O que se sabe é pouco. Tal como ocorreu com outros líderes caídos então em desgraça, JK recebera contatos de segundo ou terceiro escalões no sentido de conversar sobre a possibilidade de serem recuperados o mais breve possível à vida nacional. No caso de JK, foram marcados locais e datas sucessivamente adiados, até que teriam acertado o encontro num restaurante à beira da estrada Rio-São Paulo. Em meu livro sobre os últimos anos de JK (*Memorial do Exílio*) fiz referência a esse fato da forma sumária que me competia, à falta de documentação mais explícita: "No início de agosto (de 1976), o estranho recado de um militar cujo primeiro nome é Rosalvo. Depois de identificar-se, o oficial diz que a qualquer momento JK será chamado para manter contato com membros do governo; Juscelino não crê nessa possibilidade, embora conheça os problemas que o presidente Ernesto Geisel está atravessando. Esboça-se, abertamente, um confronto entre a linha do governo Geisel e a do ministro da Guerra, Silvio Frota.

* * *

Semanas depois, Cony escreveria diversos artigos sobre o assunto:

> Mais tarde, depois de publicar os três primeiros volumes das memórias de JK (*Meu caminho para Brasília*), que tiveram a edição e redação finais a meu cargo, fui cobrado pelo editor e por dona Sarah para completar a sua autobiografia. JK parara sua narrativa no dia em que passara o governo a Jânio Quadros (31 de janeiro de 1961), mas deixara comigo apontamentos e documentos sobre o período seguinte. Ele hesitava se devia ou não historiar o período posterior à entrega da presidência a seu sucessor, quando foi eleito senador por Goiás, mais tarde cassado, exilado, preso e, sobretudo, enfrentava grave crise conjugal.
>
> A 22 de agosto de 1976 morria num acidente de estrada. Para escrever o último volume de suas memórias, eu não podia contar

com a sua assistência. Até então, os livros anteriores haviam sido escritos na primeira pessoa, era o próprio JK que contava a sua história, expressava seus sentimentos e sua visão de mundo. Sem a sua presença, mas cumprindo um desejo dele, eu teria de continuar a tarefa, não mais usando a primeira e, sim, a terceira pessoa, a do narrador.

Tinha um vasto material armazenado com a sua ajuda e orientação. Inicialmente, procurei pesquisar as circunstâncias de sua morte, pois antes de publicar os volumes, eu teria de transcrever todo o material em capítulos semanais na revista *Manchete*.

Uma das minhas primeiras iniciativas foi procurar o perito Sérgio Leite, do Instituto de Criminalística, responsável pelo laudo técnico do acidente, laudo até hoje não contestado. Ele me recebeu duas vezes na mesma semana, gravei seus depoimentos em fitas cassete. Dispondo de outros elementos e revelações esparsas que apareciam na mídia, ouvindo testemunhas e pessoas que mantiveram contato com JK naqueles últimos dias, fixei-me principalmente, mas não exclusivamente na sua versão e em sua efetiva participação na perícia oficial do desastre.

Sérgio Leite reafirmou todas as conclusões que constam do seu relatório, nada de novo surgira após a redação do mesmo, apesar de ter sido formada uma comissão extraordinária na Câmara dos Deputados para apurar as numerosas suspeitas de um atentado.

Em 2000, duas versões foram apresentadas e analisadas pela comissão presidida pelo deputado Paulo Octavio Pereira. A primeira das duas hipóteses era a de uma bomba que teria estourado dentro do Opala em que JK viajava. A segunda, a de um atirador de elite que, à margem da estrada, naquele trecho da Rio-São Paulo, teria alvejado o motorista Geraldo Ribeiro na cabeça, provocando o acidente fatal.

As duas hipóteses não se sustentaram, peritos de diversas procedências negaram a existência de resíduos de explosivos na carcaça do carro que teria sido exaustivamente examinada. Quanto ao motorista, que teria sido atingido na cabeça por um tiro, foi pedida a exumação de seu corpo, e os exames cadavéricos mostraram que não havia furo algum no seu crânio: apenas um prego enferrujado do caixão que se misturara à ossada.

Baseado em outros depoimentos, levantei algumas objeções periféricas, discutindo-as lealmente com o perito. Antes de mais nada, aleguei o óbvio: não interessava ao governo militar admitir um atentado contra JK. Sérgio Leite levaria suas pesquisas objetivamente, limitando-se ao acidente em si, às provas técnicas que até hoje não foram contestadas no essencial. Não lhe competia, funcionalmente, ampliar sua perícia para o conjunto de circunstâncias políticas e pessoais que cercaram o episódio.

E me revelou que, primeiramente, fora feito um laudo do acidente por dois peritos da delegacia de Resende, laudo bastante sucinto, incompleto, uma vez que não houve tempo nem recursos de infraestrutura técnica para um trabalho mais completo.

Foi então que o diretor do Instituto de Criminalística, o delegado Roberto Freitas Vilarinho, convocou Sérgio Leite para periciar oficialmente o acidente, que detinha, em seu currículo profissional, centenas de casos com acidentes em estradas.

Ao começar o trabalho, ficou sabendo que, antes dele, uma perícia sigilosa havia sido feita por militares ligados aos órgãos de informação e segurança do governo, perícia que até hoje não seria revelada publicamente, mas que serviria de ponto de partida para a perícia oficial do Instituto de Criminalística, formando o contexto em que o acidente se encaixaria.

Os antecedentes próximos do desastre foram levantados por esse grupo de militares, cabendo a Sérgio Leite a análise do acidente em si, sob o ponto de vista técnico. De acordo com o laudo elaborado pelos militares e policiais dos serviços de inteligência do governo, o Opala em que JK viajava teria feito uma parada no hotel-fazenda Vilaforte, poucos quilômetros antes do local do acidente. Muito se especularia sobre essa parada, havendo versões de que o ex-presidente dela se utilizara para um encontro com Lúcia Pedroso, pivô da crise conjugal que afastara JK de dona Sarah e do Rio de Janeiro.

Ele teria combinado o encontro com Lúcia num trecho a mais de 100 quilômetros do Rio, e mantido surpreendente sigilo a respeito, não o revelando nem mesmo a seus amigos mais íntimos, como os primos Carlos Murilo Felício dos Santos, em cuja casa dormira na noite de 19 de agosto; e Ildeu de Oliveira, a quem pedira 10 mil cruzeiros emprestados para a viagem até a capital paulista. Nada revelara também a Adolpho Bloch, em cuja casa, em São Paulo, JK dormiria as duas últimas noites de sua vida.

O caso com Lúcia Pedroso era do conhecimento geral da família e do círculo mais chegado ao ex-presidente. Durante a ligação, que vinha de anos, os dois se encontravam em diversos lugares, no Rio mesmo, em Paris, em outras cidades no exterior, na casa de campo de amigos e na própria casa de Lúcia, em Ipanema.

A parada no hotel-fazenda Vilaforte para o encontro com a amante teria sido o motivo para a estranha viagem de JK ao Rio, apesar de ter no bolso o bilhete de volta para Brasília. Real ou inventada pelos militares que fizeram a investigação sigilosa, a parada serviria de pressão contra dona Sarah, impedindo-a de aprofundar o contexto do acidente, uma vez que teria de aceitar publicamente a realidade da ligação de seu marido com a rival.

Sérgio Leite admitiu que não lhe competia contestar o laudo dos militares. Não lhe cabia, realmente, saber se JK parara ou não no hotel-fazenda. Ele não era um detetive, mas um perito em acidentes automobilísticos. Disse, textualmente na entrevista que com ele gravei, "... *quando nós chegamos lá existia uma indicação de que ele parou ali para encontrar uma senhora. Eu não me meti nisso. (...) Aquela fazenda, o dono ou o pai do dono, era oficial do Exército. Antes de acontecer isso, com certeza absoluta, esse depoimento foi dado pelo menos informalmente, de que já tinha estado ali com essa senhora. No dia, eles disseram que eles teriam estado. Houve por parte de nós todos (os peritos do Instituto de Criminalística, entre os quais, o próprio Sérgio Leite) o consenso: por que vamos nos meter na vida sexual particular de alguém?"*

A partir desta parada, que teria durado cerca de uma hora, os peritos civis cronometraram a velocidade do carro de JK e do ônibus da Cometa que teria dado um raspão na carroceria do Opala, raspão que deixaria marcas no para-lama que pode ser examinado até hoje, com o pequeno sulco, sujo da tinta do coletivo. Evidente que não há dúvida sobre a mecânica do desastre em si, Sérgio Leite é técnico competente e sua descrição do acidente não pode ser negada a não ser que, como já anotei, apareça um fato realmente novo.

Contudo, ao admitir a parada no hotel-fazenda, o perito estava se submetendo à lei do mais forte. Qualquer que fosse o laudo, ele teria de adaptá-lo ao laudo anterior feito pelos militares do Serviço Secreto, que concluíram pela parada de JK no hotel-fazenda para se encontrar com Lúcia.

Este encontro, porém, não houve, embora pudesse ter havido a parada no hotel. Lúcia Pedroso o negou, em entrevista igualmente gravada, dizendo que esperava JK em seu apartamento, em Ipanema, entre 17h30 e 18 horas daquele domingo. O tempo chuvoso e o almoço em São Paulo, na casa do deputado Adhemar de Barros Filho, atrasariam sua chegada. Ela não se deslocaria mais de 100 quilômetros, num domingo chuvoso, para se encontrar com o amante com quem dormiria em seu próprio apartamento em Ipanema.

Mas JK não estava vindo ao Rio, de forma clandestina, para encontrar-se com Lúcia. Durante aquele período que passara em Luziânia, os dois se encontravam com certa regularidade em casas de amigos, em Brasília mesmo ou em seus arredores. A viagem ao Rio, naquele dia, tivera outro motivo. Ele havia marcado um almoço às 13 horas do dia seguinte, com Adriano Moreira, ex-ministro em Portugal e advogado de Fernanda Pires de Melo, empresária exilada no Brasil pela Revolução dos Cravos,* de 1974. Fernanda formara uma companhia para construir um conjunto hoteleiro em Troia, vizinha de Setúbal, a 100km de Lisboa, colocando JK, então exilado em Portugal, como presidente de honra da empresa, da qual também fazia parte o ex-embaixador Hugo Gouthier.

---

* O movimento militar que derrubou a ditadura em Portugal foi chamado de "Revolução dos Cravos" porque o povo enfeitou com cravos os fuzis das tropas que chegavam a Lisboa para depor o governo salazarista de Marcelo Caetano. (N. do A.)

Os dois sócios brasileiros de Fernanda nada tinham a ver com os hotéis, não exerciam funções executivas nem consultivas, limitaram-se a dar seus nomes ao empreendimento de uma empresária dinâmica que caíra em desgraça no período mais agudo daquela revolução.

Havia um processo correndo em Lisboa contra Fernanda e seus sócios. E o ex-ministro Adriano Moreira, que mantinha a distância seu escritório de advocacia na capital portuguesa, cuidava da parte relativa a JK, de quem era amigo particular. O assunto era mantido em segredo pelo ex-presidente e pelo advogado.

Era mais que lógica a cautela de JK em manter sigiloso o problema com o novo regime que se instalara em Portugal. Ele acabava de reassumir seus direitos políticos cassados em 1964. Os diversos processos e IPMs que respondera no Brasil estavam arquivados, por falta de provas e pela competência de seu advogado Victor Nunes Leal.

Vindo a público sua relação com um empreendimento imobiliário em Portugal, que estava sendo investigado pelos militares da Revolução dos Cravos, seus adversários teriam um novo pretexto para acusá-lo de ser a sétima fortuna do mundo, um especulador envolvido em negócios duvidosos. Daí o cuidado em manter em segredo o processo em Portugal, que o atingia obliquamente (o alvo era a sua amiga, a empresária Fernanda Pires de Melo, que na ocasião estava mantendo uma relação com Negrão de Lima, ex--prefeito do Rio, ex-governador da Guanabara, ex-ministro da Justiça e das Relações Exteriores, ex-embaixador em Portugal).

A situação financeira de JK começava a sentir os efeitos do patrulhamento que o perseguia desde 1964. Comprara a fazendinha em Luziânia com empréstimos bancários, e ficara sem recursos para os investimentos de implantação, sobretudo no que dizia respeito à importação dos fertilizantes que preparassem a aridez do cerrado para uma produção autossustentável.

Tendo agendado o almoço com Adriano Moreira na segunda-feira, dia 23 de agosto, ele preferira despistar, evitando chegar ao aeroporto do Galeão ou do Santos Dumont, onde seria facilmente reconhecido e teria sua presença no Rio divulgada pelos jornais, com dona Sarah dela tomando conhecimento.

* * *

Os militares que haviam tomado o governo já se dividiam em duas linhas: a moderada, sob a liderança de Geisel e Golbery; e a linha dura, a dos gorilas, que insistiam em manter a tensão de 1964 e 1968. Haveria condições para os militares mais moderados, que dois anos depois, em 1978, afastariam da corrida sucessória o general Silvio Frota, ministro da Guerra, aceitarem JK como solução civil, uma vez que os processos contra ele estavam arquivados e seu comportamento político não criara arestas com o regime.

Após a tentativa da Frente Ampla, que não foi uma conspiração, mas um movimento público, ele se resignara a cumprir o ostracismo de forma digna, dedicando-se basicamente à redação de suas memórias e à sua fazendinha em Luziânia.

A perícia de Sérgio Leite continua indestrutível, a menos que apareçam fatos realmente novos. E por se tratar de documento técnico, sem levar em conta antecedentes e circunstâncias nacionais e internacionais de uma época politicamente polarizada, e com a necessidade que ambos os lados tinham de "limpar o terreno", o laudo oficial continua valendo, apesar da possibilidade de contestação de um ou outro pormenor técnico.

Detalhes do Opala e do ônibus da Cometa, condições da estrada, a mecânica do acidente em si, as zonas de freagem, a cronometragem dos impactos, o depoimento de testemunhas confiáveis ou não, tudo isso foi analisado pelo perito de forma técnica e não pode ser contestado por leigos que não tiveram acesso ao local e aos momentos imediatamente seguintes do desastre.

Ao absorver a parada no hotel-fazenda Vilaforte, o laudo do perito serviu maravilhosamente ao regime militar, interessado em colocar o mais depressa possível uma pedra sobre o assunto, evitando explorações e, acima de tudo, evitando que a morte de JK integrasse um cenário que começava a se esboçar, com o desaparecimento de outros líderes democráticos em países dominados por militares da extrema-direita, como o Chile, a Argentina e a Grécia.

Outro detalhe do laudo de Sérgio Leite que merece comentário é a referência às duas paradas de JK na estrada, a primeira no km 2 da Rio-São Paulo, a segunda no hotel-fazenda, pouco antes do local do desastre.

A ser verdadeira a parada no hotel-fazenda (que já constava anteriormente do laudo sigiloso elaborado por militares dos serviços de inteligência e informação do governo), teria havido uma única parada no km 2 da Via Dutra, onde JK apenas trocou de carro, deixando o Alfa-romeo de *Manchete* que estava à sua disposição desde a manhã daquele dia, e seguindo no Opala dirigido por Geraldo Ribeiro, que o esperava num posto de gasolina no início daquela rodovia.

O laudo do perito ateve-se exclusivamente aos poucos metros da rodovia em que o acidente se iniciou, até o ponto de resolução, em que o Opala se imobilizou, no outro lado da pista. O que quer que tenha acontecido na pista que levava ao Rio, a posição e a velocidade do Opala, do ônibus e de um terceiro carro referido por algumas testemunhas, não teriam provocado o acidente mortal se não fosse o choque com a carreta que se dirigia para São Paulo. Nem mesmo vinte computadores da última geração, em rede, poderiam programar aquele impacto.

* * *

Coincidência ou não, logo após minhas entrevistas com o perito Sérgio Leite, o *Jornal do Brasil* começou a publicar uma série de matérias sobre a Operação Condor, da qual eu já ouvira falar, mas sem me ocupar com ela, pois o objeto de minhas pesquisas era a morte de JK. As revelações do *JB*, em sua maioria, limitavam-se ao desaparecimento de pessoas e grupos que praticavam ou ameaçavam praticar atos terroristas ou criar condições objetivas para a luta armada contra os regimes militares no Cone Sul, transformando-se a cordilheira dos Andes numa gigantesca Sierra Maestra — referência ao ponto de partida da Revolução Cubana, onde Fidel Castro, Che Guevara e

Camilo Cienfuentes se fixaram para fazer a cabeça de ponte das incursões que derrubariam a ditadura de Fulgêncio Batista.

A cordilheira dos Andes seria apenas uma metáfora, uma alegoria à comunização do Cone Sul. Na realidade, os diversos movimentos contra as ditaduras atuavam em sua maior parte em zonas urbanas ou periféricas das grandes cidades, com exceção de duas tentativas mais organizadas no Vale da Ribeira e no Araguaia, ambas no Brasil.

A Operação Condor, em sua primeira etapa, foi acusada de provocar mortes, acidentes, desaparecimentos e torturas, operada por uma espécie de segunda unidade dos governos totalitários, militares de média patente, policiais civis, notadamente da Argentina, do Uruguai, do Paraguai, do Brasil e do Chile.

Num segundo movimento, a Operação Condor passou a limpar não apenas o terreno da subversão, mas o próprio terreno, numa operação de queima de arquivo que atingiria a polícia e os serviços secretos dos países acima citados.

Este movimento cresceu de virulência quando ficaram evidentes os sinais de que os regimes militares, forçados pela pressão internacional, sobretudo a do governo de Jimmy Carter, teriam de promover a abertura política no continente.

Foi divulgada em vários jornais, no *Jornal do Brasil* e em outros órgãos da imprensa mundial, a reprodução fac-similar de um ofício que pode ser considerado como a ata de fundação da Operação Condor.*

Em papel timbrado da presidência da República do Chile, datado de 28 de agosto de 1975, quase um ano antes do primeiro caso de repercussão internacional, que foi o de JK, o coronel Manuel Contreras Sepúlveda, diretor da Inteligência Nacional Chilena (a Dina), enviou um ofício reservado ao seu equivalente brasi-

---

* Foram feitas algumas versões falsificadas deste ofício, distribuídas inicialmente pela DINA, depois pela CIA. A intenção era negar a veracidade do documento. O texto aqui transcrito foi publicado no "Washington Post". Em "O beijo da morte", há uma reprodução facsimilar do ofício original. (N. do A.)

leiro (SNI) chefiado pelo general João Batista de Oliveira Figueiredo, que mais tarde sucederia o general Ernesto Geisel na presidência da República:

> *Distinguido Senhor General:*
> *Recebi seu informe de 21 de agosto de 1975 e agradeço a oportuna e precisa informação, expressando minha satisfação por sua colaboração que devemos estreitar ainda mais.*
> *Em resposta, cumpre-me comunicar-lhe o seguinte:*
> *1) Compartilho sua preocupação com o possível triunfo do Partido Democrata americano nas próximas eleições presidenciais. Também temos conhecimento do reiterado apoio dos democratas a Kubitschek e Letelier que no futuro poderia influenciar seriamente a estabilidade do Cone Sul do nosso hemisfério.*
> *2) O plano proposto pelo senhor para coordenar nossa ação contra certas autoridades eclesiásticas e conhecidos políticos social-democratas e democrata-cristãos da América Latina e da Europa, conta com o nosso decidido apoio.*
> *3) Sua informação sobre Guiana e Jamaica é de uma indubitável importância para essa direção.*
> *Cremos ser do interesse para o senhor que comunico que ultimamente o governo do Chile tomou a decisão de liberar um grupo de presos que serão expulsos para países europeus. À medida que nos vai chegando a informação relativa à atividade política dos liberados e suas eventuais ligações com os exilados brasileiros, logo lhe transmitiremos.*
> *Saudações atenciosas.*
>
> *(a) Manuel Contreras Sepúlveda*
> *Coronel-diretor de Inteligência Nacional**

---

* O coronel Contreras, antigo diretor da Dina (Dirección de Inteligência Nacional), cumpriu pena de prisão por ter sido o principal responsável pelo atentado que matou Orlando Letelier, ministro da Fazenda do governo de Allende, quando uma bomba destruiu seu carro em Washington, pouco

JK e a ditadura

* * *

Em 1978, Jimmy Carter, então presidente dos Estados Unidos, decidira retirar o apoio do Departamento de Estado aos regimes militares da América Latina. Veio ao Brasil, cumpriu o protocolo oficial, mas exigiu uma entrevista com os principais líderes da oposição, como dom Evaristo Arns* e Raimundo Faoro, então presidente da Ordem dos Advogados.

Carter informou que dera um recado explícito ao general Geisel: o Brasil precisava abrir o regime, caso contrário receberia sanções do governo e da economia dos Estados Unidos.

A partir daí, negociado ou não, foi sugerido um "acordo entre cavalheiros". Os militares abririam o regime lenta, gradual e seguramente, mas precisariam de tempo para que fosse feita uma "limpeza no terreno", extinguindo os principais focos da subversão que obviamente aproveitariam a abertura política, e o retorno à liturgia democrática, para cobranças e revanchismos.

Na realidade, com a morte de JK, Jango e Lacerda, dois anos antes, o terreno poderia parecer "limpo", desapareciam os três líderes civis mais importantes do país. Contudo, surgiam diversos movimentos liberais espalhados por todo o território nacional, e até mesmo algumas tentativas de luta armada, intermitentes, mal-articuladas, mas que davam razão à linha dura do regime, contrária a qualquer concessão democrática.

A expressão adotada, "limpeza do terreno", já estava em processo, com a truculência do governo Médici, que praticamente oficializou a tortura, o estranho desaparecimento de diversas lideranças, como a do deputado Rubem Paiva, do líder sindical Aloísio Palha-

---

depois do acidente em que morreria Juscelino Kubitschek na estrada Rio-São Paulo. A carta foi divulgada em 1978 pelo colunista norte-americano Jack Anderson, do *Washington Post*, e a assinatura de Contreras confere com a de outros documentos oficiais que ele assinava. Inclusive com o da convocação de uma reunião que se realizou de 25 de novembro a 1o de dezembro de 1975, em Santiago do Chile, destinada a um plenário dos órgãos de inteligência da América Latina que daria melhor coordenação para garantir a segurança de "nossos respectivos países".

* Cardeal-arcebispo de São Paulo. (N. do A.)

no, e, até mesmo, a morte dos três pesos pesados que haviam tentado a Frente Ampla contra o regime autoritário.

Comecei a dar maior importância às sucessivas matérias sobre a Operação Condor, que passaram também a ser objeto de pesquisa de outros jornais, aqui e no exterior. Tratava-se de um movimento de âmbito continental destinado a limpar o terreno na América Latina, em especial no Cone Sul, da investida do comunismo internacional que ameaçava a paz do mundo livre liderado e protegido pelos Estados Unidos. E, ao mesmo tempo, queimar arquivos indesejáveis à estabilidade dos regimes autoritários que se alinharam à estratégia global da política do Estados Unidos durante a Guerra Fria.

Sob o pretexto de impedir que as ditaduras militares do Cone Sul fossem perturbadas por sedições, atos terroristas, guerrilhas e até mesmo uma revolução, e tendo como eixo a ditadura mais explícita do Chile, sob o comando do general Pinochet, os serviços de inteligência criaram uma operação transnacional destinada a impedir qualquer tentativa de liberalização dos regimes totalitários, que tradicionalmente garantiam a retaguarda de Washington em numerosos pontos de atrito com a política da ex-União Soviética.

Em linhas gerais, as matérias publicadas sobre a Operação Condor foram bem documentadas, uma vez que nenhuma delas sofreu contestação dos antigos detentores do poder nem dos possíveis sobreviventes dos numerosos atentados que foram praticados, sobretudo no Chile, Brasil, Argentina, Uruguai e Paraguai.

* * *

Do *Diário do repórter* — Transcrevo a matéria que o *JB* publicou no domingo, 7 de maio, assinada por Marcio Bueno. A parte inicial do seu texto não é novidade. Já está condensada e arquivada, inclusive registrada nesse diário que venho escrevendo. Do meio para o fim, surgem nomes e fatos novos, e um raciocínio também novo que não me havia ocorrido.

Jack Anderson, do Washington Post, *reafirmou muitos anos depois ao jornalista da TV Globo, Geneton Moraes Neto, que tinha recebido o documento de um alto funcionário de um dos serviços de informação americano e que antes de divulgar tinha checado sua autenticidade. O jornalista e escritor Carlos Heitor Cony, que privou da amizade de Juscelino, disse ao JB que a soma de indícios que apontam na direção de um atentado, considerando fatos anteriores, as circunstâncias e o momento político, "é muito maior do que a que aponta para um acidente". Mas acrescenta que não entende como seria a mecânica de um acidente planejado, que levaria o carro com precisão para a outra pista, de encontro a uma carreta que viajava em sentido contrário.*

Alguns dos principais indícios, a que se refere Cony, que sinalizam para um atentado, vêm sendo divulgados desde 1978. Um deles é o fato de que oito dias antes do acidente fatal circulou em todo o Brasil o boato de que Juscelino tinha morrido em um acidente automobilístico na estrada que liga Luziânia, onde tinha uma fazenda, a Brasília. O ex-presidente não havia saído da propriedade e seus amigos acreditam que o boato foi espalhado por pessoas que sabiam que ele seria alvo de um atentado neste dia, imaginando que tudo tinha saído como o previsto. Um motorista da Cometa foi acusado de ter atingido o carro de Juscelino, mas acabou absolvido no processo porque todos os passageiros depuseram negando o fato. A causa do descontrole do veículo permanece, duas semanas depois, sem explicação. O momento político era o da abertura promovida por Geisel, que encontrava resistência nos setores da linha dura do governo.

Uma liderança carismática como a de Juscelino poderia galvanizar as massas, atropelar o processo, e a comunidade de informações temia ficar em maus lençóis no novo quadro político. Outro fato suspeito: a família do ex-presidente foi pressionada pelo SNI a não investigar as causas do acidente, usando como arma de pressão as páginas finais de seu diário, que relatavam um romance secreto de Juscelino e brigas com sua mulher, Sarah. A quantidade de elementos para quem defende a tese de atentado é realmente muito grande. Os passageiros do ônibus da Cometa informaram que o carro de Juscelino entrou na ro-

dovia vindo de uma estrada auxiliar, na altura de Engenheiro Passos. O jornalista Ivo Patarra descobriu que o ex-presidente esteve parado no Hotel Fazenda Vilaforte, situado perto do local do acidente, de propriedade do brigadeiro da reserva Milton Junqueira Vilaforte. Já falecido, Vilaforte foi professor do general Figueiredo e amigo de Golbery do Couto e Silva, com quem teria estruturado o SNI. O filho de Milton, Gabriel Vilaforte, revela que o pai seria também um dos responsáveis pela estruturação do serviço secreto da Aeronáutica. "Meu pai pegou muito comunista a tapa", contou Gabriel a Ivo Patarra. O jornalista diz que não se sabe se Juscelino tinha parado apenas para fazer um lanche ou se teria sido atraído ao hotel para uma reunião com representantes da comunidade de informações. Outro amigo de Golbery, o médico Guilherme Romano, coincidentemente ou não, apareceu no local do acidente logo em seguida e recolheu o diário de Juscelino, que encaminhou ao general.

Em relação ao temor da linha dura para com as grandes lideranças políticas no período da abertura, CHC se lembra que em 1977 notou e escreveu sobre a grande coincidência das mortes de Juscelino, do ex- presidente João Goulart e do ex-governador da Guanabara, Carlos Lacerda, no espaço de apenas nove meses. Os três, apesar de separados por visões político-ideológicas bastante distintas, se uniram em 1966 e constituíram a chamada Frente Ampla contra o regime militar.

* * *

Tive a minha pesquisa facilitada pela Comissão da Câmara dos Deputados que apurou a morte de João Goulart. E quase simultaneamente, tive também excelente material ao ser formada, em 15 de junho de 2000, outra Comissão Externa, esta sobre a morte de JK, por indicação do deputado Paulo Octavio Pereira (PFL/DF). A conclusão dos trabalhos foi apresentada em 25 de abril de 2001, assinada pelo deputado Osmânio Pereira (PMDB/MG), seu relator.

As sessões desta comissão foram relativamente cobertas pela imprensa; tive acesso a quase todos os depoentes. Recebi de um conhecido, que é funcionário da Câmara, o relatório final da "Comissão Externa destinada a esclarecer em que circunstância ocorreu a morte do ex-presidente Juscelino Kubitschek, em 22 de agosto de 1976, em acidente na rodovia presidente Dutra, km 165, no município de Resende".

Achei estranho que o nome oficial da comissão já declarasse que a morte de JK fora um "acidente rodoviário ocorrido na rodovia presidente Dutra". Seria mais correto — e isento — se o nome da comissão não fosse, em si mesmo, uma conclusão. Acredito que os deputados investigariam a morte de JK, e não o acidente em si, eliminando a priori a possibilidade de um atentado.

Mesmo assim, a ressalva poderia ser explicada ou justificada pela falta de experiência dos deputados que integravam a comissão. Para compensar, achei pertinente transcrever o texto da apresentação do relatório oficial, que não deixa de ser um resumo articulado de todas as dúvidas que foram levantadas a respeito da morte de JK. Em que pesem as numerosas repetições de atos e fatos que já foram detectados e explicitados em textos e anotações anteriores.

A criação desta Comissão Externa foi requerida pelo nobre deputado Paulo Octavio, nos termos do Artigo 38 do Regimento Interno da Casa, para esclarecer em que circunstâncias ocorreu a morte do ex--presidente Juscelino Kubitschek, em 22 de agosto de 1976, em acidente rodoviário ocorrido na rodovia Presidente Dutra, no km 165, no município de Resende.

As razões desse requerimento assim foram fundamentadas:

Em 2 de agosto de 1979, o colunista norte-americano Jack Anderson denunciou no The Washington Post, *por meio de seu artigo "Condor — os criminosos latino-americanos", a existência de uma articulação dos órgãos de segurança de vários países do Cone Sul, apoiados pela CIA, para eliminar as personalidades políticas que se opunham às ditaduras militares da região.*

Anteriormente, esse mesmo jornalista, em 1975, havia divulgado uma carta enviada pelo general chileno Manuel Contreras ao ex-presidente João Figueiredo, afirmando que era uma ameaça para a região as atividades de líderes como Orlando Letelier, ex-ministro de Allende, e do ex-presidente Juscelino Kubitschek. A eliminação posterior de Orlando Letelier foi reconhecida pela própria CIA, e a morte de Juscelino Kubitschek, em acidente rodoviário, até hoje não foi devidamente esclarecida.

Outra hipótese não confirmada foi a de um gatilho mecânico na suspensão do Opala. Ao parar no hotel-fazenda Vilaforte, quando JK teria tido um encontro com militares que o procuravam para uma possível abertura do regime, ou com Lúcia Pedroso, sua amante e pivô da crise conjugal que o ex-presidente atravessava, alguém teria mexido na suspensão do carro em que ele viajava, de tal forma que, ao descer a serra, mais adiante, teria provocado o acidente fatal.

O relatório final da comissão se deteve basicamente no detalhe e não no contexto do desastre. Não explica o estranho comportamento de JK nos dias que antecederam sua morte, a obstinada declaração aos amigos mais íntimos de que viajaria para Brasília naquele domingo, quando já tinha combinado com o seu motorista a vinda para o Rio, uma vinda sigilosa, que ele não revelaria a ninguém, nem a seus primos Carlos Murilo e Ildeu, nem a Adolpho Bloch, que o hospedou em sua casa e a quem fez questão de mostrar o bilhete aéreo de seu retorno a Brasília.

Para explicar tal comportamento, a tese que ficou sendo a oficial e que dava um charme romântico à sua morte teria sido um encontro com Lúcia Pedroso em algum ponto da Rio-São Paulo, provavelmente no hotel-fazenda, ou mais adiante, sendo citada até mesmo pelo deputado Paulo Octavio, que presidia a comissão, a cidade de Petrópolis, como local combinado para um encontro com a mulher que amava. (Um absurdo, pois Petrópolis pertence ao eixo da outra estrada nacional, a Washington Luís.)

É verdade que JK vivia um caso com Lúcia, romance que já era do conhecimento de seus amigos e de grande parte da sociedade carioca e, em especial, de dona Sarah, que àquela altura estaria disposta a pedir desquite e, conforme as circunstâncias, obter um flagrante de adultério, que no Código Civil então em vigor condenaria o marido como cônjuge culpado, sujeito ao rigor de uma lei que na época considerava o adultério como crime.

Sabendo disso, JK evitava se oferecer a uma degola que não lhe interessava e, na verdade, não interessava a ninguém, nem mesmo a dona Sarah. Ele ainda mantinha a esperança de um dia, em determinado momento da abertura prometida por Geisel, ou numa crise institucional entre os militares e a sociedade civil, ou mesmo entre militares e militares de diversas facções, ser chamado para uma transição — o que de fato ocorreria, nove anos depois, com Tancredo Neves, uma espécie de vice de Juscelino em termos políticos, com uma trajetória que, vinda do segundo governo de Vargas, passando pela chefia do regime parlamentarista e pela sua fidelidade aos princípios democráticos, era realmente o melhor caminho para a transição.

* * *

Em tempo: ao depor na Comissão Externa formada pela Câmara dos Deputados para esclarecer as circunstâncias da morte de JK, entre os vários testemunhos que negavam o acidente na estrada Rio-São Paulo, aceitando a versão de um atentado, o mais importante foi o de Miguel Arraes. Em 1976, o ex-governador de Pernambuco estava no exílio, na Argélia. Ele integrava a rede internacional de informações confidenciais que procuravam garantir a vida de outros exilados políticos, sobretudo os da América Latina.

Foi assim que o ex-governador pernambucano, por intermédio de Leonel Brizola, cunhado de João Goulart e que também estava exilado, avisou o presidente deposto pelo golpe de 1964 que havia uma ação militar para matá-lo em seu exílio, inicialmente no Uruguai, mais tarde na Argentina, onde morreu. Por cautela, ele não deveria dormir duas noites seguidas no mesmo endereço.

O depoimento de Miguel Arraes na Comissão Externa da Câmara dos Deputados terminou com uma afirmação categórica: "JK foi assassinado."

Índice onomástico

ABREU, Ladislau 112
ALEIXO, Pedro 183
ALKMIN, José Maria 34, 36-38, 48, 49, 51, 52, 64, 65, 66, 68, 93, 96, 97, 104, 112, 116
ALMEIDA, Hélio de 135
ALMEIDA, José Américo de 48, 199
ALMEIDA, Sebastião Paes de 134, 177
ALVES, Joaquim Victorino Portella Ferreira 140, 145, 148, 185
ALVES, Márcio Moreira 182
ÂNCORA, Morais 94, 99, 100
ANDRADE, Auro de Moura 14, 35, 36, 54, 103, 115, 132,
ANDRADE, João Napoleão de 85
ANDRADE, Maria Rita Soares de 174
ANNA CHRISTINA *veja-se* PEREIRA, Anna Christina Kubitschek
ANSELMO, cabo 92
ARAGÃO, Cândido (almirante) 92, 101
ARANHA, Osvaldo 48
ARCHER, Renato 163
ARINOS, Afonso 11, 32, 36, 93
ARISTÓTELES 67
ARRAES, Miguel 168, 231
ATHAYDE, Austregésilo de 197, 199, 200
AZEREDO, Renato 37, 144
AZEVEDO, Arthur de 60

BANDEIRA, Antônio 102
BARBARÁ NETO, Baldomero 124, 130, 135, 176, 193, 200
BARBOSA, Francisco de Assis 132, 195

BARBOSA, Rui 127
BARDOT, Brigitte 90
BARROS, Ademar de 60, 63, 64, 77, 108, 126, 203, 219
BARROS, João Alberto Lins e 133
BASTOS, Justino Alves 102
BÊ BARBARÁ *veja-se* BARBARÁ NETO, Baldomero
BEATLES, Os 90
BENECKER, Kléber 148, 153
BENTLEY, Robert 103
BEVILACQUA, Pery 98, 106
BERARDO, Rubem 192
BLOCH, Adolpho 10, 107, 128, 130, 132, 153, 161, 163, 167, 189, 195, 198, 200, 202, 207, 212, 218, 230
BLOCH, Lucy 130
BLOCH, Pedro 132
BLOCK *veja-se* BLOCH, Adolpho
BOLÍVAR, Simón 25
BONIFÁCIO, José 127
BORGES, Mauro 105
BRAGA, Ney 87, 105, 108
BRANCO, Humberto de Alencar Castelo 85, 93, 103, 105, 107-121, 125-128, 133, 135, 141, 142, 144, 148-153, 164, 168, 171, 172, 180
BRASIL, Argemiro de Assis 62, 63, 82
BRASIL, Penha 61
BRIZOLA, Leonel 42, 43, 50, 51, 53, 54, 63, 72, 79, 83, 84, 90, 101, 168, 169, 181, 231
BULHÕES, Octávio Gouveia de 180

Índice onomástico

CABRAL, Carlos Castilho 19, 20
CABRAL, Pedro Álvares 23
CAFÉ FILHO, João Fernandes Campos 34, 38, 39, 112, 145
CÂMARA, Alves 41
CAMARGO, Alberto Lleras 59
CAMPOS, Francisco 109
CAMPOS, Mílton 79, 93, 142, 147
CAMPOS, Oswaldo Pinheiro 185
CAMPOS, Roberto 50, 65, 117, 120, 180
CAMPOS, Wagner Estelita 18
CANTINFLAS [Fortino Mario Alfonso Moreno Reyes] 17
CAPANEMA, Gustavo 93
CARDOSO, Adauto Lúcio 17
CARDOSO, Dirceu 36
CARNEIRO, Paulo 16
CARVALHO, Cid 78
CARVALHO, Ferdinando de 140, 146, 147, 148, 153
CARVALHO, Oswaldo Ferraro de 148, 153
CARVALHO PINTO veja-se PINTO, Carlos Alberto Alves de Carvalho
CASTELO BRANCO veja-se BRANCO, Humberto de Alencar Castelo
CASTRO, Fidel 33, 222
CASTILHO, João Alfredo de 176, 194
CESCHIATTI, Alfredo 201
CHAGAS, Carlos 181, 193
CHARDIN, Teilhard de 187, 188
CHE GUEVARA [Ernesto Rafael Guevara de La Serna] 25, 190, 222
CHEVASSU, Maurice 131
CHURCHILL, Winston 167
COSTA, Artur de Souza 133
COSTA, Fernando Correia da 105
COSTA CAVALCANTI, José 149
COSTA E SILVA veja-se SILVA, Artur da Costa e
COUTINHO, Benedito 31

DANTAS, San Tiago 41, 47, 49, 50, 52, 53, 54, 55, 82
DE GAULLE, Charles 33, 127
DELFIM NETTO, Antônio 181
DENYS, Odylio 24, 29-31, 34, 37-39, 42, 46, 56, 57, 61, 62, 85, 93, 99
DINIZ, Saulo 14
DÓRIA, João de Seixas 71, 102, 103
DRUMMOND, Olavo 203
DULLES, John W.F. 55

DUTRA, Eurico Gaspar 57, 89, 110, 111, 116, 117, 125, 126

ELLIS, Bernardo 196, 199, 200
ERNNANY, Drault 41

FALCÃO, Armando 80, 205
FARIA, Cordeiro de 56
FERNANDES, Hélio 146
FORTES, Bia 158
FREIRE, Victorino 17
FREITAS, Caio de 195
FREITAS, Luiz Carlos Reis de 177
FROTA, Silvio 201, 215, 221
FURTADO, Celso 53, 70, 82

GAMA FILHO, Luís Gonzaga da 130
GARCIA FILHO, Antônio 86
GEISEL, Ernesto 33, 149, 201, 203, 205
GLADSTONE, William 17
GOETHE, Johann Wolfgang von 82
GORDON, Lincoln 58, 87, 99, 126
GOULART, João 9, 20, 23, 25, 34, 35, 37-42, 45-56, 58-66, 68-76, 78, 79, 81-101, 103, 105-108, 111, 116, 118, 119, 135, 141, 143, 154, 164, 168-170, 173-175, 180, 181, 183, 208, 212, 225, 228, 231
GOULART, Maria Teresa 83, 98
GOUTHIER, Hugo 74, 130, 219
GOYANNA, Ruy 185
GRÜNEWALD, Augusto Hermann 118
GUIMARÃES, Ulysses 203

HECK, Sylvio 39, 56, 85
HELIODORO, Afonso 112, 115, 163
HORTA, Oscar Pedroso 14, 30, 31, 34-36

IBIAPINA, Hélio 102

JANGO veja-se GOULART, João
JK veja-se KUBITSCHEK, Juscelino
JOÃO XXIII, papa 73, 89, 95
JOÃO CÉSAR (neto de Juscelino Kubitschek) 163
JOÃO PAULO II, papa 53
JOSÉ GERALDO, coronel veja-se OLIVEIRA, José Geraldo de
JQ veja-se QUADROS, Jânio da Silva
JÚLIA, dona veja-se KUBITSCHEK, Júlia
JUREMA, Abelardo 36, 74, 76, 77, 82, 90, 98
JUSSARAH (neta de Juscelino Kubitschek) 163

KENNEDY, Bob 58
KENNEDY, John 25, 50, 58
KRIEGER, Daniel 149
KRUEL, Amaury 40, 56, 70-73, 93, 94, 98, 100, 105, 106, 111
KUBITSCHEK, Júlia 12, 161, 194
KUBITSCHEK, Juscelino 9, 10-22, 24-27, 29, 32-34, 37-43, 45-56, 58-78, 80, 82, 85, 87-90, 94, 95-99, 104, 105, 107, 109-111, 115-122, 124-133, 135-142, 144-148, 150-155, 158, 161-165, 167-170, 172-179, 181, 183-188, 191, 192, 193-203, 207-223, 225, 227, 228, 229, 230, 231
KUBITSCHEK, Márcia 14, 124, 130, 162, 163, 176, 200
KUBITSCHEK, Maria da Conceição 14, 123, 156, 158, 161-163
KUBITSCHEK, Maria Estela 14, 50, 56, 163, 176, 199, 211
KUBITSCHEK, Sarah 14, 123, 139, 140, 153, 156, 158, 163, 165, 177, 184, 185, 195, 208-211, 215, 217, 218, 221, 227, 230

LACERDA, Carlos 14, 27, 30-33, 36, 55-59, 62-64, 66, 71, 75, 77, 79, 83, 87-90, 101, 105, 107, 108, 118, 120, 126-129, 133-135, 143, 144, 162-170, 172, 173, 175, 178, 183, 184, 196, 208, 225, 228
LEAL, Victor Nunes 144, 220
LEE, Anna 208
LEMOS, Odete Gomes de 130
LEVY, Herbert 56
LIMA, Afonso de Albuquerque 146
LIMA, Francisco Negrão de 109, 112, 123, 125, 135, 140, 142, 143, 147, 149, 158, 220
LIMA, Hermes 52, 56
LIMA FILHO, Osvaldo 87, 115
LINS, Álvaro 195
LINS, Ivan 196, 197
LINS, José Luiz Magalhães 55
LOBO, Aristides 35
LOPES, José Machado 42, 46,
LOPES, Lucas 50
LOPES, Rodrigo 176, 193, 210, 211, 213
LOTT, Henrique Teixeira 29, 34, 38, 41, 65, 112, 135
LUZ, Carlos 34, 38, 39, 112

MACIEL, Olegário 64
MAGALHÃES, Juracy 13, 108
MAGALHÃES, Rafael de Almeida 135
MAGALHÃES PINTO *veja-se* PINTO, José de Magalhães
MAGESSI, Augusto
MARCITO *veja-se* ALVES, Márcio Moreira
MARIANI, Clemente 14
MARQUES, João Belchior 45
MARX, Groucho [*pseudônimo de* MARX, Julius Henry] 17
MAZZILLI, Paschoal Ranieri 33, 34, 36, 37, 38, 41, 42, 68, 103, 105, 107, 109, 143
MÉDICI, Emílio G. 100, 182, 225
MENEGHETTI, Ildo 108
MENESES CORTES, coronel 40
MELO, Francisco de Assis Correia de 118
MELO, Luís Tavares Cunha 99, 100
MELO, Taciano de 18
MESQUITA FILHO, Júlio 56
MONTELLO, Josué 111, 132, 144, 195, 196, 199
MONTEIRO, Góes 57, 73, 181
MONTINI, Giovanni (cardeal) *veja-se* PAULO VI, papa
MOSS, Grum 39, 85
MOTA, Silvio 92
MOTTA, *dom* Carlos Carmelo de Vasconcellos 56, 196
MOURÃO FILHO, Olympio 57, 58, 61, 62, 73, 85, 93, 98, 100, 111, 117
MURICY, Antonio Carlos 99, 100,

NANÁ *veja-se* KUBITSCHEK, Maria da Conceição
NASSER, Gamal Abdel 33
NEVES, Francisco de Castro 35
NEVES, Tancredo 32, 45, 46, 48, 53, 147, 231
NIEMEYER, Oscar 176, 177, 179, 202
NIXON, Richard 17
NOGUEIRA, Adalício 179
NONÔ *veja-se* KUBITSCHEK, Juscelino

OLIVEIRA, Guilhermino de 37
OLIVEIRA, Ildeu de 203, 213, 218
OLIVEIRA, José Aparecido de 30, 51
OLIVEIRA, José Geraldo de 92
OLIVEIRA, Juscelino Kubitschek de *veja-se* KUBITSCHEK, Juscelino

PAIVA, Ataulfo de 196
PAULO VI, papa, 73, 74, 89, 96, 127

Índice onomástico

PEDRO II, dom 154, 181
PEDROSO, Lúcia 208, 217-219, 230
PEIXOTO, Amaral 41, 42, 109, 110, 112, 113, 114
PEIXOTO, Enaldo Cravo 135
PENIDO, Osvaldo Maia 144
PEREIRA, Anna Christina Kubitschek 162, 163
PERÓN, Juan Domingo 24, 33, 84
PICCHIA, Menotti del 199
PILA, Raul 43
PINA, Gérson de 145
PINHEIRO, Israel 37, 107, 123, 134, 135, 140, 142, 149
PINHEIRO NETO, João 70
PINTO, Olavo Bilac 144
PINTO, Carlos Alberto Alves de Carvalho 54, 63, 64, 87
PINTO, José de Magalhães 55, 60, 63, 64, 71, 72, 77, 79, 90, 92, 93, 105, 108, 109, 133, 134, 153, 161, 173
PINTO, Heráclito Fontoura Sobral 132, 145, 149-153
PORTELLA, Joaquim *veja-se* ALVES, Joaquim Victorino Portella Ferreira
PRESTES, Luiz Carlos 147

QUADROS, Eloá 31
QUADROS, Jânio da Silva 9, 13, 16, 18-21, 26, 27, 29, 34, 37, 51, 54, 57, 58, 61, 69, 89, 119, 121, 128, 152, 168, 174, 198, 203, 211, 215
QUEIRÓS, Eça de 96, 134, 152

RABELO, Marco Paulo 176
RAMOS, Joaquim 109, 110, 112, 115, 125, 164
REIS, Milton 144
RESENDE, Estêvão Taurino de 130
RIBAS, Maria Cecília 96
RIBEIRO, Darcy 103
RIBEIRO, Flexa 134, 135
RIBEIRO, Geraldo 203, 213, 214, 216, 222
RIBEIRO, Jair Dantas 54, 83, 86, 91, 94, 96, 105
RIBEIRO, Quintanilha 30
ROCHA, Anísio 149
ROCHA, Brochado da 54
ROCHA, Glauber 90
RODRIGO OTÁVIO, coronel 116, 144
RODRIGUES, José Martins 80, 112, 116
RODRIGUES, Paulo Mário da Cunha 92

SALAZAR, Alcino 174, 219
SALES, David 129
SALLES, Aloysio 148, 155, 185
SANTOS, Afonso Heliodoro dos 112
SANTOS, Carlos Murilo Felício dos 27, 218
SARASATE, Paulo 115, 116
SARMENTO, Sizeno 108, 185
SARNEY, José 183
SARTRE, Jean-Paul 35, 146
SCHMIDT, Augusto Frederico 24, 109, 111, 112, 195
SETTE CÂMARA, José 14, 144, 195
SILVA, Artur da Costa e 83, 100, 104, 105, 108, 109, 118-120, 133, 142, 143, 148, 149, 152, 171, 172, 178, 180, 181, 183, 185, 186
SILVA, Hélio 96
SILVA, Luís Antônio da Gama e 183
SILVEIRA, Joel 184
SIMONSEN, Mário Henrique 180
SIMONSEN, Roberto 196
SKIDMORE, Thomas 19, 24, 55, 58, 69
SOARES, Júlio 161, 162, 195
SOBRAL PINTO *veja-se* PINTO, Heráclito Fontoura Sobral
SODRÉ, Abreu 56, 87, 88
SOLON 17
SOUZA, Décio de 185
SOUZA, Washington Luís Pereira de 64, 154

TALARICO, José Gomes 83, 169
TAMOYO, Marcos 184-186
TÁVORA, Juarez 41, 74, 108, 117
TÁVORA, Virgílio 147
TEIXEIRA, Aníbal 144
TEIXEIRA, Carlos Martins 14
TERRA, Ururahy 148

VANDERBILT, Mrs. 160
VARGAS, Getúlio 10, 15, 20, 22, 32, 39, 48, 52, 56, 64, 79, 102, 105, 133, 170, 173, 196, 231
VARGAS, Viriato 110
VAZ, Rubens (major) 168
VIANA FILHO, Luís 99, 103, 110, 111, 115, 120, 133, 134, 151, 152

WALTERS, Vernon A. 85, 99
WASHINGTON LUÍS *veja-se* SOUZA, Washington Luís Pereira de

Referências bibliográficas

AGEE, Philip. *Dentro da "Companhia"*: diário da CIA. Rio de Janeiro: Civilização Brasileira, 1975.
ALVES, Márcio Moreira. *O despertar da revolução brasileira*. Lisboa: Seara Nova, 1974.
BANDEIRA, Moniz. *O governo João Goulart*. Rio de Janeiro: Civilização Brasileira, 1977.
BASTOS, Joaquim Justino Alves. *Encontro com o tempo*. Porto Alegre: Editora O Globo, 1965.
BENEVIDES, Maria Victoria de Mesquita. *O governo Kubitschek*. Rio de Janeiro: Paz e Terra, 1976.
BOJUNGA, Claudio. *O artista do impossível*. Rio de Janeiro: Objetiva, 2001.
CABRAL, Carlos Castilho. *Tempos de Jânio e outros tempos*. Rio de Janeiro: Civilização Brasileira, 1962.
CARPEAUX, Otto Maria. *A batalha da América Latina*. Rio de Janeiro: Civilização Brasileira, 1965.
CHAGAS, Carlos. *113 dias de angústia*. São Paulo: Image, 1970.
CONY, Carlos Heitor. *O ato e o fato*. Rio de Janeiro: Civilização Brasileira, 1964.
_____. *Quem matou Vargas*. Rio de Janeiro: Edições Bloch, 1974.
_____; LEE, Anna. *O beijo da morte*. Rio de Janeiro: Objetiva, 2003.
CORBISIER, Roland. *JK e a luta pela presidência*. São Paulo: Livraria Duas Cidades, 1976.
COUTO, Ronaldo Costa. *Juscelino Kubitschek*. Brasília: Edições Câmara: Senado Federal, Edições Técnicas, 2011.
DENYS, Odylio. *Ciclo revolucionário brasileiro*. Rio de Janeiro: Nova Fronteira, 1980.
DIÁRIO DO CONGRESSO NACIONAL. Seção 11, 3 de setembro de 1961, p. 1923.
DREIFUSS, René Armand. *1964: a conquista do Estado*. Petrópolis: Vozes, 1981.
DULLES, John W. F. *President Castello Branco — Brazilian Reformer*. Texas: A&M University Press, 1980.
GORRESIO, Vittorio. *Berlinguer*. Milão: Feltrinelli, 1976.
GRAMSCI, Antonio. *Note Sul Machiavelli Sulla Politica e Sullo Stato Moderno*. Roma: Instituto Gramsci, s/d.
IRVING, David. *Hitler's War*. Nova York: The Viking Press, 1977.
JUREMA, Abelardo. *Sexta-feira, 13*. Rio de Janeiro: Edições O Cruzeiro, 1964.
LACERDA, Carlos. *Depoimento*. Rio de Janeiro: Nova Fronteira, 1977.
LAS CASES, Emmanuel. *Le Mémorial de Sainte Helène*. Paris: Gallimard, 1956.

Referências bibliográficas

LINS, Etelvino. *Um depoimento político*. Rio de Janeiro: José Olympio, 1977.
MARTINS, Carlos Estevam. *Capitalismo de Estado e modelo político no Brasil*. Rio de Janeiro: Graal, 1977.
MARTINS, Mário. *Em nossos dias de intolerância*. Rio de Janeiro: Tempo Brasileiro, 1965.
MONIZ, Edmundo. *O golpe de abril*. Rio de Janeiro: Civilização Brasileira, 1965.
MOURÃO FILHO, Olympio. *Memórias: a verdade de um revolucionário*. Porto Alegre: L&PM, 1978.
OLIVEIRA, Jardel Noronha de; MARTINS, Odaléa. *Os IPMs e o habeas corpus no Supremo Tribunal Federal*. São Paulo: Sugestões Literárias, 1967.
OLIVEIRA, Juscelino Kubitschek de. *A marcha do amanhecer*. São Paulo: Bestseller, 1962.
_____. *Compromisso com a democracia brasileira*. Rio de Janeiro: Bloch Editores, 1963.
_____. *A experiência da humildade*. Rio de Janeiro: Bloch Editores, 1974. Meu Caminho para Brasília, v. 1.
_____. *A escalada política*. Rio de Janeiro: Edições Bloch, 1976. Meu caminho para Brasília, v. 2.
_____. *50 anos em 5*. Rio de Janeiro: Bloch Editores, 1978. Meu Caminho para Brasília, v. 3.
_____. *Por que construí Brasília*. Rio de Janeiro: Edições Bloch, 1975.
ORICO, Osvaldo. *Confissões de um exílio*. Rio de Janeiro: Francisco Alves, 1977.
PEDROSA, Mário. *A opção brasileira*. Rio de Janeiro: Civilização Brasileira, 1966.
QUADROS, Jânio; FRANCO, Afonso Arinos de Melo. *História do povo brasileiro*. São Paulo: J. Quadros Editores Culturais, 1967. v. 6.
SILVA, Hélio. *1964*. Rio de Janeiro: Civilização Brasileira, 1975.
SKIDMORE, Thomas. *Brasil: de Getúlio a Castelo*. 6. ed. Rio de Janeiro: Paz e Terra, 1976.
TÁVORA, Juarez. *Memórias*. Rio de Janeiro: José Olympio, 1975.
VENÈ, Gian Franco. *La Borghesia Comunista*. Milão: Sugar, 1976.
VIANA FILHO, Luiz. *O governo Castelo Branco*. Rio de Janeiro: José Olympio, 1975.
VISÃO. São Paulo, 9 de julho de 1973: 24.
WALTERS, Vernon A. *Missões silenciosas*. Rio de Janeiro: Record, 1980.

Conheça mais sobre nossos livros e autores no site
www.objetiva.com.br
Disque-Objetiva: (21) 2233-1388

Este livro foi impresso na
LIS GRÁFICA E EDITORA LTDA.
Rua Felício Antônio Alves, 370 – Bonsucesso
CEP 07175-450 – Guarulhos – SP
Fone: (11) 3382-0777 – Fax: (11) 3382-0778
lisgrafica@lisgrafica.com.br – www.lisgrafica.com.br